上海市哲学社会科学规划青年课题：网络虚假评论发现与过滤技术研究（项目编号 2013ETQ001）资金资助

文本分析
与网络虚假信息识别

赵衍／著

中国财经出版传媒集团
经济科学出版社
Economic Science Press

图书在版编目（CIP）数据

文本分析与网络虚假信息识别/赵衍著. —北京：
经济科学出版社，2019.9
 ISBN 978-7-5218-0810-0

Ⅰ.①文… Ⅱ.①赵… Ⅲ.①互联网络-信息-
鉴别-研究 Ⅳ.①G203

中国版本图书馆 CIP 数据核字（2019）第 184842 号

责任编辑：刘　丽
责任校对：靳玉环
责任印制：邱　天

文本分析与网络虚假信息识别
赵　衍　著

经济科学出版社出版、发行　新华书店经销
社址：北京市海淀区阜成路甲 28 号　邮编：100142
总编部电话：010-88191217　发行部电话：010-88191522
网址：www.esp.com.cn
电子邮件：esp@esp.com.cn
天猫网店：经济科学出版社旗舰店
网址：http://jjkxcbs.tmall.com
北京财经印刷厂印装
710×1000　16 开　17 印张　300000 字
2019 年 9 月第 1 版　2019 年 9 月第 1 次印刷
ISBN 978-7-5218-0810-0　定价：68.00 元
（图书出现印装问题，本社负责调换。电话：010-88191510）
（版权所有　侵权必究　打击盗版　举报热线：010-88191661
QQ：2242791300　营销中心电话：010-88191537
电子邮箱：dbts@esp.com.cn）

序言

在人类社会文明发展的进程中，虚假信息一直扮演着重要的角色。所谓的虚假信息，是指信息发送者故意发送包含不实内容的信息以达到误导信息接收者的目的。虚假信息包含"虚"和"假"两类。所谓"虚"信息，是指事情本身是存在的，但是被刻意夸大、缩小或歪曲的信息；所谓"假"信息，是指事实本身就不存在，是子虚乌有的、捏造的信息。

随着生产力的发展和信息化、网络化时代的到来，人类社会的信息生产能力空前提高。互联网上的信息类型主要分为文本、图片、视频、音频、动画等，其中，文本信息资源的占比超过80%，是网络上的第一大信息资源。网络文本信息资源的具体形式包括网页、文本文件、电子邮件以及各类包含文本资源的数据库。

在这些信息中，除了对人类社会有用的"真"信息之外，也隐含着数量极其庞大的"虚假"信息。特别是"自媒体"时代的到来，信息的生产和传播门槛降低。一方面，信息的"量"呈指数级增长；另一方面，信息的"质"也随之下降。各种各样的个人和组织，在互联网上制造和传播各种类型信息，其中也不乏虚假信息。虚假信息中，占比最大的就是虚假文本，包括虚假评论、垃圾邮件、虚假新闻、虚假广告、虚假消息等多种形式。这些虚假信息制造者的动机不一，有的是出于经济目的，有的是出于政治目的，有的是出于情绪宣泄，或者有的仅仅只是为了追求"好玩"和虚荣的个人炫耀。这些虚假信息在网络的放大效应下，不断被再加工和再传播，造成网络上各种虚假信息泛滥成灾，对人类社会的生产生活乃至社会稳定和安全造成了严重的影响。网络虚假信息不仅会损害利益相关者的经济利益，而且还会影响社会稳定，甚至威胁到国家安全，因此，对于网络虚假信息的预防和打击已经成为很多国家网络安全工作的一项重要内容。

由于网络虚假信息具有巨大的危害性，因此，如何及时发现并整治这些虚假信息就成为人们关注的焦点。近些年来，各国政府、企业以及学术界，都在寻求一些快速、准确且低成本的网络虚假信息识别方法。由于网络信息包括文本、图像、声音和视频等多种形式，人们也在分别寻求通过文本识别、图像识别、声音识别和视频识别来发现其中隐含的虚假信息。

在对类型众多的网络虚假信息的识别研究中，尤以虚假文本信息的识别最受关注。究其原因，一方面，由于文本信息是网络信息中占比最大的一种（约占网络信息总量的80%以上）；另一方面，由于自然语言处理的相关技术已经发展了多年，积累了一定的技术基础，并且近些年来，统计学、计算机科学、计算语言学、情报学等学科的发展，以及机器学习、文本挖掘等技术的日趋成熟，为人们从海量的网络文本中识别虚假信息提供了更大的可能。在这些技术的帮助下，研究者们研究、设计了多种网络虚假文本信息和虚假评论者的检测及过滤模型，其中的一些模型已经被投入生产实践，并取得了一定的效果。

网络虚假文本信息的表现形式为垃圾邮件、虚假广告、网络谣言、网上各种夸大评论、诋毁评论等；网络虚假文本信息的发布者行为特征表现为不同类型的时间分布、IP地址分布、发布者群组关系、发布者之间的互动关系等。因此，对网络虚假文本信息的识别，仅仅依靠文本分析是不够的，还必须结合心理学、社会学、语言学、统计学、情报学以及计算机科学等多学科知识，进行跨学科的综合分析。

本书聚焦于利用文本分析的有关技术对网络虚假文本信息和虚假评论者进行检测与过滤，全书共分13章。

第1章回顾了互联网的发展历史，分析了互联网的发展对人类社会生产生活的影响；详细分析了互联网信息的发展所带来的信息提供者的变革和信息传播方式的变革。

第2章分析了网络虚假信息制造者的四大动机：经济目的、政治目的、个人炫耀和情绪宣泄；详细分析了网络虚假信息的五大类型：垃圾邮件、虚假新闻、虚假广告、虚假评论和网络谣言；深入分析了网络虚假信息的表述方式、表现形式和传播方式及其主要特征；探究了网络虚假信息对利益相关者、社会稳定和国家安全所造成的主要危害。

第 3 章详细归纳、总结了文本分析中文本预处理所涉及的主要内容。详细分析了基于词典、基于统计和基于规则的文本分词方法；在分析比较这些方法优劣的基础上，提出分词的综合方法，并详细介绍了目前可公开获取的主要分词工具；详细总结了基于词典、基于实例和基于统计的词义消歧方法；总结了未登录词识别、词频统计、词性标注、停用词去除等工作；深入研究了文本表示中最重要的向量空间模型的构建和使用。

第 4 章详细对比、归纳了文本特征提取和文本特征选择的异同；详细总结了基于统计的文本特征提取方法；结合网络文本的特性，分析了网络文本特征提取和特征选择的有关方法。

第 5 章对文本分类的有关方法进行了详细的分析。归纳总结了基于分类词表的文本分类法、基于知识工程的文本分类法、基于训练集的文本分类法，以及近些年发展起来的基于多层神经网络深度学习的文本分类方法；归纳、介绍了文本分类中一些常用算法的原理和实现方法。

第 6 章在回顾聚类算法发展历史的基础上，梳理、归纳了文本聚类的主要思想和算法，对划分法、层次法、密度算法、网格算法、基于模型的算法和图论聚类法等聚类算法的原理和应用进行了详细论述，并对这些聚类算法的优劣和实际效果进行综合对比分析与评价。

第 7 章详细介绍了人工智能的发展历史；归纳分析了人工智能所涉及的主要技术；总结了目前人工智能的主要应用领域；对目前人工智能最主要的实现手段——多层神经网络模型进行了详细分析；深入研究了基于人工智能技术的文本分析与处理的有关方法，着重分析了基于多层神经网络的深度机器学习方法在文本分析中的应用。

第 8 章详细分析了网络文本有别于传统文本的特征以及这些特征所带来的网络文本处理上的困难；总结了网络文本采集的思路和方法；研究了网络文本清洗、表示等预处理方法；对网络文本情感分析所涉及的主要理论和方法进行了深入研究。

第 9 章先通过理论分析并引用大量统计数据说明网络评论对网民和商家的重要性；在归纳、总结现有研究的基础上，从两个维度对网络虚假评论进行分类：从评论者动机的角度，分为过分褒扬评论、过分贬低评论和无意义评论；从评论的表现形式角度，分为重复评论、太短评论、无内容评论、主题无关评论和夸张评论。重点分析了电子商务网站、旅游休闲点评类网站以及微博、微信等网站上大量虚假评论的由来、表现及特征。

第 10 章对网络虚假评论的语言学特性进行了深入分析。从人际欺骗理论角度，分析说谎者和正常人在心理上的不同，进而分析谎言在语言学上有别于正常话语的一些特征，并利用正常语句中词汇的正态分布原理，分析谎言与正常话语词汇频率的偏离情况；分别从浅层句法模式风格和深层句法模式风格两个层面对网络虚假评论的句法风格进行全面深入的分析。

第 11 章分析了目前网络虚假评论识别的主要方法：监督学习法、无监督学习法和部分监督学习法。基于监督学习的网络虚假评论识别综合利用心理学、社会学、语言学等多学科知识，分析、归纳虚假评论的文本特征，通过对虚假评论训练集进行特征标记，利用诸如线性回归模型等计算机模型对经过标注的训练集数据进行训练，得到虚假评论识别模型，并用该模型再对其他评论进行识别。监督学习法的识别准确率相对比较高，但模型具有领域局限，通用性差，且标注训练数据的工作费时费力，成本高。基于无监督学习的网络虚假评论识别不需要标注训练数据，利用聚类算法程序对评论文本进行自动聚类，但需要解决网络评论文本在高维文本向量空间中的特征稀疏和不收敛等问题，分类结果质量不稳定。基于部分监督学习的网络虚假评论识别结合了监督学习和无监督学习两种方法的优点，利用少量的标注数据和大量的无标注数据进行模型训练，理论上来讲非常适合于解决网络虚假评论识别这样的问题，但启发式规则的选择是一个难点。

第 12 章对基于文本特征的网络虚假评论检测进行了全面研究。详细分析了基于人工选择和基于众包平台两种方式获得网络虚假评论训练数据集的方法，并比较了两种方法的优劣；引入关系模型和关系数据库中的实体、属性和联系三个概念，分析网络虚假评论中涉及的对象、属性和特征，进而阐明网络虚假评论的特征提取与特征选择的方法和路径；分别分析了字符串匹配算法、Hash 算法以及基于统计的方法在重复评论检测中的应用；详细归纳、总结并分析了监督学习方法、无监督学习方法和部分监督学习方法在网络虚假评论文本检测中的应用；分析了人工智能的相关原理及技术在网络虚假评论的文本识别中的应用。

第 13 章详细研究了虚假评论者检测的原理和方法。从虚假评论者的心理和行为特征入手，对虚假评论者进行特征标注，并对标注数据集进行训练，得到虚假评论者特征模型，并将模型用于虚假评论者的识别。由于虚假评论者一般都是在一定的时间段内集体行动，他们的评论行为在时间窗口、评论对象、评论极性、打分分值等方面具有很多隐藏的规律可循，因此，也可以分别针对虚假评论者群组、虚假评论者行为特征和虚假评论者综合特征进行多角度、多层次的建模，实现对虚假评论者群组的识别。此外，由于在网络平台上针对某产品或某服务发表评论和再评论、互评论本身就是一种社交行为，因此，本章还利用社交网络的有关原理进行评论者之间的互动行为分析，找出存在异常互动行为的评论者，将他们视为高度可疑的虚假评论者。最后，还介绍了一种综合多种工具和模型的多层次网络虚假评论识别方法。

为了让更多的读者能够读懂此书，作者力求对相关原理和算法的介绍做到深入浅出，让没有计算机和数学背景的读者也能够理解。本书可以作为情报学、图书馆学、计算语言学及相关学科的本科生、研究生的研究参考书。

目 录

第 1 章　互联网及网络信息的发展历史 ·················· 1

1.1　互联网发展历史及影响 ·························· 1
　　1.1.1　互联网发展历史 ·························· 1
　　1.1.2　互联网的影响 ···························· 3
1.2　互联网信息的发展历史 ···························· 4
　　1.2.1　互联网信息提供者的变革 ···················· 4
　　1.2.2　互联网信息传播方式的变革 ·················· 6

第 2 章　网络虚假信息及其特征 ························ 8

2.1　网络虚假信息制造者的动机 ······················ 9
　　2.1.1　经济目的 ································ 9
　　2.1.2　政治目的 ································ 13
　　2.1.3　个人炫耀和情绪宣泄 ······················ 14
2.2　网络虚假信息的主要类型 ························ 15
　　2.2.1　垃圾邮件 ································ 16
　　2.2.2　虚假新闻 ································ 16
　　2.2.3　虚假广告 ································ 17
　　2.2.4　虚假评论 ································ 18
　　2.2.5　网络谣言 ································ 21
2.3　网络虚假信息的主要特征 ························ 23
　　2.3.1　表述方式 ································ 23
　　2.3.2　表现形式 ································ 26

   2.3.3 传播方式 ·· 27
 2.4 网络虚假信息的危害 ·· 28
   2.4.1 损害相关者经济利益 ······································ 29
   2.4.2 影响社会稳定 ·· 30
   2.4.3 威胁国家安全 ·· 31

第3章 文本预处理 ·· 32
 3.1 分词 ·· 32
   3.1.1 基于词典的分词法 ·· 33
   3.1.2 基于统计的分词法 ·· 34
   3.1.3 基于规则的分词法 ·· 36
   3.1.4 各类分词方法比较 ·· 36
   3.1.5 综合方法 ·· 39
   3.1.6 现有的主要分词工具 ······································ 40
 3.2 词义消歧 ·· 42
   3.2.1 基于词典的词义消歧 ······································ 43
   3.2.2 基于实例的词义消歧 ······································ 44
   3.2.3 基于统计的词义消歧 ······································ 45
 3.3 未登录词识别 ·· 45
 3.4 词频统计 ·· 47
 3.5 词性标注 ·· 48
 3.6 停用词去除 ·· 52
 3.7 向量空间模型 ·· 53

第4章 文本特征计算 ·· 59
 4.1 文本特征提取 ·· 60
 4.2 文本特征选择 ·· 61
 4.3 基于统计的文本特征提取方法 ···································· 64
 4.4 网络文本特征提取和特征选择 ···································· 70

第 5 章 文本分类 ... 72
- 5.1 基于分类词表的文本分类法 ... 75
- 5.2 基于知识工程的文本分类法 ... 77
- 5.3 基于训练集的文本分类法 ... 78
- 5.4 基于深度学习的文本分类法 ... 80
- 5.5 文本分类的主要算法 ... 81
  - 5.5.1 朴素贝叶斯算法 ... 82
  - 5.5.2 贝叶斯网络算法 ... 83
  - 5.5.3 K 最邻近文本分类算法 ... 83
  - 5.5.4 支持向量机 ... 84

第 6 章 文本聚类 ... 86
- 6.1 聚类算法的发展历史 ... 87
- 6.2 文本聚类算法 ... 89
- 6.3 划分法 ... 92
- 6.4 层次法 ... 96
- 6.5 密度算法 ... 98
  - 6.5.1 DBSCAN 算法 ... 98
  - 6.5.2 OPTICS 算法 ... 100
  - 6.5.3 DENCLUE 算法 ... 101
- 6.6 网格算法 ... 102
- 6.7 基于模型的算法 ... 103
- 6.8 图论聚类算法 ... 104
- 6.9 聚类效果评价 ... 107

第 7 章 人工智能与网络文本处理 ... 110
- 7.1 人工智能的发展历史 ... 110
- 7.2 人工智能涉及的主要技术 ... 113
- 7.3 人工智能的主要应用领域 ... 116

7.4 深度神经网络模型 …………………………………… 120
  7.5 基于人工智能的文本分析与处理 ………………………… 131

第8章 网络文本分析的基本思路 …………………………… 135
  8.1 网络文本的基本特征 …………………………………… 135
  8.2 网络文本的采集 ………………………………………… 138
  8.3 网络文本的预处理 ……………………………………… 143
  8.4 网络文本的情感分析 …………………………………… 147

第9章 网络虚假评论分类 …………………………………… 149
  9.1 网民对网络评论的依赖性 ……………………………… 149
  9.2 网络评论对商家的重要性 ……………………………… 151
  9.3 网络虚假评论的类型 …………………………………… 152
  9.4 电子商务网站的虚假评论 ……………………………… 158
  9.5 旅游休闲点评类网站的虚假评论 ……………………… 161
  9.6 微博和微信上的虚假评论 ……………………………… 166

第10章 网络虚假评论的语言学分析 ……………………… 168
  10.1 虚假评论的词汇特征 ………………………………… 168
  10.2 虚假评论的句法风格 ………………………………… 172

第11章 虚假评论检测的主要方法 ………………………… 176
  11.1 监督学习法 …………………………………………… 177
  11.2 无监督学习法 ………………………………………… 179
  11.3 部分监督学习法 ……………………………………… 181

第12章 虚假评论文本检测 ………………………………… 188
  12.1 黄金标准数据集的建立 ……………………………… 189
  12.2 虚假评论的特征提取与特征选择 …………………… 192

12.3　重复评论检测 ··· 196
12.4　基于监督学习的虚假评论文本识别 ······································ 199
12.5　基于无监督学习的虚假评论文本识别 ··································· 201
12.6　基于部分监督学习的虚假评论文本识别 ································ 206
12.7　基于人工智能的虚假评论文本识别 ······································ 210

第13章　虚假评论者检测 ··· 214
13.1　基于标注的虚假评论者识别 ··· 214
13.2　虚假评论者群组识别 ·· 215
13.3　虚假评论者行为特征识别 ·· 219
13.4　虚假评论者综合特征识别 ·· 220
13.5　基于社交网络分析的虚假评论识别 ······································ 223
13.6　综合方法 ··· 224
　　　13.6.1　分析基本思路 ·· 224
　　　13.6.2　数据采集 ·· 226
　　　13.6.3　虚假评论识别 ·· 226

参考文献 ·· 229
结束语 ··· 256

第 1 章 互联网及网络信息的发展历史

20世纪是人类文明空前繁荣的世纪，诞生了多项具有革命意义的发明，比如，无线电、电话、计算机、汽车、飞机、火箭、原子弹等，互联网也是其中之一。互联网的出现，彻底改变了人类信息的传播方式，使人类所拥有的信息在"质"和"量"两个维度都发生了根本的改变。互联网信息的极大丰富不仅在物质层面提升了人类的生产力，提高了人类的生活质量；更在精神层面改变了人类的思想，颠覆了许多传统的认识和价值观，对人类社会产生了前所未有的革命性影响。

1.1 互联网发展历史及影响

1.1.1 互联网发展历史

Internet 是"计算机交互网络"的简称，又称"因特网""互联网""网际网"。它是利用计算机通信设备和有线及无线线路，将世界上不同地区的计算机及计算机局域网联结起来，用统一标准的网络通信协议和网络操作系统，实现计算机之间和计算机网络之间的资源共享和信息交换。

互联网最早诞生于美国的一个军方项目。1958年，美国国防部（Department of Deference，DoD）下辖的研究机构"国防部高级研究计划署"（Defense Advanced Research Project Agency，DARPA）设计一种在遭受苏联的第一次核打击后依然能够生存下来并有能力进行反击的指挥控制系统。该系统被设计为一种由若干个分散节点组成的网状指挥系统。网状结构能够保证该系统中即使有部分节点被摧毁，剩下的节点依然可以保持通信。美国国防部将其命名为"阿帕网"

(Advanced Research Project Agency Network，ARPAnet）。从20世纪60年代起，在高级研究计划署的组织和经费支持下，美国的一些大学和计算机公司共同开发建设"阿帕网"。最初，ARPAnet主要用于军事目的，但是，自1983年开始，由于接入单位不断增加，网络接入点的情况越来越复杂，阿帕网被分成两个部分：纯军事用途的军事网络（Mlitary Network，MILNET）和民用的ARPAnet。在美国军方建设ARPAnet的同时，美国的一些科研机构也开始建设自己的计算机网络，其中，尤以美国国家科学基金会（National Science Foundation，NSF）的网络规模最大，它是几乎遍布了全美各州的计算机广域网，这些地区的网络和超级计算机中心互联起来成为美国国家科学基金会网（National Science Foundation Network，NSFnet）。

在网络建设初期，没有统一的标准，不同的计算机网络采用各自制定的通信协议，在网络之间进行信息传递和数据共享非常困难。1964年，传输控制协议（Transmission Control Protocol，TCP）和因特网协议（Internet Protocol，IP）出现，后被合并为TCP/IP协议。TCP/IP协议规定了在不同的计算机网络之间传送报文所要遵守的统一规范，解决了异构计算机网络之间通信的技术难题。

随着越来越多的组织和个人用户的加入，Internet的用途从科研逐步拓展到其他领域的通信和信息共享，使用者也从计算机专业人员扩展到非专业人员。随着使用门槛的降低和覆盖面的增加，Internet获得了飞速发展，很多人逐步把它当作一种新型的通信工具。1990年6月，NFSnet取代ARPAnet成为Internet的主干网。NSFnet对Internet的最大贡献是将它向全社会开放，而不像以前那样仅供科研人员和政府机构使用。几乎与此同时，欧洲粒子物理研究所也开发了一种多媒体网络——万维网（World Wide Web，WWW），万维网是日后成就因特网的关键发明。20世纪90年代，商业界也看到了Internet在信息通信、信息检索、信息服务等方面的巨大潜力。1997年，互联网对商业界全面开放，世界各地的企业纷纷涌入Internet领域，Internet的基础设施和各种应用得到飞速发展。Internet的大发展直接促进了全球信息技术产业的迅猛发展。

20世纪的互联网主要特征是信息的单向传播，即互联网信息主要由一些机构通过网站进行发布，网民可以通过浏览器进行浏览，"门户网站"是这段时期的代表，该段时期的互联网也被称为"Web 1.0时代"。进入21世纪后，随着"Web 2.0"概念的提出和广泛应用，计算机网络、广播电视网络和电信网的深度融合，无线通信技术的飞速发展，电子商务生态链的日益成熟，云计算和云服务的不断创新以及物联网、大数据、人工智能等概念的涌现，互联网的发展已经突破了传统的桌面的限制，Internet 的触角深入到人类社会生产生活的每一个角落、每一个时刻、每一个场景。互联网的信息传播方式也从之前的单向传播变成了双向传播和网状传播，"自媒体"的出现使得人人都可以成为互联网信息的发布者。

传播学大师曼纽尔·卡斯特（Manuel Castells）对互联网的发展速度有这样的描述："互联网展现了有史以来最快速的沟通媒介穿透率：在美国，收音机广播花了30年才涵盖6000万人；电视在15年内达到了这种传播水准；全球信息网发展之后，互联网只花了3年就达到了。"[1]

1.1.2 互联网的影响

凭借对生产、生活的有力支撑，如今，互联网在广度和深度两个维度上都在深刻地影响、改造和颠覆着人类社会既有的范式。

所谓广度，是指互联网在人类社会生产和生活各领域横向应用的广泛程度，最直接的衡量指标就是网络普及率和网民数量。据中国互联网络信息中心（China Internet Network Information Center, CNNIC）发布的第44次《中国互联网络发展状况统计报告》[2] 显示，截至2019年6月，我国网民规模达8.54亿，互联网普及率达61.2%，手机网民规模达8.47亿。

所谓深度，是指互联网在人类社会生产、生活各领域纵向应用的深入程度。互联网发展的早期，人们使用互联网主要进行诸如发布 Web 网页信息、收发电子邮件等一些简单的应用，即所谓的"Web 1.0"时代；随着技术和应用的发展，各种 P2P 通信工具和强调交互的网络社区、网站开始出现，并随着移动通信技术的发展而得到迅速普及，互联网进入了所谓的"Web 2.0"时代；近些年来，随着电子商务的逐渐成熟、移动支付系统的逐渐完善、物流体系的逐渐成熟、移动终端的普及，以及人们对互联网认同度的不断提高，"互联网+"的理念深入人心，互联网的角色从"支持者"变成了"变革者"，即，以前互联网只是传统生产和生活模式的技术支持者，而今互联网已经成为很多传统行业的颠覆者，倒逼传统行业拥抱互联网。

从微观角度来看，随着互联网在人类生产生活中的广度和深度两个维度上的

---

[1] [美] 曼纽尔·卡斯特. 网络社会的崛起 [M]. 夏铸九, 译. 北京: 社会科学文献出版社, 2006.
[2] 第44次《中国互联网络发展状况统计报告》, http://www.cnnic.cn, 2019-08-30.

不断扩展，互联网对人们的影响不断增强；与此同时，人们对于互联网的依赖也在不断加深。可以说，在当前社会，互联网对人们的重要性就如同阳光、空气和水一样，现代社会的人类每时每刻都需要互联网，人们已经无法想象没有互联网的日子该如何继续。

从宏观角度来看，互联网对人类社会的影响是颠覆性的。互联网出现后，全球军事斗争出现了新的方式方法，"网络部队""网军"不用飞机和大炮，只靠键盘和鼠标就可以让对手的舰船无法出港、飞机无法起飞，甚至将一个国家从互联网上彻底"抹掉"。互联网出现后，全球经济生态发生了巨变，互联网对多年以来传统经济发展所塑造出来的经济规则发起了严峻挑战，很多传统产业被互联网颠覆，互联网及其周边产业本身也是当前世界经济的重要组成部分。当然，互联网也给很多产业带来了新的机遇。互联网的出现，对文化继承和传播也提出了新的挑战，"互联网文化"到底代表的是谁的文化？互联网上的"弱势文化群体"如何在网络中自保？互联网既在快速传播着文化，让不同的思想在网上不断碰撞，发出火花，也在不断地塑造着新的思想和新的文化，不断地激发人们对传统思想进行一次又一次的反思，最终不断地改造、重塑着人类的文化和文明。

1.2　互联网信息的发展历史

人类信息的传播方式经历了语言传播、文字传播、印刷传播直至今日的电子传播[①]。从广义上来讲，所有可以通过网络传播的信息都可以称之为互联网信息。互联网信息的主要形式包括文本、数字、图像、音频、动画、视频等。其中，文本为最主要的形式，占据了互联网信息总量的80%以上。对互联网信息发展历程的梳理主要从信息提供者的变革和信息传播方式的变革两个维度进行。

1.2.1　互联网信息提供者的变革

在互联网建设的初期，由于技术门槛高，网络的硬件和软件投资大，只有一些专业研究机构、高校、政府和大型企业才有能力拥有自己的服务器和网站。在此阶段，互联网信息基本上都由这些组织提供，其基本特征就是由网站主导互联

---

① 佘绍敏. 传播学概论［M］. 厦门：厦门大学出版社，2003.

网内容生成，人们习惯性地称之为"Web 1.0"时代。

在"Web 1.0"时代，网站，尤其是权威网站，占据了网络信息的统治地位。这些权威网站中，门户网站无疑是最耀眼的新星。自1995年开始，世界上涌现出了一大批知名的门户网站，如：搜狐（sohu.com）、新浪（sina.com）、雅虎（yahoo.com）、美国在线（aol.com）、网易（163.com）等。由于访问量巨大、受众面非常广泛，这些网站成为互联网信息最主要的来源，也被网民视为信息的权威来源。

伴随着互联网产业的发展，尤其是门户网站的快速发展，IT精英、社会民众和资本市场对"互联网经济"的前景越发乐观，加之美国1998—1999年的低利率政策，互联网投资者手头掌握的互联网创业启动资金总额大幅度增长。在这些从事互联网创业的企业家中，大部分商业计划缺乏可行性，很多创业者是大学刚毕业的学生，缺乏基本的商业管理能力。但是，由于整个社会对互联网经济有过于乐观的期待，他们的创意仍然可以获得投资者的青睐。在这样的环境下，"互联网泡沫"形成，并不断膨胀。2000年，在亚洲和欧美的多个股票市场，互联网企业及互联网周边企业股价急速攀升。到了2000年3月10日，美国纳斯达克（National Association of Securities Dealers Automated Quotations，NASDAQ）指数一度涨到5132.52的历史最高点。人们对互联网的热情达到近乎狂热的地步。

但是，在1999年至2000年第一季度这段时间内，美联储将利率提高了6倍，投资增速放缓。再加上大型互联网相关企业，如思科、微软、戴尔等公司恰好在3月10日有几十亿美元的卖单等因素的综合作用，纳斯达克指数持续下跌，"互联网泡沫"开始破裂。在2000年3月到2002年10月，互联网及其相关企业蒸发了约5万亿美元的市值，一半以上的互联网公司倒闭。

"互联网泡沫"的破灭不仅使人们对互联网的认识回归理性，而且淘汰了互联网产业的劣质公司，沉淀下来优质企业。由于互联网产业蕴藏着的巨大商机，很快，从2001年开始，互联网产业又逐渐繁荣起来。

2004年，奥莱利（O'Reilly）公司的副总裁戴尔·多尔蒂（Dale Dougherty）在一次讨论互联网泡沫的论坛上，首次提出了"Web 2.0"的概念。Web 2.0以去中心化、开放、共享为主要特征。在Web 2.0模式下，网民可以不受时间和地域的限制，发表、分享自己的观点，而不是仅仅接受权威网站的观点；通过RSS订阅等手段，网民可以及时得到自己需要的信息；以兴趣为聚合点，网民可以参加各类网络社群，平等地与他人进行互动。Web 2.0的具体表现形式包括博客（BLOG）、聚合内容（Really Simple Syndication，RSS）、百科全书（Wiki）、网摘

(Social Bookmark)、社交网络（Social Network，SN）、P2P（Peer-to-Peer）、即时信息（Instant Messaging，IM）等。

Web 2.0 虽在技术上并无革命性突破，但在应用上却颠覆了互联网信息的单向传播模式，互联网信息传播进入双向模式。在 Web 2.0 环境下，所有人都可以成为互联网信息的创造者和传播者，宣告了"自媒体"（We Media）时代的到来。在"自媒体"时代，一方面，传播主体多元化、平民化、普泛化，任何人都可以在网上发表自己的观点，社会中下层民众有了表达观点和意见的途径；另一方面，由于信息来源的多元化和非权威化，也造成了互联网信息质量的下降，各种虚假、极端、色情、有害信息混杂其中，对人们的鉴别能力提出更高的要求。

1.2.2 互联网信息传播方式的变革

相比于传统的信息传播方式，互联网信息传播具有速度快、及时性强、受众范围广、手段多样、内容丰富等特征，但在互联网发展的不同时间段，互联网信息传播方式也存在一定的不同。

在 Web 1.0 的互联网环境下，信息传递是单向的，即由网站内容提供者向网站浏览者传递。这种传播方式主要具有以下特征。

（1）内容较为权威。在这段时期，互联网内容的生产者一般都是正规组织，如政府、学术科研机构、高校、法人企业、非营利性组织等，因此，信息是经过组织较为严谨的撰写和较为严格的筛选的，内容质量高，也较为权威，具有较高的可信度。

（2）没有交互。在这段时期，由于网站的浏览者只能查看信息，而不能表达自己的想法，因此，信息的传播是单向的，缺乏交互。信息的发布者不知道浏览者的态度，信息浏览者相互之间也不知道别人的意见和想法。

但在 Web 2.0 的互联网环境下，情况发生了根本的改变，互联网信息环境与 Web 1.0 时代有了质的不同。

（1）交互成为主流。在 Web 2.0 时代，传统的信息发布网站、电子商务网站普遍增加了用户留言、讨论区功能，比如，在新闻浏览页面中提供评论功能，让用户方便地写下对该新闻的评论，其他人还可以对评论进行再评论，评论撰写者也可以对自己的评论进行追加评论；在电子商务网站上，每一种产品页面的下方也提供用户提问和评论功能，让用户咨询对该产品的疑问，让买过产品的用户提供对该产品的评价。由于增加了交互功能，因此，信息的传递是双向的，也是网状的、P2P、社交网络等成为人们进行网络信息沟通的主要方式。

（2）自媒体。在 Web 2.0 时代，博客、微博、视频网站、微信等成为网民宣传自己、展现自己的主要平台。只要通过简单的注册，使用服务商提供的网络空间和编辑的网页模版，用户就可以在互联网上发布文字、音乐、图片、视频等各种信息，创建属于自己的"媒体平台"。由于很多网站的进入门槛低、操作简单、运作方式灵活、成本极低，因此，深受网民欢迎，并得到了快速发展和普及。以微信用户数为例，自 2011 年 1 月诞生至 2019 年 3 月，微信及 WeChat 的合并月活跃账户数达 11.12 亿，这在 Web 1.0 时代是无法想象的。在互联网环境中的所有行为体，既是信息发布者，也是信息接收者，还是信息的分享者和传播者。在交互式的网络空间中，大家都是平等的，不仅可以一对一地交流，也可以多人同时参加讨论。

第 2 章　网络虚假信息及其特征

虚假信息自古就有，制造虚假信息的目的就是为了欺骗（Deception）。而欺骗就是"发送者有意识地发送消息，让接收者产生错误的判断或结论"（Buller & Burgoon，1996）。传统的有关欺骗的研究都是基于面对面的沟通环境，在这种环境中，欺骗信息的接收者可以获得语言和非语言的线索来判断潜在的欺骗。之前的相关研究也证明，与听得见的谎言相比，看得见的谎言更难被识别（Bond & DePaulo，2006）。在网络环境下，除了可见的评论（文本）和少量的图片、视频之外，被欺骗者比较难通过其他有价值的信息来进行判断（Schindler & Bickart，2005）。而且，网络环境下的评论虽然可以互动，但还是以单向沟通为主，在此过程中，很多有价值的信息被过滤掉，而这些信息又是发现欺骗行为的重要线索（Carlson et al.，2004）。因此，比起现实环境，在网络沟通过程中，被欺骗者很难通过互动和测试来获得更多的判断信息。被过滤掉大量（对判断信息真假）有价值线索的网络环境为虚假信息的滋生和传播提供了肥沃的土壤（Donath，1999）。

互联网本质上是一个虚拟社会，具有真实社会中除物质传递外的一切特征，包括虚假性。而且，这种虚假性在互联网的匿名性的助推下，其影响比现实世界中尤甚。1993 年 7 月 5 日，美国《纽约客》（*The New Yorker*）杂志刊登了一幅由彼得·施泰纳（Peter Steiner）创作的漫画，在漫画中，一只坐在电脑前的狗对坐在地板上的另一只狗说："在互联网上，没有人知道你是一条狗！"（On the Internet, nobody knows you're a dog.）。后来，这句话也成为人们用于解释网络匿名性、虚拟性的代用语。网络虚假信息与互联网是伴生的，尤其是进入 Web 2.0 时代和移动互联时代后，由于网络信息传播主体泛化、范围更广、网络信息及时性提高、信息传播结构呈网状，网络虚假信息开始泛滥，并逐渐成为一种普遍的社会现象。

2.1 网络虚假信息制造者的动机

网络虚假信息伴随着网络的出现而出现、发展而发展，是互联网信息的重要组成部分。只要人们通过互联网发布和交换信息，网上的虚假信息就不会消失。人们制造、散布、传递虚假信息的目的不尽相同，但归纳起来，主要有经济目的、政治目的、个人炫耀和情绪宣泄等。

2.1.1 经济目的

经济目的是网络虚假信息存在的最主要原因。最早形式的网络虚假信息是垃圾邮件（Spam）。垃圾邮件是发信者在未经收件者同意的情况下发送的电子邮件，这种邮件一般都是采取大规模、大范围群发的方式，信件内容也基本上是一些商品促销广告。垃圾邮件也被称为主动发送的大量电子邮件（Unsolicited Bulk Email，UBE）或者未经许可的商业邮件（Unsolicited Commercial Email，UCE）。在《中国互联网协会反垃圾邮件规范》①所定义的四种类型的垃圾邮件中，第四种就是"含有虚假的信息源、发件人、路由等信息的电子邮件"。

1994年4月12日，美国亚利桑那州从事移民签证咨询服务的两位律师在因特网上把一封标题为"绿卡抽奖"的广告推销邮件发送给他们收集到的网络新闻组，他们发出的广告信息吸引了25000个客户，虽然花费了20美元的上网费，但却赚取了近10万美元的收益。但是，由于"绿卡抽奖"广告的发送量太大，造成多个邮件服务器瘫痪。因此，有人将该广告邮件定为世界上第一封垃圾电子邮件。

后来，一个16岁的美国人罗伯特创立了"纽波特互联网销售公司"，专门通过发送电子邮件的方式经营互联网广告。在10年的时间里，他通过帮助客户发送各种广告邮件和向客户出售居民电子邮件地址，共赚取了数千万美金，罗伯特

---
① 《中国互联网协会反垃圾邮件规范》定义的垃圾邮件："本规范所称垃圾邮件，包括下述属性的电子邮件：（一）收件人事先没有提出要求或者同意接收的广告、电子刊物、各种形式的宣传品等宣传性的电子邮件；（二）收件人无法拒收的电子邮件；（三）隐藏发件人身份、地址、标题等信息的电子邮件；（四）含有虚假的信息源、发件人、路由等信息的电子邮件。"

也因此被称为"垃圾邮件大王"。由于涉及侵犯公民隐私和赚取不正当商业利益，2006年，罗伯特被捕。但是，由于发送垃圾电子邮件的门槛和成本实在太低，但收益却很可观，因此，在罗伯特被捕后，垃圾邮件非但没有丝毫减少的迹象，反而愈发呈现泛滥之势。

随着网站的普及，有些机构利用人们对网站权威性的信任，利用网站平台发布虚假信息以牟取暴利，这在金融行业曾经司空见惯。比如，有些个人和机构为了"做多"某只股票，先大量购入该股票，然后，通过网络广泛发布一些有关上市公司的虚假收购、入股、投资等利好信息，甚至发布所谓的"内部"消息，诱导市场追买这些股票，待股价攀升后，再悉数抛出，以赚取暴利。也有个人和机构为了"做空"某只股票，先大量卖出，然后通过发布对股票不利的虚假消息造成股价大跌，再乘机买入股票，以赚取价差。

随着微博、微信、脸书（Facebook）等社交平台和工具的快速普及，这些社交平台和工具也成为网络虚假信息传播的主要载体。这些信息往往具有一个非常吸引人的标题，诸如"全上海人都知道了，你还不知道？""出大事了！……""99%的人都不知道的……""请关注这个可怜的孩子！"等，吸引人们点击，而内容往往是捏造的。由于人们天生的好奇心、同情心以及信息不对称造成的"宁可信其有，不可信其无"的心理，这些信息会被快速、大量地转发。有些通过这些虚假信息本身获得经济利益，如捏造某人重病缠身、无钱医治悲惨的遭遇，号召为其捐款，但捐款账号实为骗子控制。也有一些虚假信息的目的是帮助推广微信公众号或微博号，以获取佣金。

随着电子商务的兴起，电子商务网站为了提升用户体验，都增加了"用户评论"的功能，由于发布门槛低，电子商务网站的产品评论区迅速成为网络虚假信息的一个"重灾区"。作为电子商务网站领头羊的亚马逊公司深受其害。2016年5月，亚马逊向美国仲裁协会提起三起诉讼，指控第三方卖家在其网站上制造或购买他们产品的虚假评论，这些公司产品评论中，虚假评论占了30%~45%。之前，亚马逊还起诉过多家出售虚假评论的公司和1100多名发布虚假评论信息的个人。美国媒体波士顿25新闻（Boston 25 News）也发现，在社交平台Facebook上，有数百个亚马逊评论组和俱乐部，很多亚马逊卖家或代理人在这里公开发布以利益换取好评的广告。如图2-1所示，有卖家写道："我们用免费赠品和深度折扣商品换取亚马逊上的好评和高评分""有一种方法（给卖家好评）可以让你在下一次购物时享受10美元的折扣"等。

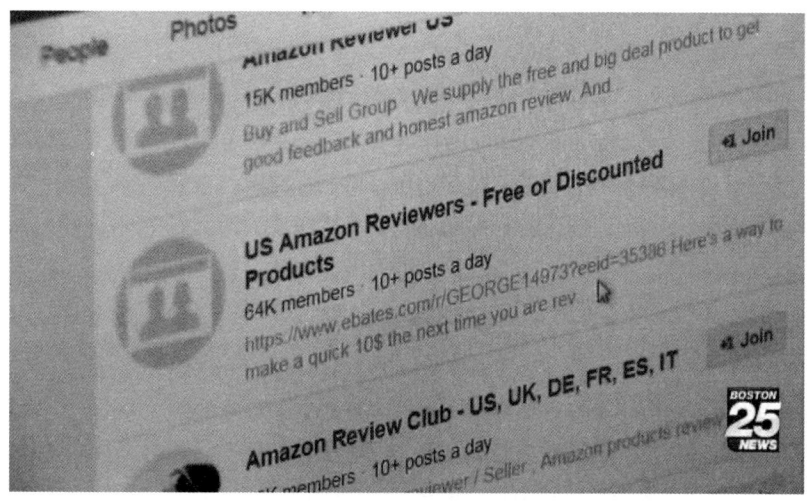

图 2-1　Facebook 上的亚马逊评论组截图

资料来源：https：//www.boston25news.com/news/consumer/shopping-on-amzon-how-to-tell-if-reviews-are-fake-1/694913717，Apr 4，2018.

亚马逊并不是虚假信息的唯一受害者，各大电子商务网站以及酒店、餐厅和景点点评类网站，都存在大量的虚假评论。比如，如图 2-2 所示就是中国某家著名旅游网站上一篇关于某酒店的点评，具有虚假评论的特征。

在这篇评论中，"房间很好""空调很好卫生也很好""每天都有打扫房间"等评论非常空洞，没有任何实质性的内容。而且，对于空调、卫生等，属于住宿的基本条件，在市场营销学中被称为服务的"必要特性"，一般情况下，评论者只会在不满意的时候才会提及，而在正常情况下是不会特别关注的。对于"每天都有打扫房间，更换垃圾袋换洗漱用品"这样的描述，评论者的立场似乎并没有站在顾客的角度，而是站在商家自己的角度，因为这些行为都是商家在而顾客不在场时发生的，商家会觉得这些行为对保证顾客满意很重要，但从顾客的角度来看，一方面，他们没有当面看到商家换垃圾袋和洗漱用品的行为，故对这些行为是没有直观印象的；另一方面，顾客本身也很少会关注并专门评论商家的这些行为。再者，评论者入住日期是 6 月份，那时的苏州气温已经很高，但评论者却特别强调了"被子很厚"，这与我们的一般认知是相悖的。在评论的最后，评论者还特别强调了一家饭店好，同时明确指出另一家不好，具有很明显的导向性。综上所述，该评论是虚假评论的可能性很大。

M2733***   2018-06-14

5分

很满意的酒店，早上6点下火车打车直接过去，行李免费寄存一天晚上入住的，安排的房间很好，床宣宣的，被子很厚，空调很好用，卫生也好，每天都有打扫房间，更换垃圾袋换洗漱用品，靠河边很安静，而且非常幸运的是住的这几晚周围没有太大声说话的，所以睡的很香，离拙政园，苏州博物馆，狮子林，很近，离平江路和观前街也都不远，推荐林顿路走到狮子林胡同第一家小饭店，有只花色猫咪的那家，价格不贵味道也好，酒酿圆子，糖粥，蟹粉汤包都好吃，（不要去隔着旅行社养只小狗那一家，价格贵，粥还很稀，不好）

收起 ∧

图2-2 国内某旅行预订网站上关于苏州某酒店的评论

资料来源：https://hotels.ctrip.com/hotel，2018-06-14.

虚假评论提供的信息都不是真实的，这些信息干扰了用户决策，损害了用户的浏览和购物体验。如果网站存在太多的虚假评论，会造成用户对网站的不信任，进而造成网站声誉损失和客户流失。虽然全球各大电子商务网站都采取了多种措施来预防、过滤和打击虚假评论，但是，极低的发布成本、巨大的商业利益、较高的治理成本以及缺乏力度的惩罚机制使得电子商务网站的虚假评论屡禁不绝，成为各大电子商务网站的"毒瘤"。

在个人对个人的电子商务（Consumer To Consumer，C2C）网站平台也存在大量的虚假评论。很多卖家采取"好评返现"策略，他们在获得高质量好评带来销售量增益的同时，增加了买家的当前收益，导致好评数偏高；也有不少卖家采取"差评威胁"的策略，买家在遭受"差评威胁"时会妥协，从而导致差评数减少（王宁，2017）。由于撰写评论需要花费评论者的时间和精力，一般没有或只有极其微小的利益（一般为赠送积分、返还现金或低值的小礼品），因此，只有买家对商品有强烈的情感倾向，或者存在期望的利益刺激时，才会主动撰写评论，产生了商品评论的"逆向选择"现象（Hennig-Thurau T，2004）（张晓飞，2011）。因为存在"逆向选择"的现象，所以，电商平台的评论并不呈现出人们想象中的正态分布，比如，有研究表明，淘宝网上的评论呈近似于反"L"型的分布（李雨洁，2013），其中大部分是鼓吹或诋毁产品的虚假评论，其原因既可以解释为上述的"逆向选择"现象，即只有存在强烈喜好或厌恶情感的买家才会发表评论；也可以解释为有大量商家存在"刷单"行为。也有研究发现，亚马逊平台上的在线商品评论极性呈"J"形的双峰分布（Hu，2014），其原因在于很多商家雇用写手撰写对自己有利的虚假评论，给予产品和服务过高的打分，评论得分的均值被推高，因此，没有真实地反映商品购买者的态度。

总之，在经济利益的驱使下，商家、消费者、职业"水军"在各种类型的购物、消费、旅游服务网站上发布、转载各种类型的褒扬自己或诋毁对手的虚假评论，诱导甚至误导消费者作出对自己有利的决策。

2.1.2 政治目的

一些个人和机构通过制造、传播互联网虚假信息以达到其政治目的，这种网络虚假信息也常常表现为网络政治谣言。所谓谣言，就是在私下流传于人群之中，让公众颇为感兴趣的事件、事物或者问题的未经证实的解释或阐释（Peterson & Gist，1951）。也可以解释为流传于社会系统之中，未经权威公开证实或者官方已经站出来公开表明的虚假信息（Kapferer，1991）。谣言自古有之，但在网络时代，借助于快捷的"信息高速公路"，网络谣言现象日盛。

所谓网络谣言，是指通过互联网（比如门户网站、电子邮箱、社交网站、网络论坛、网络社区、社交软件、博客、微博等）传播的，没有事实依据，且常常带有攻击性和既定目的的信息，主要涉及突发事件、公共领域、政治人物、各类明星等内容，表现形式以文本和图片居多。美国芝加哥大学教授凯斯·桑斯坦（Cass Sunstein，2002）在其出版的著作《网络共和国——网络社会中的民主问题》中指出：新媒体有可能造成一个分裂的传播世界。桑斯坦从三个方面解释谣言的形成和传播：①在认知上，没有人是全知全能的，事实经验的缺乏产生了谣言；②在心理上，每个人都有感情，会憧憬、困惑、愤怒、厌恶、嫉妒、怀疑、恐惧等，这些情感因素会大大增加人们传谣的概率；③偏见使人们更易相信与自己立场一致的信息，哪怕是谣言。

带有政治目的的网络虚假信息利用人们对政府机构的不信任、科学知识的缺乏、社会管理信息滞后、人们对小道消息的偏爱以及虚假信息和真实信息之间的"时间差"，在"网络推手""网络水军"的推动下，通过网络快速传播，在短时间内制造巨大影响。有些政治谣言虽然在后来会被辟谣，但是，谣言过后，已经很少有人关心事实的真相，谣言的伤害依然存在；而还有一些政治谣言会造成不可逆转的影响，受害方甚至没有辟谣的机会。因此，网络政治谣言的危害性极大。

2.1.3 个人炫耀和情绪宣泄

网络社会虽然是虚拟的，但其参与者却是实实在在的人，因此，网络行为就一定会带着现实世界中人性的烙印，包括人性的弱点，"炫耀"就是其中之一。应该说，炫耀是人的一种本能，因为人总想将自己优秀的、高于别人的，或者有别于别人的一些特质展现给别人，以显示出自己的与众不同，满足自己的虚荣心。在马斯洛所阐释的人类五个层次需求理论中，"自我实现需求"是"社交需求"之上的需求，也就是说，一旦人产生了社交行为，就会激发在社交关系中的自我实现需求。互联网就是一个虚拟社会，是一个巨大的社交网络，在这个社交网络中，社交活动的参与者——网民，也渴望获得关注和认可，实现自我价值。

在社交网络中，获得关注的方式有很多种，但最便捷的方式莫过于制造和传播各类离经叛道、耸人听闻、吸引他人眼球的虚假信息了。在世界上的各个国家，此类事件屡见不鲜。比如，有人通过网上搜到的一幅警察正常执法的图片，配上诸如"警察打人""警察野蛮执法"之类标题，然后编撰一个警察欺负弱势群体的虚假故事，即可以在短时间内获得大量的关注和转发。也有一些人通过拼接、创作等手段，制作怪异的飞机和舰船图片，并将其放到网络论坛和网络社区中，称之为最新偷拍的所谓军方"最新式战斗机""最新式的航空母舰"等，来获得网民关注，满足个人的虚荣心。

在传统环境中，人们碍于身份、地位、人际关系、面子等原因，并不敢畅所欲言，会压抑自己的意见和想法。但是，在网络环境中，人人都"躲"在屏幕后面，成为匿名者，可以大胆地说出现实生活中不敢说的话，可以批评现实生活中不敢批评的人和事，这样，互联网就渐渐成为一些人宣泄情绪的场所。在极端情绪的支配下，人们往往会脱离实际，缺乏理性，说出夸大、扭曲、臆想的话，这也成为互联网虚假信息的又一来源。比如，有些网民在单位工作不顺，对同事或上司产生不满，就利用网络散布对单位、同事和主管不利的谣言，对当事人和组织的名誉造成严重伤害。

由于网络虚假信息的危害性极大，因此，世界上许多国家都相继出台了针对网络谣言的管理办法和惩罚措施，同时，官方机构和一些民间公益组织也试图通过正式渠道对虚假信息进行辟谣，以正视听。比如，美国的事实核查（Fact Check）网站（https：//www.factcheck.org）就是世界上较早开通的专门进行辟谣的网站，该网站是美国宾夕法尼亚大学安纳伯格公共政策中心①（Annenberg Public Policy Center of the University of Pennsylvania，APPCUP）支持的一个项目，旨在降低美国政治中的欺骗和混乱程度，以电视广告、辩论、演讲、采访和新闻发布等形式监控美国主要政治参与者所说的事实的准确性。同样，美国的另一个 Fact Check 网站 https：//www.politifact.com 也提供对美国主要政治人物所说过的话的真假性验证。

中国也于 2018 年 8 月 29 日正式上线"中国互联网联合辟谣平台"（http：//www.piyao.org.cn），该平台由中央网信办违法和不良信息举报中心主办，新华网承办，有 27 家以国家部委为核心的指导单位，同时有重点新闻网站、各种辟谣平台等合作单位，还有专家智库支持，主要强调联动——"联动发现、联动处置、联动辟谣"。该平台设有部委发布、地方回应、媒体求证、专家视角和辟谣课堂等栏目，具有谣言举报和谣言查证的功能，具有很高的权威性。

2.2 网络虚假信息的主要类型

虚假信息分为"虚信息"和"假信息"两种。"虚信息"是指信息中含有一定的真实成分，但信息制造者出于某种考虑，将其中的真实部分夸大了，从而造成信息失真或部分失真。比如，撰写产品评论的人，过分夸大产品的优点或者缺点，造成其对产品的描述偏离实际情况。再比如，撰写新闻的人，过分强调新闻中的某个细节，或者断章取义，故意造成读者对新闻的认知偏离实际情况。

而"假信息"与"虚信息"不同，"假信息"属于无中生有、捏造事实的信息，所有的内容都是作者凭空臆想出来的，是在真实世界中完全不存在的信息。

网络虚假信息的主要类型包括垃圾邮件、虚假新闻、虚假广告、虚假评论、

---

① 宾夕法尼亚大学安纳伯格公共政策中心（APPC）由出版商和慈善家 Walter Annenberg 资助成立，旨在宾夕法尼亚大学建立一个学者社区，为解决地方、州和联邦层面的公共政策问题提供建议和解决方案。

网络谣言等。这些虚假信息产生的原因不同、表现形式不同,因而,特征也不尽相同。

2.2.1 垃圾邮件

根据科技业市场研究机构瑞迪卡迪公司(Radicati Group)统计,2018 年全球电子邮件用户数量达到 38 亿人,每天发送和接收的商业和消费者电子邮件的总数超过 2811 亿封。其中,一半以上都是垃圾邮件。这些垃圾邮件中,存在数量惊人的虚假广告邮件、钓鱼邮件、诈骗邮件。垃圾电子邮件是最常见、最古老的一种网络虚假信息。垃圾邮件制造者利用邮件接收者和发送者的信息不对称获取非法收益。

垃圾邮件一般都是大批量群发的。垃圾邮件中包含推销虚假或劣质产品广告信息、虚假的赚钱信息、成人和色情网站广告、钓鱼网站链接、虚假新闻和虚假消息等。

随着技术的发展,防火墙、邮件服务器等设备都具有了越来越强大的反垃圾邮件功能。目前,黑名单、防火墙和触发式过滤算法等技术是过滤垃圾邮件的主要方法,可以过滤掉互联网上的大部分垃圾邮件。但是,垃圾邮件制造者也在不断变换着手法,新的垃圾邮件发送方法被不断地发明出来,人们依然无法从根本上杜绝垃圾邮件。

为了减少垃圾邮件的危害,美国制定了专门的《反垃圾邮件法》(*Can – Spam Act of* 2003),并认定发送垃圾邮件的行为严重的可构成犯罪。在中华人民共和国信息产业部制定的《互联网电子邮件服务管理办法》中,也认定,信息产业部或者通信管理局有权对发送垃圾邮件的行为进行经济处罚。

2.2.2 虚假新闻

客观性和真实性是对新闻的基本要求,但是,在利益的驱使下,凭借个人主观想象或者他人意愿的虚假新闻越来越多,这些新闻或是根本无中生有,或是移花接木,或是在真实新闻中增加一些虚构成分,以此迎合受众的猎奇心理,产生轰动效应,提升网络媒体的关注量。比如,2008 年 9 月 11 日,××时报刊载了一篇题为《招商银行:投资永隆浮亏百亿港元》的新闻,该新闻造成招商银行当日股价暴跌,招行 A 股流通市值损失超 120 亿元;招商银行的股价暴跌又带动银行股板块的整体下跌，当日 H 股下跌逾 5%。而事实是：由于记者对香港永隆银行的股价有关数据采集出错，得出招商银行浮亏逾百亿港元的错误结论，是一篇严重背离事实的虚假新闻。

互联网步入"自媒体"时代后，虚假新闻现象愈发猖獗。一些发布者撰写虚假新闻，并将其伪装成央视、党报或机关报等媒体发布的新闻，在社交平台、论坛或即时通信工具上大肆发布和转发。这些新闻多半冠以"新闻联播终于播出了真相""人民日报都刊登了，你还不知道……"这样的标题，有些新闻甚至配上了截图，但这些截图其实是经过处理的，与此则新闻没有丝毫的关系。虽然这些是虚假新闻，但是，绝大部分的受众既没有时间、没有渠道，也懒得去求证其真实性，加之缺乏有效的监管，致使这样虚假新闻大行其道、屡见不鲜。很多新闻等到被人们发现是虚假信息时，已经造成了不可挽回的损失。

比如，传销类的旅游合作组织"世界探险"（WorldVentures）曾于 2016 年 5 月 31 日在微信里盛传当晚的中国中央电视台的新闻联播有其专访，但事实上，当晚的新闻联播却丝毫未提及该组织。传播该信息的人多半并不会去看新闻联播，而虚假新闻就是利用人们的这种心理和惰性来欺骗受众。有学者对《新闻记者》杂志连续 4 年评出的虚假新闻进行统计后发现，毫无事实根据、凭空捏造的假新闻占据了 1/3 以上的比例。

虚假新闻的存在，既有新闻监管不到位、人性本身存在的猎奇心理、新闻行业的恶性竞争以及社会大环境等客观因素，也有利益驱使、记者责任感缺乏等主观因素。因此，对于虚假新闻，需要有系统化的治理手段。

2.2.3 虚假广告

经济利益最大化是商人追求的终极目标，因此，商家总是不遗余力地宣传自己的产品和服务。在利益的驱动下，宣传的内容常常过分夸大，有时甚至存在虚假成分；有些广告语义模糊，故意引起受众误解；也有些商家宣传根本不存在的产品和服务，以获取超额利润。这些都是虚假广告。

虚假广告是商业社会的病态，也是常态。在互联网时代，由于网络广告的发布成本和发布门槛极低，网络广告发布者一般都是匿名的，即使被发现是虚假广告，也难以取证和追赃。因此，互联网时代的虚假广告尤盛。

2016 年 1 月 9 日，百度被网友爆出其宣称旨在方便血友病患者交流的"血友病吧"已被商业化。百度贴吧被商业化，对社会和民众最大的威胁就是虚假广告,在百度的"高血压吧",诸如"向高血压宣战!向世界难题宣战!"这类口号性的标语以及"彻底治愈高血压从某中医降压开始"这样有违医学常识的虚假广告比比皆是①。16 日,国家互联网信息办公室就此问题约谈了百度公司负责人②。

"血友病吧"事件余波刚平,2016 年 4 月底,"魏则西事件"引爆舆情。百度搜索引擎为商业利益,依据商家的广告竞价,对其搜索结果进行排名,诸多被"莆田系"资本控制的民营医院利用"竞价排名"大做虚假医疗广告,赚取了巨额的利润③。这些事件都在不断刷新人们对于网络虚假广告的认知,也让人们越来越认清隐藏在搜索引擎背后的虚假广告利益链。

虽然互联网增加了网民获取信息的渠道和数量,也加快了网民对某些信息证实或证伪的速度,但却无法从根本上消除信息不对称的问题。特别是当人们习惯了使用某一种信息入口(比如搜索引擎)后,该信息入口就对人们所接收的信息产生了天然垄断,它可以随意控制传递的信息内容,哪怕是虚假信息。总之,只要信息不对称的现象依然存在,就无法从根本上杜绝网络虚假广告。

2.2.4 虚假评论

互联网进入 Web 2.0 时代以后,不仅出现了专门提供讨论场所的博客、网络社区、论坛,而且,各种类型的网站(如电子商务网站、新闻网站等)都增加了"评论"功能,所有网民都可以对某个话题、某条新闻、某个产品、某个帖子进行评论。网络评论一方面成为网民表达意见的一种途径;另一方面,也成为网民、商家乃至行政管理部门等行为体进行决策的重要参考。

由于来源的局限,人们总是期望从别人的口中得到信息,而别人对产品的评论自然也就成为人们进行购买决策的重要参考信息。据《2019 年亚马逊消费者行为报告》数据显示,商品评论信息已经成为影响消费者购买行为的重要因素,有 92% 的消费者相信网站上关于商品的评论,82% 的消费者在网购前会查看所要购买产品的全部评论。市场研究公司尼尔森(Nielsen,2012)发布的名为《全球对广告和品牌信息的信任》(*Global Trust in Advertising and Brand Messages*)的报

---

① 百度贴吧被指花钱能承包 [N]. 北京青年报,2016 - 01 - 12(A09 版).
② 张璁. 国家网信办约谈百度公司负责人 [N]. 人民日报,2016 - 01 - 17(04 版).
③ 张璁. 竞价排名误导网民,存在科室违规合作 [N]. 人民日报,2016 - 05 - 10(13 版).

告显示①，有70%的被调查者使用并信任网络评论；埃里克·吉尔伯特（Eric Gilbert, 2010）等对亚马逊（amazon.com）上的评论进行了研究，发现10%~15%的商品评论是参照别人的评论做出的；此外，查特吉（Chatterjee, 2001）、谢瓦利埃和古尔斯比（Chevalier & Goolsbee, 2003）、戈德斯和梅茨林（Godes & Mayzlin, 2004）、谢瓦利埃和梅茨林（Chevalier & Mayzlin, 2006）、朱和张（Zhu & Zhang, 2010）、彼拉穆图（Piramuthu, 2012）等的多项研究均表明，网络评论能够影响消费者对产品的看法，并且对消费者的购买行为产生重要的影响。总之，网络评论已经成为影响网民决策的重要原因。

但网络评论的利与弊是伴生的，人们在享受越来越多的网络评论所带来的信息对称的利好的同时，也越来越被快速增长为网络虚假评论（Fake Review）所困扰。伴随着各种点评网站和网站点评功能的发展，各种类型的在线互动交流平台和在线交流工具让所有网民都可以从信息接收者转变为信息提供者。由于发布网络评论几乎没有时间和地点的限制、没有技术门槛，成本也极低，因此，网络评论的质量越来越难以控制。

梅茨林（Mayzlin, 2006）曾经专门研究厂家在互联网上的推销行为，通过自己开发的一种博弈模型，分析并证明厂家的网络推销行为对消费者的购买决策有显著的影响；胡楠（Hu Nan, 2011）和因多尼尔·波什（Indranil Bose, 2011）等对亚马逊（Amazon）和邦诺（Barnes & Noble）两个网站上的书评进行专门研究后发现，出版商、销售商和书籍作者存在操纵评论的行为，这样的操纵能够对购书者的决策产生重要影响，从而显著影响这些图书的销量；哈佛大学的迈克尔·卢卡（Michael Luca, 2013）和波士顿大学的乔治奥斯·泽瓦斯（Georgios Zervas, 2013）对美国最大的餐厅点评网站Yelp.com上的餐厅评论进行研究发现，餐厅在Yelp.com上的评价每上升一个级别，餐厅的收入会相应增长5%~9%。

由于存在很大的利益空间，有些个人和组织公然在互联网上提供有偿的（虚假）评论服务。比如，好评网（http：//postingpositivereviews.blogspot.hk）、付费评论网（http：//www.sponsoredreviews.com）、付费发文网（https：//payperpost.com）、假评论写手网（https：//www.freelancer.com/projects/by-tag/fake-review-writer）、假评论写手招聘网（http：//www.productreviewwriter.com）、雇用内容写手网

---

① http：//www.nielsen.com/us/en/insights/report/2013/global-trust-in-advertising-ard-brand-messages/, Sep17, 2013.

（https：//www.indusnet.co.in/digital-marketing.html）、亚马逊假书评网（http：//www.blog-relations.com/2006/12/19/fake-amazon-book-reviews）等网站，都提供定向（针对某个特定网站）或不定向的网络评论服务。

在网络评论缺乏有效监管和现有技术条件无法有效监管的情况下，出于经济、政治或其他目的的虚假评论在互联网上大行其道，混淆视听，掩盖真相，干扰网民的判断，对社会的总体价值造成了损害[①]。美国伊利诺伊大学教授刘兵（Bing Liu，2003）对亚马逊（美国）网站上的产品评论进行分析发现，网站上约有三分之一的产品评论都是虚假评论；据迈克尔·卢卡和乔治奥斯·泽瓦斯（2011）的研究证实 Yelp.com 网站上有约 16% 的评论是虚假评论；我国的京东、淘宝、当当等电子商务网站平台上存在数量可观的虚假评论。因此，网络上的虚假评论在评论中所占的比例已经达到不容忽视的地步。

美国咨询公司高德纳（Gartner）研究部主任珍妮·萨辛（Jenny Sussin）认为，获得虚假评论的方式主要有以下几种：一种是直接花钱让人发表虚假评论；一种是在网上的市场中购买；还有一种是通过其他公司雇人为产品点赞，也就所谓的"点击农场"（Click Farms）。在中国，这些人都可以被称为"网络水军"（Online Water Army）。

虚假评论有很多不同的称呼，如观点欺骗、垃圾评论等，英文有 opinion spam、fake reviews、bogus reviews、fake comments、fake blogs、fake social network postings、deceptions、deceptive messages 等（Liu B，2012）。

当然，也有学者有不同的观点。在第七届中文倾向性分析评测（The 7th Chinese Opinion Analysis Evaluation，COAE 2015）竞赛所设置的任务4中，定义了四种垃圾评论：①不针对产品本身进行评论，而是针对产品所属品牌、制造商等的评论，称为非产品评论；②在 A 产品的评论区，出现了 B 产品的评论，称为评论对象错误评论；③在产品评论区出现的广告性内容；④与产品无关的文本。金达尔（Jindal，2008）则重点研究了虚假评论的另一种特殊类型——重复评论。张鹏等（2017）认为，虚假评论是不真实的评论，其内容与评价对象的实际不相符，但从评论内容本身无法判断其真实性，因此，虚假评论只是垃圾评论的一种，而且，只有针对产品本身和产品特性的评论才是有效评论，其他均为垃圾评论。

---

① Dellarocas C. Strategic Manipulation of Internet Opinion Forums：Implications for Consumers and Firms [J]. *Management Science*，2006，52（10）：1577-1593.

本研究并不严格区分虚假评论和垃圾评论。在本研究中，所有没有表达评论者对被评论对象真实评价的评论都被视为虚假评论，包括故意过分褒扬的评论、诋毁的评论、重复评论、主题无关评论、针对品牌和厂商而非产品本身的评论、广告等。

2.2.5 网络谣言

谣言自古有之，伴随着人类社会发展的始终。美国社会学家戈登·威拉德·奥尔波特和里奥·波斯特曼（Gordon Willard Allport & Leo Postman，1947）曾提出著名的"谣言影响力公式"，即：$R = I \times A$，其中 R 为 Rumour，谣言，可翻译为谣言的影响力；I 为 Important，重要，可翻译为信息的重要性程度；A 为 Ambiguous，含糊，可翻译为信息的不透明程度。此公式的中文表述为：谣言的影响力 = 信息的重要性程度 × 信息的不透明程度。该公式表明，信息的重要性程度和信息的不透明程度均对谣言的影响力构成正向的影响。信息越受关注，重要性越高，比如明星、焦点事件等；信息不透明程度越高也越受关注，比如当事人、政府或其他权威机构在事情发生后，迟迟不发声，任由各种猜想漫天飞，则谣言会越发受到公众关注，影响力会不断增大。

后来，传播学学者克罗斯（Crouse，1953）将上述谣言影响力公式进行了改进，提出新的公式：谣言影响力 = 事件的重要性 × 事件的模糊性 ÷ 公众的判断力。该公式加入了公众判断力这个变量，说明：如果公众判断力强，则会削弱谣言影响力；反之亦然。

随着"自媒体"时代的到来，网络谣言日盛。网络谣言是指通过网络介质（例如邮箱、聊天软件、社交网站、网络论坛等）传播的没有事实依据的话语。主要涉及突发事件、公共领域、社会政治、灾害安全、颠覆传统、离经叛道等内容。网络谣言是谣言的一种，与传统谣言不同之处在于传播途径和参与者[①]。传统谣言的传播靠口口相传，信息覆盖面较窄，传播速度相对较慢；而网络谣言的传播覆盖面极广，传播速度极快，所形成的社会影响比传统谣言要大很多。

网络谣言产生的原因有很多，有些是商家为了炒作自己的产品和服务，提高知名度；有些是为了诋毁竞争对手；有些是出于政治目的，诋毁政治人物形象，扰乱社会秩序；但从目前来看，网络谣言更多地来自一些自媒体平台，为了提高

---

① 唐绪军. 中国新媒体发展报告 [M]. 北京：社会科学文献出版社，2013.

平台关注度，提升"粉丝"量，从而提高平台的广告价值。近些年来，随着微信的快速普及，微信公众号成为网络谣言的一个重要载体。借助夸张的标题和骇人听闻的内容获取大量的转发和关注，从而积累大量的"粉丝"后，再吸引企业投放广告以赚取经济利益，是微信营销的标准做法。一般来说，微信公众号的广告投放价格为 150~300 元/1 万粉丝量。微信公众号覆盖面广、运营成本低，增长速度快，其中蕴藏着巨大的商业利益，因此，网络谣言就成为其扩大影响的首选工具。

近几年，我国互联网上先后多次出现"××使用地沟油""××鸡翅中有活蛆""××肉毒杆菌"等谣言；韩国于 2015 年在互联网上出现要爆发战争的谣言；新加坡于 2015 年在互联网上出现李光耀去世的谣言。这些谣言虽然很快经权威部门否认并辟谣，但依然对有关企业造成了极大经济损失，对社会和谐稳定造成了严重的影响。

人民网舆情监测室、人民网新媒体智库联合发布的《2016 网络谣言传播以及成年人认知情况研究报告》显示，六成以上成年网民经常看到网络谣言，在 2016 年上半年 450 个典型网络谣言案例中，涉及社会安全的谣言有近 200 条；与民生相关的谣言数量超过谣言案例总量的 2/3。我国在 2012 年 1 月至 2013 年 1 月发生的关注度最高的 100 件热点舆情事件，出现谣言的比例超过 1/3[①]。据国家互联网信息办公室统计，仅 2012 年 3 月监测到的各类网络谣言信息就高达 21 万余条。在这些谣言中，科学常识类占 47%、社会时政类占 27%、明星八卦类占 15%，这三类谣言占谣言传播总数的 89%，其余的累计占到 11%（军事类占 5%、国际领域类占 3%、历史文化类占 2%、财经新闻类占 1%）（喻国明，2018）。

随着网络的快速普及，网络传播的负面效应日益凸显，一些网民借助网络获取、制造并传播谣言。网络谣言具有广泛性、快捷性、难控性、互动性、逼真性等特点，严重危害到国家政治安全、社会安定、经济安全和社会秩序。系统地研究网络谣言，总结网络谣言特点，探究其产生的原因，采取综合治理措施，维持虚拟社会的健康运行，对确保国家的政治、社会、经济安全等具有重要的现实意义[②]。

---

① 唐绪军. 中国新媒体发展报告 [M]. 北京：社会科学文献出版社，2013.
② 柴艳茹. 网络谣言对社会稳定的危害及其治理 [J]. 人民论坛，2013（7）：20-23.

2.3 网络虚假信息的主要特征

对虚假信息的早期研究主要集中在对谣言的研究。奥尔波特（2003）从社会心理学角度分析，认为谣言的流量与信息的重要性和含糊性之积成正比，并指出投射的心理机制是谣言流传的重要原因①。

近些年来，对网络虚假信息研究主要从传播学视角探讨虚假信息的传播特征、传播机制，着力于寻求防范和解决的对策。也有一些学者从社会心理学角度，阐述虚假信息被信任的机制，如受众的刻板印象、认知一致、从众心理等②。蒋正和（2015）从社会心理学、新闻传播学角度，分析在较大范围内得以传播的社会事件型网络虚假信息的信息特点③。

作为信息的一种特殊类型，网络虚假信息具有网络信息和虚假信息的一些复合特征，情况相对比较复杂。认识、分析和研究网络虚假信息，需从多个角度来进行，主要包括表述方式、表现形式和传播方式三个方面。

2.3.1 表述方式

为了迎合受众心理，赢得受众关注，虚假信息在表述上求新、求奇，甚至离经叛道、耸人听闻，这样才有"新闻价值"，才能吸引受众。李良荣（2001）认为，"新闻价值"就是事实本身包含的引起社会各种人共同兴趣的素质，这些素质包括时新性、重要性、接近性、显著性和趣味性五个特性④。虚假信息虽然本质上是虚假的，但是，它的内容与真实信息一样，具有相似的社会属性。因此，从相信它的受众角度看，这些信息是真实的，因为这些信息包含受众能够，甚至是更"乐于"接受的逻辑和情节。

但是，虚假信息毕竟是虚假的，并无法呈现完备的事件要素，因为一旦呈现完整的事件要素后，就很容易被受众核对和识别。因此，虚假信息大都具有一定的模糊性，使得"客观证据和知识不对判断与描述构成理性约束"

---

① [美] 奥尔波特. 谣言心理学 [M]. 刘水平, 等译. 沈阳: 辽宁教育出版社, 2003: 21.
② 刘自雄, 王朱莹. 被信任的假新闻——虚假信息的受众接受心理探讨 [J]. 现代传播: 中国传媒大学学报, 2011 (7): 56 - 59.
③ 蒋正和. 社会事件型网络虚假信息的特点 [J]. 东南传播, 2015 (7): 93 - 94.
④ 李良荣. 新闻学概论 [M]. 上海: 复旦大学出版社, 2009.

(奥尔波特，2003)，人们基于投射①的心理，反而会信任此信息，并乐意传播之。

从认知不协调理论的角度来看，当人们内心的认知与互联网上散布的虚假信息不一致时，就会感到紧张、不安，为了减少这种不安感，人们就会倾向于相信和传播与自己情绪或态度一致的信息，以保持内心的认知与外界的一致。很多网络虚假新闻、网络谣言能够得以广泛传播，就是因为这些信息反映了社会中某个群体的共同认知，即这些信息成为某种社会心理的投射。这种投射性的信息使人们"焦虑合理化"②。比如，如果人们认为社会不公平，就会乐于接受和传播各种所谓"内幕""暗箱操作"的消息；人们认为马航 MH370 不会无缘无故地消失，于是，各种版本的有关该航班消失的所谓"幕后消息"就会不胫而走，且很多人对此深信不疑。

此外，还有一些虚假信息，如虚假评论，为了表达正面或者负面的评价，往往采用过于夸张的语气，较高频率地使用诸如"非常""超级""简直""太"等词汇。但是，由于这些评论者大部分都没有亲身感受过他们所评价的对象，因此，评价内容又往往过于宽泛，缺乏细节描述。比如，对酒店的评价，虚假评论者往往会使用诸如"酒店大堂非常豪华""床非常舒服""房间布置等很整洁""服务非常周到"等泛泛而谈的描述，缺少诸如沐浴露的味道、拖鞋的质地、枕头的高度等这些非常细节的描述。

利用媒体平台数据进行网络谣言特征分析是一种不错的方法。喻国明等（2018）利用腾讯大数据中的谣言样本进行分析，归纳出网络谣言的一些特征：谣言标题平均长度为23.8个字；倾向使用第一人称代词；常用"神秘""真相""揭秘""震惊"等关键词贴标签；感叹号和问号最多；充满性元素；新闻式和数字式的标题是最常见的标题形式。作者同时还给出了网络谣言标题中最常出现的关键词前50名，见表2-1。

---

① "投射"的概念是弗洛伊德于1894年提出的。所谓投射，指的是个体依据其需要、情绪的主观指向，把自己的性格、态度、动机或欲望等特征转移到他人身上的现象。投射作用的实质，是个体将自己身上所存在的心理行为特征推测成在他人身上也同样存在，这是人们一种普遍的和潜意识的反应。在个人信息传播活动中，人们常常会潜意识地将自己的意念、欲望、认知态度等投射在所传播的人、事、观念上。承载这些内容的信息愈能反映人们心理的投射，人们就越乐意传播它。(蒋正和，2015) "如果我们听到的谣言给事实作出了符合我们私生活的解释，我们便愿意相信并传播它"(奥尔波特，2003)。

② [美] 戴维·迈尔斯. 社会心理学 [M]. 侯玉波，等译. 北京：人民邮电出版社，2006.

表 2-1　　　　　　网络谣言词频前 50 名（从高到低排序）

序号	关键词	序号	关键词	序号	关键词	序号	关键词	序号	关键词
1	专家	11	美女	21	孩子	31	火星	41	诡异
2	农村	12	霍金	22	小伙	32	离婚	42	大叔
3	石头	13	震惊	23	农民	33	揭秘	43	毁灭
4	人类	14	女子	24	月球	34	生物	44	宇宙
5	神秘	15	世界	25	秘密	35	恐怖	45	惊人
6	真相	16	灵异	26	怀孕	36	出轨	46	疑似
7	鉴定	17	妈妈	27	外星	37	惊呆	47	钓鱼
8	曝光	18	意外	28	真实	38	预言	48	性感
9	挖出	19	癌症	29	村民	39	老人	49	棺材
10	科学	20	有毒	30	千年	40	妹子	50	搞笑

资料来源：喻国明. 网络谣言的文本结构与表达特征——基于腾讯大数据筛选鉴定的 6000+谣言文本的分析 [J]. 新闻与写作, 2018 (2): 53-59.

此外，研究人员还对标题风格进行了归纳研究，按照行文风格，将网络谣言的标题分为新闻式、疑问式、祈使式、故事式、恐吓式、炫耀式、数字式、聊天式、建议式、真理式、利益式、号召式、悬念式、反问式共 14 种类别，各种类别比例如图 2-3 所示。

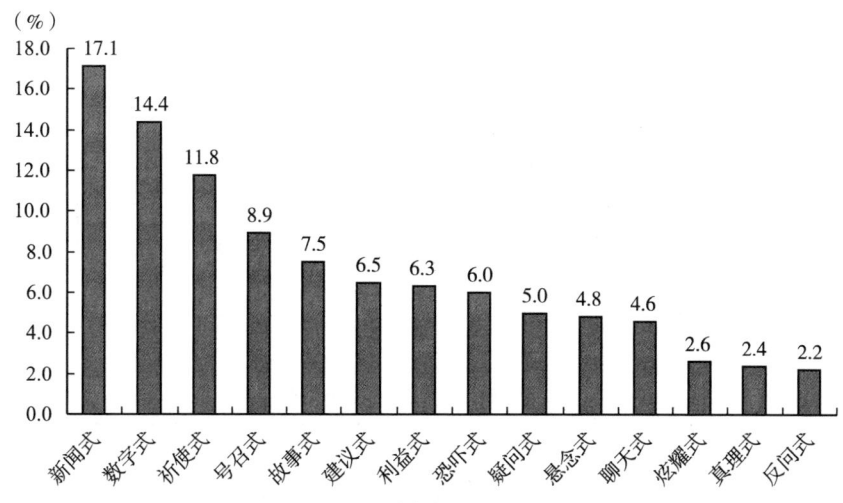

图 2-3　谣言标题风格占比

资料来源：喻国明. 网络谣言的文本结构与表达特征——基于腾讯大数据筛选鉴定的 6000+谣言文本的分析 [J]. 新闻与写作, 2018 (2): 53-59.

从图 2-3 可以看出，新闻式和数字式占比最高，原因是让读者感觉最具真实性；祈使式和号召式次之，但占比也比较高，原因是这种形式的标题最能打动人心。其他的一些类型也都是抓住了人们的某种心理，让人不自觉地产生点击文章进行阅读的兴趣。

2.3.2 表现形式

互联网是一个多媒体环境，互联网信息包括文本、图片、音频、视频、Flash等多种表现形式。由于人类天生对图片和视频的敏感度、接受度远高于文字，且互联网信息具有很强的互动性，因此，互联网信息具有传统纸媒和单纯电视节目无法比拟的趣味性和参与性。通过多种媒体的表现和组合搭配，给受众带来完美的用户体验，使信息更易被受众接受，提升用户参与互动的意愿，在受众和传播者间形成互动，产生立体传播的效果。

正因为互联网信息具有这些更易被受众接受的优点，因此，网络虚假信息也常常具有更大的迷惑性。网络信息给受众提供了更加诱人的图、文、音和视频的组合，具有传统信息无法比拟的信息量及趣味性。网络虚假信息通过内容安排、结构选择、媒体混合等方式，使信息呈现出一种让人非常舒服的状态，便于受众快速地获得立体认识，认可并愿意传播此类信息。同时，受众也愿意将自己的想法反馈给传播者，在受众与传播者之间形成了一种互动关系，从而使受众更加笃信信息的真实性。

比如，经常有诸如"警察打人"之类的虚假信息，虚构一个警察殴打社会弱势群体的虚假消息，然后配上一幅网上搜集来的警察执法时某个特定场景下的图片。如果只有该虚假的消息，大部分读者可能会一带而过，但是，当配上了图片后，就是"有图有真相"，很多人就会倾向于相信该消息，并乐于传播之。据统计，在网络谣言的传播中，传播形式由高到低依次是文字、图片+文字、视频、文字+视频、图片，见表 2-2。

表 2-2 网络谣言传播形式分类统计表

传播形式	频率	百分比/(%)
视频	11	3.2
图片	6	1.7

续表

传播形式	频率	百分比/（%）
图文	11	3.2
文视	8	2.3
文字	309	89.6
合计	345	100.0

资料来源：姜赢，张婧，朱玲萱等. 网络谣言文本句式特征分析与监测系统 [J]. 电子设计工程，2017，25（23）：7-10.

2.3.3 传播方式

所谓"传播"，就是社会信息的传递或社会信息系统的运行[①]。互联网信息传播是以计算机及网络为基础，进行信息传递和交互。利用计算机技术，网络信息制造者可以将虚假信息以文字、声音、图片、动画以及视频等多种形式呈现给用户，因此，网络媒体是融合多种信息形式的综合信息传播方式。在多种形式的信息的支持下，网络媒体所特有的互动、实时、整合的特征得到充分的体现。

互联网信息传播中，既有单向的大众传播，也有双向的人际传播，还有呈现网状的社交网络传播。总体上，互联网信息传播呈现的是一种散布型的网状结构，在这种传播结构中，任何一个节点都能够制造并发布信息，所有节点制造和发布的信息都能够以非线性的方式流入网络之中。网络信息传播中，"微传播""病毒性传播"的特征非常明显，网络信息传播速度快、涉及面广，信息传播呈现几何级裂变，影响力大。

在互联网环境中，信息生产者和传播者非常隐蔽，人们很难在浩如烟海的互联网中发现恶意的信息制造者和传播者，这就在很大程度上刺激了人们在互联网上制造和传播虚假信息的欲望，也为虚假信息发布和传播者提供了可乘之机。虚假信息的制造者也是网状的互联网结构中的一个或若干个节点，他（们）所发布的虚假信息常常可以不通过或者骗过审核，自由地在网络各个节点间传送和分享。特别是当虚假信息制造者进行群体行动的时候，其效果就会非常明显。

网络水军就是一种典型的虚假信息制造者的群体行为。网络水军是一个群体，常常有几十甚至几百人。成员之间有明确的分工，有人负责发帖，有人负责

---

① 郭庆光. 传播学教程 [M]. 2 版. 北京：中国人民大学出版社，2011.

跟帖。每次行动都有统一的指挥人员和确定的主题及目的。网络水军一般不直接受雇于商家，而是由网络公关公司负责管理，为客户（商家）提供品牌推广、产品营销、口碑维护和危机公关等服务。由于可以在短时间内造成"集束炸弹"的效应，经网络水军包装和炒作的虚假信息具有很大的迷惑性。

2018年9月18日，四川省公安抓获一个成员超过30人的"网络水军"组织。该组织与中国日报网、中国网河南地方频道、新浪网、搜房网、华商网等多家网络媒体内部工作人员合作，在互联网上提供有偿发布虚假信息和有偿删帖服务，在短短两三年的时间里，获利2000余万元[①]。

在虚假信息的产生和传播过程中，虚假信息之所以能被传播和接受，虚假信息制造者固然是最主要的因素，但是，媒体和受众也有无法推卸的责任。媒体为追求新闻效果而故意夸大事实或有意忽略某些情节，甚至对虚假信息听之任之；加之受众的猎奇、盲从、相信阴谋论等心理的存在，也是虚假信息大行其道的重要原因。

2.4 网络虚假信息的危害

由于真实信息受客观事实的限制，接近生活的真实情况，因此，并不能激起受众的兴趣。但虚假信息则脱离客观事实进行歪曲、夸大、虚构，甚至离经叛道，更能满足人们的猎奇心理，在某些特殊情况下，也更符合人们对"阴谋论"的心理假设，因此，更容易被媒介和受众关注、接受并传播。因此，虚假信息比真实信息具有更强的接受度和传播度。在虚假信息中，尤以负面信息更有市场。研究表明，人们在对某一事物进行整体评价时，往往会更加关注其负面信息（Skowronski J J & Carlston D E，1989）；在信息传播中，负面信息比正面信息更能吸引人们的注意力（Pamela M. Homer & Sun-Gil Yoon，1992）；从影响力角度来看，亨宁图罗和沃尔什（Henning-Thurau & Walsh，2003）、巴甫洛和迪莫卡（Pavlou P A & Dimoka A，2006）都认为，负面信息比正面信息的影响力更大。由于网络虚假信息在受众中有更高的接受度和影响力，因此，具有更大的危害性。

---

① 澎湃新闻网．四川破首例网络水军案：嫌犯勾结网媒内部获利两千万［N/OL］. http://news.ifeng.com/a/20181128/60176970_0.shtml.

2.4.1 损害相关者经济利益

人们制造和传播网络虚假信息的最主要目的就是获取经济利益，因此，网络虚假信息损害最大的就是相关者的经济利益。

首先，网络虚假信息对相关者的经济利益造成了直接损害。无论是垃圾邮件，还是针对产品或服务的网络虚假评论，甚至是网络诈骗信息，都会造成人们的错误决策，造成经济损失。比如，电子商务网站上的负面评论相比于正面评论，有着更高的显著性，对消费者的网购信任产生更大的负面影响（马淑，2016），增加消费者不确定性感知度（Zhao，2013）。在一些电子商务网站和旅游点评网站上，都有大量的夸大或诋毁的虚假评论，这些评论真真假假，让人难以辨别，误导人们的判断和购买行为，给消费者造成经济损失。负面评论还会让消费者产生一种长期的不信任感，影响商家的信誉（Baek & Ahn，2012）。

此外，网络虚假信息也对相关者的经济利益造成了间接损害。据美国"铁港系统"信息安全公司统计，2007 年，公司平均每天截获约 810 亿封垃圾邮件。对于利用电子邮箱作为主要通信工具的用户以及电子邮箱管理者来讲，垃圾邮件带来了额外的处理负担。根据不完全统计，就算是电子邮箱已经对垃圾邮件设置了非常严密的过滤规则，仍然有 80% 电子邮箱用户每周需要耗费 10 分钟左右的时间处理垃圾邮件。对于电子邮箱的提供者和管理者而言，垃圾邮件的投送会占用大量的网络带宽和服务器资源，垃圾邮件的大量发送，甚至会阻塞网络，影响正常邮件的投送，而电子邮件服务器有超过 85% 的系统资源耗费在处理垃圾邮件上。同时，收到垃圾邮件的人也要花费大量的时间来阅读或者清理垃圾邮件。可以说，垃圾邮件严重损害了整个社会的经济利益。

2015 年 10 月 20 日的《每日邮报》披露，据英国竞争与市场管理部门（Competition & Markets Authority，CMA）统计，英国半数成年人（约 2500 万人）浏览网络评论，每年英国约有 230 亿英镑的消费额受到网上评论的影响，而且消费者年龄越小就越可能受到这些评论的影响。

近些年，各种网络诈骗花样迭出、防不胜防。实施者通过伪装为网络好友、假冒的网银升级、发布虚假兼职信息等方式，发送虚假信息，诱骗网络用户进入预设的"陷阱"，谋取不当经济利益。2015 年 4 月，北京市公安局网络安全保卫总队、北京网络安全反诈骗联盟联合 360 互联网安全中心共同发布了《2015 年第一季度网络诈骗犯罪数据研究报告》。该报告显示，2015 年 1 月至 3 月，"北京网络安全反诈骗联盟"共接到网络诈骗报案4920起,报案涉及诈骗总金额达1772.3万元,人均损失3602元。与2013年相比,网络诈骗的报案数量增长了3.56%,人均损失增长42.90%[①]。

据2018年6月26日中国社会科学院新闻与传播研究所与社会科学文献出版社联合发布的新媒体蓝皮书《中国新媒体发展报告(2018)》统计数据显示,网络谣言中,与经济有关的谣言占总数的11%,其中又有40%以上的谣言是与股市有关的。这些经济谣言往往直接威胁某些企业的生存,危害经济安全。如2013年5月,互联网上盛传"钱荒"谣言,加剧了股票债券市场的波动,由银行间市场资金紧张引起的金融市场震荡使投资者人心惶惶,股票、债券市场暴跌,上证指数一度跌至1839点。股市急剧下跌,股民被深度套牢,并通过网络扬言联合到证监会上访。银行更是出现了储户挤兑的局面。在此期间,一些谣言使市场恐慌情绪更加浓重,就连2013年6月30日中国工商银行系统发生故障,也被谎称是因为"钱荒取不出钱"。直到央行出面澄清谣言,承诺货币供应充足,才使市场逐步恢复平稳,使储户的焦虑恐慌情绪得到缓解。这些因网络谣言引起的危机,导致相关者利益受损、企业破产、员工下岗、国民经济发展受到威胁,甚至影响到经济安全。[②][③]

2.4.2 影响社会稳定

网络虚假信息不仅会带来经济上的损失,也会造成社会秩序的混乱和社会环境的动荡。网络的便捷性,降低了发布网络虚假信息的门槛;网络的匿名性,加剧了人们发布虚假信息但不被追究的侥幸心理;网络的实时性,增加了虚假信息传播和发酵的速度;网络的跨地域和全天候性,使得网络虚假信息的传播不受地点和时间的限制;网络的群体性,使得对网络虚假信息的讨论常常演变为网络暴力;网络参与者的草根性,使得大部分的网络言论缺乏深思熟虑和科学性,容易走极端,滋生民粹主义;网络社区的存在,使得人们在网络上的聚集有可能演变为线下的集会;网络虚假信息的多源性,使得人们对网络虚假信息的证实或证伪代价很高,一时无法作出准确的判断。这些,都通过虚拟的网络世界影响着真实

---

① 牛力涛. 北京网络安全反诈骗联盟发布网络诈骗犯罪数据报告. http://www.ce.cn, 2015-04.
② 唐绪军, 吴信训, 黄楚新等. 中国新媒体发展报告 No.4 (2013) [M]. 北京: 社会科学文献出版社, 2013.
③ 柴艳茹. 网络谣言对社会稳定的危害及其治理 [J]. 人民论坛, 2013 (20): 20-23.

社会的稳定。

据统计数据显示，2012年社会治安类谣言共有108条，占全年谣言的16.1%，其中，一半的治安谣言涉及命案，将近四成涉及未成年人（尤其是儿童）被拐、失踪、绑架或不正常死亡。①

2.4.3 威胁国家安全

互联网作为一种传播工具和信息平台，互联网虚假信息不仅对自然人和法人组织有影响，对国家也有影响。从国际政治和国家战略角度来看，通过互联网，侵入他国重要的信息系统，如金融、工商、税务、军事等关键业务系统，篡改系统信息，扰乱社会秩序，制造恐慌；或者在互联网上散布对目标国政权、政府和当政者不利的虚假信息，激起民众对政府的不满和愤怒，煽动群众集会、游行，从而达到制造社会混乱，乃至颠覆政府的目的。

通过歪曲和捏造与政治有关的新闻事件，或者夸大和伪造与政府、政党和政治人物有关的负面消息，制造政府、政党和政治人物在民众中的信任危机。虽然互联网上与政治有关的虚假消息、虚假新闻、负面评论数量并不多（据《中国新媒体发展报告（2018）》统计，虚假政治信息只占网络虚假信息的5.2%），但是，对社会的影响却非常大。

综上，网络虚假信息是一种背离事实的"负能量"信息，会对个人、组织和社会造成严重危害，是网络时代不可忽视的一种社会现象。

---

① 唐绪军，吴信训，黄楚新等. 中国新媒体发展报告 No. 4（2013）[M]. 北京：社会科学文献出版社，2013.

第 3 章 文本预处理

在进行文本分析工作之前,需要对文本进行预处理。首先,需要对文本进行清洗,把原始文本中的非法字符、标记、标签或指定的不需要的字符进行删除或替换。比如,被写成全角的数字或英文字母、错误的换行、超文本标记语言(Hypertext Mark-up Language,HTML)文档中的各种标记、多余或缺少的制表符等都属于文本清洗的对象。进行文本清洗后,才可以进行分词、词频统计、词性标注以及停用词去除等一系列文本预处理工作。最后,利用向量空间模型对文本进行数字化表示。

3.1 分　　词

文本预处理的第一步是分词(Word Segmentation),分词也是信息检索(Information Retrieval)的基础,因为通过分词可以抽取文本特征,建立索引,提高信息检索的效率和准确率。由于中文的词与词之间缺乏明显的分隔,不像英文的词与词之间有空格区分,所以,中文分词一直以来都是自然语言处理领域的一个重要研究议题。对分词的研究主要包括分词算法、歧义消除(即"消歧")、未登录词识别、词性标注等[1]。

利用计算机程序对文本进行分词操作需要算法的支持,衡量算法优劣的标准主要是分词的效率和准确度。目前,分词方法主要有基于词典的分词法、基于统计的分词法和基于规则的分词法等。

---

[1] 奉国和,郑伟. 国内中文自动分词技术研究综述 [J]. 图书情报工作,2011,55(2):41-45.

3.1.1 基于词典的分词法

词典分词法也称为字符串匹配分词法或机械分词法。此方法需事先构建一个词典，将该词典中的词与目标文本进行逐次比对，如果在目标文本中找到了这个词，则匹配成功。词典分词法有两个关键要点：第一是算法，第二是词典的构建。词典分词常采用的算法有正向最大匹配法（Forward Maximum Matching，FMM）、逆向最大匹配法（Reverse Maximum Matching，RMM）、双向最大匹配法（Bi-direction Matching）、最少切分法和全切分法等。

（1）正向最大匹配法。先规定一个词的最大长度为 n，在文档中从左向右扫描，扫描的时候，寻找当前字符开始到其后第 $n-1$ 个字符的长度的词和词典中的词进行匹配，完成整个文档的扫描后，如果没有匹配，就缩短 1 个字符继续匹配，以此类推，直到找到或 n 变为 1 为止。

（2）逆向最大匹配法。方法同正向最大匹配法，只是匹配的方向是从后向前。

（3）双向最大匹配法。对文本分别进行正向最大匹配和逆向最大匹配，然后比较两者的匹配结果，若两种分词方法得到了相同的匹配结果，则认为分词结果正确；否则，按最小集处理。

（4）最少切分法。主要思想是使文本中的每一个独立字符串被切出的词的数量最小。

（5）全切分法。全切分法是对文本进行所有可能形式的切分，得到的切分结果是所有可能的切分法的结果的并集，从而能够以最大限度避免采用部分切分法所造成的遗漏。但是，全切分法并没有歧义检测功能，而且，切分结果的数量随着文本长度的增加呈指数级增长，一方面，会引入大量的无意义词，大幅度增加计算量；另一方面，切分形式过多，会造成分词效率显著下降。因此，在实践中，全切分法很少使用。

除了对分词方法进行选择外，在进行词典分词时，还需要结合倒排索引，让词典中最长的词优先匹配目标文献，以保证长词不被属于其"子集"的短词抢先匹配。也有正向最小匹配法和逆向最小匹配法，但准确率明显不及正向最大匹配法和逆向最大匹配法，一般很少使用。根据梁南元（1987）的统计，单纯使用正向最大匹配法的错误率为 1/169，单纯使用逆向最大匹配法的错误率为 1/245。

孙茂松和本杰明（Sun M. S & Benjamin K. T, 1995）对大样本的汉语文献分别进行正向最大匹配法和逆向最大匹配法的切分，通过对结果的统计发现，约90%的句子在两种方法下的切分结果是完全一致且正确的；约9%的句子虽然在两种切分方法下得到的分词结果不同，但其中必有一个是正确的；只有不到1%的句子在两种切分方法下得到的分词结果都是错的。

实际使用的分词系统，都是把机械分词作为一种切分手段，然后通过利用各种其他的语言信息来进一步提高切分的准确率。赵衍等（2012）曾设计了一种基于控制理论的"前—中—后"三期综合的分词方法来提高计算机自动分词的准确性，并在中国生物学文摘数据库（Chinese Biological Abstract, CBA）中进行实证研究。研究结果表明，使用该方法后，分词精度由85.64%提高到97.69%，召回率由96.8%提高到98.93%。

计算机分词需要程序支持，当词典和目标文本数量增加时，计算量呈倍数增长。为了提高处理速度，哈希（Hash）表常被用于构建词典，如首字 Hash、双字 Hash 等。陈桂林（2000）、姚兴山（2008）等对 Hash 表在词典分词法中的应用都有较为深入的研究。Hash 表的数目越多，查询速度越快，但空间开销越大。此外，在进行匹配时，频繁地读写硬盘数据，机械硬盘的 I/O 速度成为计算瓶颈。有些学者将内存计算（Mainmemory Computing）技术引入词典分词，提高处理速度。赵衍等（2012）曾设计了基于 Hash 表和内存计算的分词系统，通过对中国科学院生命科学文献数据库的实证研究发现，引入内存计算后，分词速度比原来快了85倍。

3.1.2 基于统计的分词法

在汉语中，由于"词"是"字"的组合，不同的字在文本中相邻出现的概率常常能够反映这些字组合成词的可能性。对语料中相邻共现的字的出现频率进行统计，并设定一个阈值，超过阈值的共现字即认为它们有很大的概率能够成词，并将此作为分词的依据。

有两种统计分词方法：第一种是无监督分词法；另一种是有监督分词法。常用的统计量包括词频、互信息、t-测试差等；相关的分词模型有隐马尔可夫模型、最大概率分词模型、N元分词模型（N-Gram model）、最大熵分词模型和有向图模型等（奉国和，郑伟，2011）。

基于统计的无监督分词法也称无词典分词法或统计取词方法。此方法不需借助切分词典，直接利用计算机程序对目标文本中的汉字的组合频率进行统计，计算它们之间的互现信息。基于统计的无监督的分词法虽然在前期不需要大量的人工投入，但分词结果却并不会令人满意，因为很多共现频度很高的词并不是有意义的常用词，如"好啊""有的""我们的""们的"等，后期需要大量的人工干预。而且，由于计算量大，计算资源的开销很大。有学者将词典分词法与基于统计的无监督分词法相结合，在事前，一般先利用容易获得的常用词词典，利用人工手段，构建一个基本的分词词典。在利用该词典进行分词的时候，采用统计方法发现并记录一些新词汇。这样，既发挥了词典分词法原理简单、实现容易、计算速度快、准确率高等优点，又发挥了统计法的生词自动识别和自动消歧的优点。

基于统计的监督分词法需要事先利用人工对一部分文本进行分词（也叫标注）；然后利用统计机器学习模型对已标注的文本进行训练，让计算机自动学习词语切分的规律；最后，再利用学习到的规律对目标文本进行分词。基于统计的监督分词法，要达到一定的准确度，必须在前期投入大量人力进行文本标注。用于训练的文本越多，训练得到的分词模型越完善，最终的分词效果也越好。但在训练阶段，需要消耗大量的计算资源。

有很多学者利用统计方法在计算机分词领域进行了有益的实践，并取得了一些成果。刘群等（2004）提出一种基于层叠隐马尔可夫模型（Hidden Markov Model，HMM）的汉语词法分析方法，旨在将汉语分词、词性标注、切分排歧和未登录词识别集成到一个完整的理论框架中。在分词方面，采取的是基于类的隐马尔可夫模型，在该模型中，未登录词和词典中收录的普通词一样处理，未登录词识别引入了角色HMM；维特比（Viterbi）算法标注出全局最优的角色序列，然后在角色序列的基础上，识别出未登录词，并计算出真实的可信度。在切分排歧方面，提出了一种基于N最短路径的策略，即，在早期阶段召回N个最佳结果作为候选集，目的是覆盖尽可能多的歧义字段，最终的结果会在未登录词识别和词性标注之后，从N个最有潜力的候选结果中选优得到。薛念文（Xue N，2003）提出了一种基于字标注的中文分词算法，该算法不是使用词典来识别句子中的词语，而是使用字的位置标签来判断成词的概率，但这种方法并没有表现出更好的效果。

约翰·拉弗蒂（Lafferty J D，2001）提出了一种基于序列标记的统计模型，即条件随机场模型（Conditional Random Fields，CRF）。条件随机场模型取消了马尔可夫模型的强独立性假设,加入了更多的文本信息特征。虽然 CRF 模型的训练较为复杂,受语料库的影响也比较大,但由于其具有较高的准确率,在自然语言处理领域也得到了一定的应用(Pinto D, Mccallum A, Wei X, et al., 2003)。

3.1.3 基于规则的分词法

基于规则的分词法也称为基于理解的分词法,通过结合自然语言处理中的词法分析、句法分析、语义分析等手段,在分词的同时进行句法和语义分析,让计算机能够"理解"词义,消除歧义,实现"智能化"的分词,故也被称为"基于理解的分词法"。基于规则的分词法需要大量的语言学知识作为支撑,一般包括分词子系统、句法语义分析子系统和控制子系统。

具体来看,基于理解的分词法主要有神经网络法、专家系统法、统计模型法等。徐辉(1991)、何克抗(1991)、王彩荣(2004)等分别构建了基于规则的汉语自动分词专家系统的概念模型。黎平(2009)等将基于词表和基于统计模型二者相结合,词表以知识的形式存储于专家系统的知识库中,设计了面向医学专家系统的汉语分词模块。有研究者认为,传统的最大匹配算法缺乏全局信息,而统计方法缺乏待切分句子的结构信息,因此,他们设计了一种句法分析器,在分词的同时对句子进行句法分析,不被句法分析器接受的切分方式会被去除(Andi Wu & Zhixin Jiang, 1998)。但黄昌宁(2007)等对该句法分析器进行实证后,发现效果并不理想。此外,人工智能也在分词工作中得到了应用,以人工神经网络为核心的集成式智能分词系统不仅可以实现专家系统的基本功能,模仿人类专家的逻辑思维方式进行推理决策和问题求解,还具有学习能力、自适应能力、并行推理和联想记忆能力(尹锋,1996)。

由于自然语言的复杂性、歧义性,目前,基于理解的分词法依然处于试验阶段,尚未见较为通用、成熟的概念模型和可用于生产的实际系统。

3.1.4 各类分词方法比较

各种分词方法各有优劣,对其简单对比见表 3-1。

表 3-1　　　　　　　　各种分词方法的优劣对比

分词方法及考察指标	基于词典的分词法	基于统计的分词法	基于规则的分词法
歧义识别能力	差	强	强
未登录词识别能力	差	强	强
是否需要词典	需要	不需要	不需要
是否需要语料库	否	是	否
是否需要规则库	否	否	是
算法复杂性	容易	一般	很难
技术成熟度	成熟	成熟	不成熟
分词准确性	一般	较准	准确

1. 歧义识别能力

对于一段文本，有多种分词方法，而计算机难以判断哪一种分词方法才是正确的（因为计算机无法理解句义）。如"刘将来到美国"可以分为"刘将来/到/美国"和"刘将/来到/美国"两种，具体哪一种分法正确，要结合上下文语义才能判断。

（1）基于词典的分词法：仅是与事先确定的一个分词词典进行比较，故无法进行歧义识别。

（2）基于规则的分词法：通过事先编好的程序理解字符串的语义，从理论上来说有很强的歧义识别能力。

（3）基于统计的分词法：根据相同字符串出现的频率进行判断，具有一定的科学性，对于大部分的情况是适用的，但对于一些生僻词和复杂语义的情况也有可能误判。

2. 未登录词识别能力

未登录词是指词典中未收录的词，由于词典的构建是基于词典专家的认知，因此，难免带有主观性，也会产生遗漏；此外，随着社会的发展、时代的变迁，会不断地出现一些新词，比如新的名人、新的地名、新的机构、新的称谓等，在自媒体高度发展的今天，每年更是有大量的网络词汇出现，这些都会成为未登录词。对未登录词的识别能力是衡量中文分词系统性能的一个重要指标。

（1）基于词典的分词法：无法正确识别未登录词，因为这种分词方法仅与词典中既有的词语进行比较。

（2）基于规则的分词法：能够理解字符串的含义，从理论上来说具有较强的未登录词识别能力。

（3）基于统计的分词法：因为主要是基于词频来判断某个字符串是不是一个词，因此，此方法对于出现频率高的未登录词具有很强的识别能力。在实际操作中，一般来看，网络流行词汇的出现频率高于未登录的地名、人名等词汇，因此，基于统计的分词法比较适用于网络流行词汇的识别。

3. 是否需要词典

（1）基于词典的分词法：基本思路就是事先构建一个词典，用词典中的词去匹配目标文本，从而实现分词。词典中收录的词汇越多、越全，分词的准确性就越高。

（2）基于规则的分词法：因为是通过程序来理解字符串的含义，因此不需要词典协助。

（3）基于统计的分词法：根据词频统计结果来进行分词，不需要词典协助。

4. 是否需要语料库

在文本分析中，语料库主要是指人们选取的具有代表性的文本的集合，语料库的作用主要是作为训练集，将训练出的结果应用于海量文本的分析。

（1）基于词典的分词法：基于词典对目标文本进行分词，不需要语料库支持。

（2）基于规则的分词法：用程序来理解字符串的含义，不需要语料库支持。

（3）基于统计的分词法：需要有大量的现成的文本进行统计训练，将得到的训练结果应用于海量文本的分词，因此，在统计分词中，语料库是必需的。语料库可以被视为所有待分析文本的一个子集，这个子集的选择要具有代表性，要能够涵盖"全集"的绝大部分特征。

5. 是否需要规则库

（1）基于词典的分词法：基于词典对目标文本进行分词，不需要规则库。

（2）基于规则的分词法：在基于规则的分词中，分词规则是计算机程序进行文本理解的基础，故准确、完备的规则库是基于规则的分词法的基础。

（3）基于统计的分词法：根据语料库统计训练，故规则库不是必需的。

6. 算法复杂性

（1）基于词典的分词法：主要是进行字符串的匹配，算法有多种，但是都比较简单。

（2）基于规则的分词法：由于自然语言的多变性、复杂性，因此，分词规则多变、繁杂，故算法也非常复杂；目前，几乎所有的基于规则的分词法都处于试验阶段，尚未发现能够胜任实际生产需要的基于规则的分词法。

（3）基于统计的分词法：利用既有的语料库进行训练，是一种有监督的机器学习方法，目前有多种算法，有些算法也比较复杂，但比规则分词法实现起来容易些，现有的投入实际使用的分词系统基本上都采用这种方法。

7. 技术成熟度

（1）基于词典的分词法：最早出现的分词方法，算法思想和具体实现上都比较简单也比较成熟。

（2）基于规则的分词法：就目前情况来看，还没有成熟的算法和系统。

（3）基于统计的分词法：已经有多种成熟的算法和系统，能够在一定程度上满足实际需要，但还有改进的余地。

8. 分词准确性

基于词典的分词法和基于统计的分词法都是仅仅对字符串进行处理，算法本身并不理解语义，是一种很机械的分词法，因此，无法做到100%的准确；在实际工作中，这两种分词法的准确性一般为80%~90%；基于规则的分词法是从理解语义的角度入手的，可以像领域专家一样在理解语义的基础上进行分词，因此，从理论上来说，基于规则的分词法可以达到100%的分词准确性，但由于语义的复杂性和领域知识的不完备性，在实际工作中很难达到。

3.1.5 综合方法

由于上述三种方法各有千秋，在很多指标项中是互补的，因此，很多研究者将基于词典的分词法、基于统计的分词法以及基于统计的分词法进行结合，设计出了一些比使用单个分词方法效率更高、准确性更高的分词系统，这方面的案例有很多。

比如，姜尚仆等（2010）提出了一种基于规则和统计的日语分词和词性标注方法，使用基于单一感知器的联合分词和词性标注算法作为基本框架，在其中加入了基于规则的词语邻接属性作为特征。在小规模测试集上的实验结果表明，这种方法分词的 F 值达到了 98.2%，分词加词性标注的 F 值达到了 94.8%。

张梅山等（2012）通过将领域词典信息以特征的方式融入 CRF 统计分词模型中，实现统计分析的领域自适应。通过实验，发现这种方法能显著提高统计中文分词的领域自适应能力。当测试领域和训练领域相同时，分词的 F 值提升了 2%；当测试领域和训练领域不同时，分词的 F 值提升了 6%。

此外，还有基于语义的文本分词法，该方法利用自然语言所携带的语义信息进行分词，如扩充转移网络法、矩阵约束法等，但由于方法本身较为复杂，且分词效果并不比其他方法有明显优势，因此，目前的应用并不广泛。

3.1.6 现有的主要分词工具

虽然英文的分词技术和工具已经较为成熟，但由于中文行文不同于英文，分词复杂度和难度也高于英文，因此，英文的文本分词工具并不能直接应用于中文分词，中文分词需要有专门开发的工具。目前，在中文分词研究领域，研究主体是科研院所、高等院校和部分信息技术公司，比如：清华大学、北京大学、中国科学院、哈尔滨工程大学、北京语言大学、东北大学、山西大学、IBM 研究院、微软亚洲研究院等。很多研究成果还处于理论研究和测试阶段，但也有些机构已经开发了较为通用的分词工具，以开源软件的形式供下载和使用。

目前，有据可查的主要中文分词工具见表 3-2。

表 3-2　　　　　　　　　　分词工具汇总表

序号	名称	资源网址
1	word 分词器	http://apdplat.org/word/apidocs/1.0/ http://apdplat.org/word/apidocs/1.1/ http://apdplat.org/word/apidocs/1.2/
2	智呈分词	http://www.zeecent.com/
3	SCWS	http://www.xunsearch.com/scws/docs.php
4	FudanNLP	http://nlp.fudan.edu.cn/

续表

序号	名称	资源网址
5	HTTPCWS	http：//code. google. com/archive/p/httpcws
6	CC－CEDICT	https：//cc-cedict. org/wiki/
7	IKAnalyzer	http：//www. oschina. net/p/ikanalyzer
8	Paoding	https：//code. google. com/archive/p/paoding
9	MMSEG4J	http：//technology. chtsai. org/mmseg/
10	盘古分词	http：//pangusegment. codeplex. com/
11	Jcseg	https：//code. google. com/archive/p/jcseg/
12	BosonNLP	http：//bosonnlp. com/dev/center
13	结巴分词	https：//github. com/fxsjy/jieba
14	搜狗分词	http：//www. sogou. com/labs/webservice
15	腾讯文智	http：//www. qcloud. com/wiki/API
16	新浪云	http：//www. sinacloud. com/doc/sae/python/segment. html
17	哈工大语言云（LTP）	http：//www. ltp-cloud. com/document
18	中科院 NLPIR/ICTCLAS	http：//ictclas. nlpir. org/
19	HanLP	http：//hanlp. linrunsoft. com/
20	东北大学 NiuTrans	http：//www. nlplab. com/NiuPlan/NiuTrans. html http：//202. 118. 18. 77：8080/NiuTrans-open-source/
21	Ansj 分词	https：//github. com/NLPchina/ansj_seg http：//nlpchina. github. io/ansj_seg/
22	Stanford CoreNLP	http：//stanfordnlp. github. io/CoreNLP/ https：//github. com/stanfordnlp/CoreNLP
23	THULAC	http：//thulac. thunlp. org/

注：资料全部来自互联网。

这些分词工具的功能和性能不一而足，有些研究人员为了得到符合自己需要的分词系统，在开源分词工具的基础上进行二次开发，扩展分词工具的性能。比如，张学亮等（2014）为了发挥 NLPIP 分词开发包的最大效能，将 NLPIR 部署在 Hadoop 云计算环境，将 NLPIR 开发包的 Jar 包解压缩，然后将其与开发的源程序的类文件打包到同一个 Jar 包中，这种分发实现方法的可移植性更强，并采用 Eclipse 工具进行用户端的开发，提高了工具的易用性。

3.2　词义消歧

进行分词时，对于同样一句话，往往有不同的切分方法，称为"歧义"（Ambiguation）。以下有五种类型的歧义。

（1）第一种是注音歧义。如"乐"这个词，在"快乐"这个词中读[lè]，在"音乐"这个词中读[yuè]。

（2）第二种是分词歧义。其中，包括两个小类：第一类叫"交叉歧义"（也称为"交集型歧义"），如"发展中国家"，既可以切分为"发展中|国家"，也可以切分为"发展|中国|家"；第二类叫组合型歧义，组合型歧义比交叉歧义更难理解，需要结合整个句子来判断，比如"他从马上下来"，可以切分为"他|从|马|上|下|来"，也可以切分为"他|从|马上|下来"。分词歧义，对于人工来说很容易理解，但对于计算机来说却很难。

（3）第三种是真歧义。交叉歧义和组合歧义在人的理解范畴内是可以得到解决的，还有一种是"真歧义"的情况，即使人也常常无法快速判断，需要结合上下文甚至整篇文档才能准确判断。其中，有些是因为出现未登录词引起的，比如句子"南京市长江二桥"，可以理解为"南京市|长江二桥"，也可以理解为"南京市长|江二桥"；另一种是仅在句子内部无法解决的歧义，如"乒乓球拍卖完了"，仅从这个句子本身是无法知道到底是拍卖乒乓球还是卖乒乓球拍的。这些问题，单单从句子本身是无法判断这句话的真实意思的，需要结合上下文乃至全文的意思才能理解。

（4）第四种是词义歧义。词义歧义往往是由一词多义造成的，比如"打"这个词，在"打羽毛球""打电话""打架""打毛衣""打鸡蛋"等搭配下，词义是完全不同的，要配合具体的搭配才能识别其所要表达的意思。也就是说，如果能将一词多义的词的上下文区别开，其词义也就自然明确了。

（5）第五种是语义歧义。是指一个短语或一句话在不同的使用条件下，其表达的意思完全不同。比如，"我们明天下午三点在楼下见面，如果三点我没到，你就给我等着；如果三点你没到，你就给我等着！"这里，前后两个"你就给我等着"，其语义是完全不同的。

消除歧义的工作称词义消歧（Word Sense Disambiguation，WSD），词义消歧是机器翻译研究中的主要障碍，甚至曾有学者称之为不可攻克的难题（Bar – Hillel，1960）。后来，随着计算机技术的发展，计算机在存储容量和计算速度方面不断提升，加上以统计学习为代表的计算机学习理论的日趋完善，由计算机支持的词义消歧研究进入了新的发展阶段（卢志茂，2006）。

目前，统计词义消歧主要有基于词典的词义消歧（Dictionary – Based Word Sense Disambiguation）和基于语料库的词义消歧（Corpus – Based Word Sense Disambiguation）。根据语料库的使用方法的不同，还可以把基于语料库的词义消歧方法再细分为两类：一类是基于实例的词义消歧方法，另一类是基于概率统计的词义消歧方法（卢志茂，2006）。

3.2.1 基于词典的词义消歧

20 世纪 80 年代末至 90 年代初，基于词典的词义消歧方法得到发展。由于该方法需要使用词典或者类似词典的知识库，因此，基于词典的方法也常常被称为基于知识的方法（Knowledge-based Methods）。

1986 年，莱斯克（Lesk，1986）提出利用现有词典中对词的定义来进行歧义词的词义判断。该方法的基本思想是：计算并比较歧义词的各义项在词典中的定义和在上下文词语中的定义的覆盖度，选取覆盖度最大的作为正确的词义。但是，该方法的正确率只有 50%～70%，达不到应用的要求。普林斯顿大学（Princeton University）的几位语言学家、心理学家和计算机工程师曾联合设计开发的一种基于认知语言学（Cognitive Linguistics）的英语词典——"WordNet"。有研究者利用 WordNet 的分类体系计算歧义词及其上下文的概念密度（Conceptual Density），选择具有最大概念密度的词义，正确率可以达到 80%（Agirre E & Rigau G，1995）。

基于词典的词义消歧可以利用现有的词典资源和计算机技术进行自动化的词义消歧，从这一点来看，具有较高的经济性和应用价值。但是，词典知识缺乏完备性，特别是对于一些专业领域，只具有一般性词语分类的词典就更加无能为力了。而且，词典的词条和释义的更新速度比较慢，难以适应快速发展的信息化社会的实际需求，所以，到了 20 世纪 90 年代中后期，随着语料库技术的快速发展，基于统计的词义消歧方法逐渐成为主流，基于词典的方法逐渐被人们遗弃。

3.2.2 基于实例的词义消歧

基于实例（Example-based）的消歧方法是受基于实例的机器翻译方法的启发，其基本思想是构建语料库，利用已有的经验知识，通过类比原理进行歧义词的词义识别。基本识别过程为：首先，将源语言分解为句子；然后，再分解为碎片（词）；接着，通过类比的方法，与语料库进行对照，从而识别这些歧义词的词义。基于实例的消歧法不需要字典和语法规则库，但需要规模较大的语料库。随着语料库规模的增加，识别相同或相似词的效果也越来越显著。对于实例库中已有的词，可以直接获得高质量的识别结果；对与实例库中存在的实例相似度比较高的词，通过类比推理，并进行适当的修正，也能获得较好的识别结果。

这种方法由于技术路线比较简单，曾经得到很多人的推崇。黄伟道（Hwee TouNg，1996）等曾经就在其词法模糊分辨系统（Lexical Ambiguity-resolving System，LEXAS）中成功地采用了基于实例的词义消歧方法。黄伟道采用名词网络（WordNet）定义词语的词义，整合了多个知识源来进行词义的判断。他选取了191个常用的歧义词，构建了一个包含192800个实例的实例库，对包含这些实例的句子进行人工词义标注，通过实验，表明正确率达到69%。但是，该方法需要规模很大的语料库作为支撑，语料库的构建需要大量的语言资源和人工劳动。而在生产实践中，是很难人工构建海量语料库的。因此，基于实例的歧义词识别的准确度在实践中大打折扣，仅在一些非常窄的专业的领域才能勉强达到合意的效果。因此，在很长一段时间内，基于实例的歧义识别一般都是作为歧义识别引擎中的一个，与其他方法配合使用，以提高歧义识别的正确率。

不过，随着因特网的快速发展，因特网上汇集了海量的文本实例，其中不乏大量的命名实体以及许多已经标注过的语料库和各类数据库，这些资源为基于实例的消歧提供了海量的、易得的、廉价的文本实例。比如，库克赞（Cucerzan，2007 & 2011）利用维基百科的页面信息提取出语义知识进行消歧处理，取得了84.6%的准确率，效果已经比较理想。王旭阳和姜喜秋（2018）在他们基于上下文信息的中文命名实体消歧方法的研究中也采用了因特网上的数据，他们从百度搜索引擎上抓取了800篇计算机领域的文档作为测试集，经过清洗后，得到平均每篇包含600个词语和82个实体的实验数据集，在实验中也取得了比较理想的效果。

3.2.3 基于统计的词义消歧

随着统计方法在自然语言处理领域应用的不断成熟，基于统计方法的词义消歧也逐渐成为主流。自 20 世纪 90 年代开始，诺斯（North，1991）、金（Chin，2000）、布朗（Brown，2002）等陆续对基于统计的词义消歧方法进行了深入研究。基于统计的方法主要有两大类：有监督机器学习法（Supervised Machine Learning）和无监督机器学习法（Un-supervised Machine Learning）。有监督机器学习法的词义消歧需要先构建一个训练集，通过机器学习，归纳出一套消歧规则后，将该规则应用于其他文本的词义消歧；无监督机器学习法则不需要人工标注，而是将训练集中的歧义词结合其上下文由计算机程序自动聚成若干个类别，每个类别均代表一个抽象的"词义"，进而进行歧义词的识别和判断。有监督的词义消歧需要人工选取训练集，并对训练集中的文本进行人工的词义标注（Sense Label），可认为是由人工先对其进行了分类；而无监督的词义消歧则完全不需要人工标注，是由计算机程序自动将这些词聚合为不同的类别。因此，有监督的词义消歧法也被称为歧义词的分类（Classification）问题；而无监督的词义消歧法也被称为歧义词的聚类（Clustering）问题。

有监督消歧技术比较成熟，特别是对于语料库更新频率不高的文本分析系统，准确率还是令人满意的。但是，由于存在数据稀疏问题，消歧准确率的高低与训练集的大小成正比，为了得到更高的准确率，必须选择大文本集进行标注和训练，成本很高。此外，对于语料库频繁更新的文本分析系统，由于未登录词太多，识别准确率会降低。无监督消歧技术则规避了有监督消歧的这两个弱点：无监督消歧不需要训练集，可以省去大量人工；也不需要语料库的支持，可以解决未登录词的问题。但是，歧义词的情况非常复杂，仅靠计算机程序"智能"地"自动"判断词义，依据目前的技术，成功率还比较低。因此，目前，虽然对于无监督的词义消歧研究热情很高，但真正能够投入使用的系统还是凤毛麟角。

3.3 未登录词识别

有研究表明，有些词虽然在分词词典中没有收录，但也是具有完整、独立意义的词，如命名实体（包括人名、地名、公司名、产品名、商标名等）、专业词汇、新出现的词或者一些约定俗成的称呼（如简称、省略语、英文缩写等），这些词统称为未登录词（Unknown Words）。

未登录词识别（Unknown Words Identification，UWI）是从语料中自动检测和识别未在词典中出现过的词语的过程，是自然语言处理领域的一项重要的基础性技术，在中文自动分词、词典编撰、信息抽取、信息检索以及机器翻译等领域都有着广泛的应用。未登录词识别包含两个基本步骤：未登录词检测和未登录词词性猜测。在未登录词检测的方法中，基于重复串的未登录词检测技术受到广泛关注，在这方面也取得了很多研究成果。基于重复串的未登录词检测原理是首先在语料库中提取频繁出现的重复串构成候选词集合，然后，根据规则或统计特征从候选词集合中检测未登录词。现有的基于重复串的未登录词识别方法存在以下缺陷[①]。

（1）重复串提取算法受限于内存规模，处理的目标语料规模小，未登录词漏召现象严重，处理效率不高。虽然对规模大于内存容量的情况也有一些算法，但效率不高，灵活性差，难以满足未登录词检测的实际要求。

（2）针对重复串集合的未登录词检测的效果不好。

（3）只针对未登录词识别的单个步骤，没有集成未登录词词性猜测算法，且未登录词词性猜测准确率尚有较大的提高空间。

是否可以准确地识别未登录词也是评价一个分词系统好坏的重要标准。有些词，如新出现的网络词汇"给力""杯具"，一些新出现的著名人物的名字、一些新的术语、地点等，可以收录到词典中。但还有一些词，比如一般的人名，把他们也收录到词典中，显然不现实，也没必要。比如"李昆明是一名真正的军人"这句话，读者一看就知道，"李昆明"是一个人名，但是，计算机却无法识别，但如果把这样的人名也收录到词典中去，全世界有如此多的人名，显然不现实。现在，有一些输入法（如搜狗输入法）的词库更新的比较及时，也比较权威，所以，现在有一些文本分析软件利用输入法的词库作为补充，及时更新分词词典。

相比较于通用的词汇分词系统来说，有些领域专用的专业分词系统在未登录词的处理方面做得比较好，其原因主要是专业分词系统所需要处理的对象范围相对较窄，更新频率较低，一定时期内需要更新的词汇数量也相对较少，领域专家可以对未登录词进行及时的补充。

---

① 史树敏，张海军，黄河燕. 一种未登录词的识别方法，华建机器翻译有限公司，北京理工大学：2009102658397 [P]. 2009 - 12 - 28，G06F 17/27.

3.4 词频统计

分析文本的目的是理解其主题，文本的主题通过词以及词与词之间的搭配表达出来。分析一个词在文本中出现的频率以及一批文本中包含该词的文本的比率能够大致反映一个文本所要表达的主题，因此，引入了词频（Term Frequency，TF）这个指标。

词频是指某个词在一个文本中出现的频率，用这个词在该文本中出现的次数除以这个文本中词的总个数就可以得到这个词的词频。词频统计（Word Frequency Count）最早开始于一个叫凯丁（Kaeding）的德国人在19世纪90年代开展的一项调查，该调查动用了近6000人，耗时7年，从14种语料来源中抽取了110份语料，从这些语料中摘取了100余万个词汇，统计了这些词汇出现的频率，并于1898年出版了《德语词频词典》。凯丁是第一个将统计方法运用于词汇研究工作的人（冯志伟，1985）。

我国于1982年启动了第一个有计算机辅助的词频统计项目——"现代汉语词频统计"项目，历时近5年，从3亿字的语料中选取了2000多万字，建立了包含13余万条词条的词典（袁琦，1986）。

词频统计常用的另一个指标是逆向文本频率（Inverse Document Frequency，IDF），IDF用于衡量一个词的普遍重要性程度，用语料库中总文本数除以包含该词的文本数，再对商取对数即可得到IDF值（马费成，张勤，2006）。将词频和逆向文本频率结合就得到了文本分析和信息检索领域常用的一个指标——词频—逆向文本频率（Term Frequency – Inverse Document Frequency，TF – IDF），TF – IDF用以评估一个词对于一个文本或者语料库中一个领域（领域可以是时间，也可以是空间）文本集的重要性程度。TF – IDF应用的前提条件是：词的重要性与其在文本中出现的频率成正比；但与其在语料库中出现的频率成反比。

比如，经过分词处理后，一个文本的总词数是1000，其中，"中国"出现了40次，则"中国"在该文本中的TF值（词频）就是0.04(4/100)。语料库中的文本总数是10000000，"中国"一词在其中的1000个文本中出现过，则"中国"的IDF值（逆向文本频率）就是 $9.21\left(\ln\dfrac{10000000}{1000}\right)$，"中国"一词的TF – IDF值为 $0.3684(0.04 \times 9.21)$。

前面提过，TF-IDF方法是基于"词的重要性与其在文本中出现的频率成正比，但与其在语料库中出现的频率成反比"这一假设。该假设虽然比较容易理解和计算，但在实际使用中却并不一定能够反映真实情况。

首先，同一个词，在长文本中往往有比其在短文本中更高的词频，即TF值会出现偏向长文本的特征，但其对长文本的重要程度却未必高于其对短文本的重要程度。为了解决这一问题，常对TF值进行正规化，用TF值除以该文本中所有词出现的次数之和，以防止它偏向长文本。

其次，引入IDF值的作用是对TF值进行调整，调整的目的是突出重要单词，抑制次要单词，因此，IDF值的本质是一种用于控制噪声的加权值。不过，IDF值假设文本频率与单词的重要性呈简单的反比关系，即：文本频率越小的单词越重要，文本频率越高的单词越不重要，这显然不太符合实际情况。

此外，TF-IDF模型并未考虑词在文本中的位置信息，一般而言，一个词，在标题、第一段、最后一段、段落的第一句、段落的最后一句或者文本的其他地方等不同的位置出现，其重要性是不一样的，应该赋予不同的权重，以提高文本表示的效果（陈东亮，白清源，2009）。

词频统计在人工智能、信息检索、舆情分析、语言教学、语料库构建等领域都有广泛的应用。

3.5 词性标注

词性标注（Part-of-Speech Tagging或POS Tagging），也称词类标注，是在分词过程完成后，对每个词标注其词性（名词、动词、形容词等）的过程。在汉语中，词汇词性的变化相对比较少，因此，汉语的词性标注比英语要简单些。

早期的词性标注主要有两种方法：基于规则的标注法（Rule-based Tagger）和随机标注法（Stochastic Tagger）（Jurafsky D & Martin J H, 2000）。基于规则的方法最典型的体现是TAGGIT系统，该系统采用含有86个词性标注的标注集，利用3300条上下文相关规则，对百万词次的Brown语料库的标注正确率为77%（Brill E, et al., 1990）。但是，此方法需要耗费大量的人工和时间，且受标注者的知识水平、责任心等客观和主观因素制约，标注规则的一致性无法得到保证，标注过程中也经常出现规则冲突以及不完备等问题。后来，出现了基于转换学习（Transformation-based Learning, TBL）的标注法，学者布里尔（Brill, 2002）进一步提出"基于转换的错误驱动学习方法",也被称为 Brill 标注,是机器学习中基于转换学习方法的一个实例。Brill 标注克服了上述规则获取方式的局限,自动地从训练语料库中学习消除词性兼类的规则,因而能直接反映语言知识。不过,基于规则的方法本质上是一种确定性的演绎推理方法,不可能具有很强的鲁棒性(吕琳,2005)。

随着统计技术在计算语言学领域的应用以及语料库技术的发展,基于统计的词性标注法得到快速发展,比较典型的有构成可能性自动词性标注系统(Constituent – Likelihood Automatic Word tagging System,CLAWS)标注法和维特比标注法。这两种标注法都是利用相邻词性间的二元或三元同现概率及马尔可夫模型(Markov Model),通过寻找最大概率的词性标注序列消除歧义,从而完成词性标注(Church K W,Gale W A,1991)(DeRose S G,1988)(Bernard Merialdo,1994)。此外,还有一种最大熵统计方法(Rosenfeld R,1996),该方法可以避免规则方法的一些缺陷(吕琳,2005)。

在词性标注的具体实现方法上,又有监督学习法和无监督学习法两种。监督学习法首先需要进行人工标注,获得训练集,方法较为成熟,但是成本较高、较费时。监督学习法主要有梅利亚多(Merialdo B,2002)的词性标注法,拉维(Ravi,2009)的寻找最小无监督词性标注模型法等;无监督学习法主要有丘(Chew P A,2009)提出的使用分解为定向成分法(DEcomposition into DIrectional COMponents,DEDICOM)进行无监督词性标注,盖尔等(Gael J V,et al.,2009)提出的无监督词性标注非参数隐马尔可夫模型,拉马尔等(Lamar M,et al.,2010)提出的使用奇异值分解(Singular Value Decomposition,SVD)和聚类进行无监督词性标注方法,达斯等(Das D,et al.,2011)提出的使用双语言图映射进行无监督词性标注等。

在词性标注领域,出现了许多优秀词性标注系统,标注正确率可达到 97%以上(Toutanova K,et al.,2004)。但是,现有的大部分词性标注系统都有共同的局限性:当将这些系统运用到新的文本集时,标注准确率会大幅度下降(Díaz – Negrillo A,et al.,2010)。主要有以下几个方面的原因。

(1) 文本本身的规范性问题。比如,错误的拼写、不规范的表达、不规范的词语搭配、不规范的标点符号使用、不规范的缩写等。近些年来,随着"自媒体"的兴起,出现了越来越多的博客文章、评论短句、微信公众号文章等未经严格审核的文本信息。这些文章往往缺乏严谨的思考和反复的修改,也常常使用一些不符合正规行文规范的"网络流行语",使得文本本身的严谨性和规范性存在较大问题。此外，也有一些文本是通过其他格式的文本转化而来（比如，从 PDF 格式转化为 HTML 或者 MS Word 格式），转化过程中，会产生大量的非法回车、空格以及错误字符，影响文本的规范性。

（2）专有名词的领域局限性。专有名词有很强的领域局限性，在一个领域标注准确率很高的标注系统，如果不对词库和标注规则进行调整，直接应用到另一个领域时，往往就会出现大量漏标和误标。比如，将生物学领域的词性标注系统直接应用于计算机科学领域，漏标率和误标率一定是非常高的，因为这两个学科领域内的通用术语实在少之又少。

（3）未收录的新词。随着社会的发展，涌现出大量的新词，如果标注系统不及时更新，也会漏标这些词。在 Web 2.0 时代，大量的网民参与到网络信息的生产和传播中，并由他们创造了大量的新词汇，诸如"杯具""吐槽""套路"等。据统计，仅 2016 年，网民就创造了 20 多个新词汇。

词性标注方面的研究最早始于英文文献，相关的方法和工具也较为成熟。斯托尔兹（Stolz，1965）等最先使用概率进行词性标注，此后出现了很多优秀的英文词性标注方法和工具，如前面介绍的 CLAWS 标注法和维特比标注算法等。在中国，也有学者对英文词性标注进行了专门研究。吕琳（2005）等运用维特比和基于快速转型学习的方法（Fast Transformation-based Learning，FTBL）相级联的算法生成一个英文自动词性标注器的策略，实验结果表明此方法优于其中任何一种单独的方法，准确率达到 98%。谭咏梅和吴坤（2014）提出了一种面向英语文章的词性标注算法，融合了词聚类、无标语料统计信息、单词发音等特征，在实验中，该算法能有效提高词性标注性能，标注正确率从 94.49% 可提高到 97.07%。彭涛（2015）等提出一种基于规则的无监督词性标注方法，利用 200 多条英语语法规则，创建 26 个规则函数，先将输入的待标注英语句子进行预处理后得到初始标记，再对每个单词调用规则函数，最终得到标注后的英语句子，通过对 Brown 语料库的实验，词性标注的正确率达到 93.95%。

随着我国社会经济的发展，汉语词性标注得到了国家和研究机构的重视。经过我国学者多年的努力，汉语词性标注不仅在理论上获得了长足发展，而且，在自然语言标注和专业术语标注领域，均出现了一批较为成熟的词性标注工具。

在自然语言标注领域，北京大学计算语言学研究所从 1992 年起就开始研究现代汉语语料库的多级加工，并多次获得国家 973 项目、自然科学基金项目和 863 项目的资助。1994 年，北京大学计算语言学研究所制订了《现代汉语文本切分与词性标注规范 V1.0》，并在后面几年的时间里完成了约 60 万字语料的切分与标注，并在短语自动识别、树库构建等方向上进行了探索。1998年10月《现代汉语文本切分与词性标注规范V2.0》（征求意见稿）发布，因这次加工的任务超出词语切分与词性标注的范围，故将新版的规范改名为《现代汉语语料库加工规范——词语切分与词性标注》，基于此规范，北京大学大计算语言学研究所于1999年完成《人民日报》部分年份的全文语料标注工作。迄今为止，北京大学计算语言学研究所已经完成了一个有2700万汉字的现代汉语语料库（俞士汶，段慧明，朱学锋，2002）。

除了《现代汉语语料库加工规范——词语切分与词性标注》之外，中国科学院计算技术研究所研制的"ICTPOS汉语词性标记集"也具有较高的权威性。该标记集主要用于中科院计算所的汉语词法分析器、句法分析器和汉英机器翻译系统。该标记集包含22个一类、66个二类和11个三类，参考了北京大学《人民日报》语料库词性标记集、北京大学2002新版词性标记集、清华大学汉语树库词性标记集、教育部语用所词性标记集（国家推荐标准草案2002版）和美国宾州大学中文树库（Chinese Penn Tree Bank），ICTPOS目前已更新至3.0版本，同时兼容《现代汉语语料库加工规范——词语切分与词性标注》。

在专业词性标注领域也有一些成熟系统和工具。如赵衍、陈恒等（2010，2011）基于中国生物学文摘数据库（Chinese Biological Abstract，CBA）和欧洲生物信息学研究所蛋白质序列数据库（UniProt）开发了艾滋病病毒专题文献知识数据库、乙肝文献知识库，通过利用较为系统化的标注方法，使得标注准确率超过97%。王国龙等（2015）设计了一个基于键值对模型的中医诊断词性标记集，提出基于词汇联系的隐马尔可夫模型（Hidden Markov Model，HMM），进行词性标注，结合词法分析，采用移进归约算法进行特征重组，生成中医诊断词汇，在其实验中，改进的HMM的词性标注准确率在训练集和测试集中分别提高了2.58%和1.02%。

近些年来，我国在少数民族文本的词性标注方面也获得了一些成果。房鼎益等（2010）根据维吾尔语黏着型的特点以及形态化单词和频率进行统计分析之后的结果，为解决因单词形态而导致的数据稀疏问题和兼类词标注的问题，提出了维吾尔文的融合词干、词缀等形态特征的基于最大熵的词性标注模型。在通用的词性标注模型的基础上，构造了相应的词性标注特征模版，并设计了它的特征函数。华却才让等（2014）提出感知机训练模型的判别式藏语词性标注方法，重点研究了符合藏语词法特性的模型训练特征模板、模型训练和词性标注方法。李亚超等（2015）开发的TIP-LAS藏文分词词性标注系统，基于条件随机场模型，实现基于音节标注的藏文分词，采用最大熵模型，并融合音节特征，实现藏文词性标注。

随着统计学和计算机技术的发展，词性标注技术日趋成熟，一些较为成熟的词语切分与词性标注规范也达到或接近实用水准，特别是有些针对特定领域的词性标注系统和工具已经能够达到很高的准确度。

3.6 停用词去除

在文本中，有大量不表示实际意义的名词、介词、助词、副词等，比如，中文有"我的""好的""今天""那个"等词语，英文的有"the""a""an""that""those"等词语。还有一些词，出现的频率非常高，但是对于文本主题的表达却没有实质性的帮助，而且，还会影响文本分析的效率和准确度。因此，在进行文本分析前，需要将这些词汇去除，这些词被称为"停用词"（Stop Words）。将所有的停用词组合在一起，生成"停用词表"。停用词表无法通过计算机自动生成，必须通过手工方式实现。在进行文本分析前，利用停用词表将停用词从分词阶段得到词的集合中去除，以方便下一步的文本分析工作。

去除停用词的方法有很多种，最简单、最基本的方法就是字符串匹配法，但是，字符串匹配法的执行效率太低，目前，使用较多的是布隆过滤器（Bloom Filter）。布隆过滤器是布隆（Bloom）在 1970 年提出的，是一个很长的二进制向量与一系列随机映射函数的组合。布隆过滤器主要被用于检索某个元素是否存在于一个集合中，其基本思想是利用哈希表（Hash Table，也叫散列表）构造 Hash 函数，将一个元素映射成一个位阵列（Bit Array），如果这个点的值为 1，则该元素存在于这个集合当中；反之则不存在。布隆过滤器的查询空间和查询时间效率都远高于一般的查询算法，但存在一定的识别错误率和删除困难等缺点。布隆过滤器通过较少的错误率换取了存储空间的极大节省，是一种较为"均衡"的过滤算法，但不适合那些对错误"零容忍"的应用场景。

很显然，Hash 函数设计的科学与否直接决定了识别准确率的高低。如果 Hash 函数设计得不科学，不同的元素可能会映射为相同的点值。增加识别准确率的方法有两种：第一种是增加 Hash 表的维数，使得映射尽量分散；第二种是使用多个 Hash 函数，如果其中有一个映射后的位阵列不为 1，则该元素就不存在于该集合中。

有一些研究机构提供了免费的停用词表，供研究人员下载和使用，如：哈工大停用词表、四川大学机器智能实验室停用词库、百度停用词表等。这些停用词表词条并不多，但重合度非常高，如果取它们的合集，去掉英文停用词和标点符号，剩余的中文停用词总数也就两千左右。目前，网上也有英文停用词表和中英文对照的停用词表。研究人员往往将这些停用词表作为研究的基础停用词库，根据自己的具体需要，再增加新的内容进去。

3.7 向量空间模型

计算机只能识别和处理结构化的数据，而文本是非结构化的，因此，若要用计算机对文本进行分析，就必须首先将文本数据进行结构化的表示。将非结构化的文本转化为结构化数据的过程，即对非结构的文本进行科学化的抽象和数字化建模的过程，就是文本表示和文本特征提取的过程。文本表示和文本特征提取是信息检索和文本挖掘领域一个重要且基本的问题。目前，在主流的文本分类算法中，向量空间模型（Vector Space Model，VSM）得到了最为广泛的应用。

20世纪60年代末，萨尔顿等（Salton，1962）首先提出将向量空间模型应用于文本分类。向量空间模型并不是具体的文本分类算法，而是对文本特征向量的一种表示方法。向量空间模型的基础是代数学，它将文本处理问题简化为向量空间中的向量运算问题，用向量空间上的相似度（常用夹角余弦值表示）来表示文本和语义的相似度，相对更加直观易懂。

向量空间模型成立的条件是基于以下的假设：两个词，如果它们的上下文（Context）相同，那么，这两个词所表达的语义也是相同的；换言之，两个词的语义是否相同，取决于这两个词的上下文内容是否相同。

设 D 是一个包含了 m 个文档的集合，D_i 是第 $i(i<m)$ 个文档的特征向量，则有 $D=\{D_1, D_2, \cdots, D_m\}$，$D_i=(d_{i1}d_{i2}\cdots d_{ij})$，$i=1, 2, \cdots, m$；$j=1, 2, \cdots, n$。其中，$d_{ij}(i=1, 2, \cdots, m; j=1, 2, \cdots, n)$ 是第 i 个文档的特征向量 D_i 中的第 j 个词条 t_j 的权值，d_{ij} 被定义为 t_j 在 D_i 中出现的频率 t_{ij} 的函数，常用 TF-IDF 来计算，即 $d_{ij}=t_{ij}*\log(N/n_j)$。其中，$N$ 为文档数据库中文档的总个数，n_j 是文档数据库含有词条 t_j 的文档个数。假设给定的已知文档向量为 d_5，未知文档的向量为 h，则 d_5 和 h 的相似度可以用两个向量的夹角余弦值来衡量，夹角越小，余弦值越高，说明两者的相似度越高。计算公式为

$$\cos\theta = \frac{d_5 * h}{\parallel d_5 \parallel \parallel h \parallel}$$

向量空间模型表示如图3-1所示。

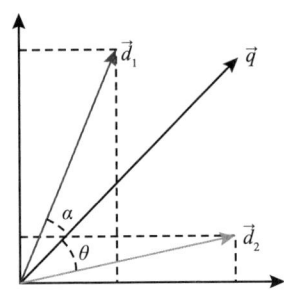

图3-1 向量空间模型表示（夹角余弦）

这样，利用向量空间模型，就将计算机无法处理的非结构化文本转化为计算机可以处理的结构化数据，将两个文档相似度的比较问题转化为两个向量相似度（即向量的夹角余弦）的比较问题。

词向量的表示方式主要有以下两种。

1. 独热表示（One-hot Representation）

One-hot Representation是最简单的词向量表示方式，用一个很长的向量来表示一个词，向量长度为词典大小，向量的分量只有一个1，其他全为0，1的位置对应该词在词典中的位置。

举个例子，"中国"这个词表示为向量［0，0，0，1，0，0……］，"中华人民共和国"这个词表示为［0，0，0，0，0，1，0，0，……］。虽然我们知道这两个词表示的其实是同一个意思，但是，这两个词对应的One-hot Vectors之间的距离，无论是欧氏距离还是余弦相似度（Cosine Similarity），由于其向量正交，所以，程序都会认为这两个词毫无相关性。究其原因，是每个词本身所携带的信息量太小。所以，如果仅给两个词而不给出其上下文，我们无法准确地判别它们是否相关。要想精确地计算两个词之间的相关度，还需提供更多的信息。

再举个例子，有以下三个特征：

［"男"，"女"］

["中国","美国","英国"]

["产业工人","教师","IT 工程师","政府雇员"]

将其转换为 One-hot Representation 编码后，为

特征 1：[01，10]

特征 2：[001，010，100]

特征 3：[0001，0010，0100，1000]

显然，当特征 1（国籍）和特征 2（职业）集合中的特征项数量不多时，对计算能力要求不高，一般的计算机尚可以处理。但是，当特征项数目很多时，比如，考虑以下的特征表示：

北京 [0, 0, 0, 0, 0, 0, 0, 1, 0, ⋯, 0, 0, 0, 0, 0, 0, 0]

上海 [0, 0, 0, 0, 1, 0, 0, 0, 0, ⋯, 0, 0, 0, 0, 0, 0, 0]

丹佛 [0, 0, 0, 1, 0, 0, 0, 0, 0, ⋯, 0, 0, 0, 0, 0, 0, 0]

东京 [0, 0, 0, 0, 0, 0, 0, 0, 0, ⋯, 1, 0, 0, 0, 0, 0, 0]

香港 [0, 0, 0, 0, 0, 0, 0, 0, 0, ⋯, 0, 1, 0, 0, 0, 0, 0]

其中，北京、上海、丹佛、东京、香港各只对应一个向量，向量中只有一个值为"1"，其余都是"0"，即特征表示中绝大多数的数据都是无用的"0"，使得特征向量非常稀疏，造成所谓的"维数灾难"，严重影响计算效率。

因此，虽然 One-hot Representation 这种词表示法解决了离散数据的处理问题，并在一定程度上扩充了文本特征，但它依然存在三个明显的缺点：首先，它是词袋模型，不考虑词语词之间的顺序；其次，它不能准确地表达词与词之间的相似性，还需要更多的上下文信息；最后，维数太多，容易造成"维数灾难"，尤其是将其用于深度学习（Deep Learning）算法时，这种情况更加突出，造成计算资源的无谓消耗和极大浪费。

2. 分布式表示（Distributed Representation）

Distributed Representation 是辛顿（Hinton，1986）提出的，与 One-hot Representation 相比，它可以将一个词映射到一个维度更低的实数向量（比较常见的是 50 维和 100 维），这样，相关或者相似的词之间的距离，不管用欧氏距离来衡量，还是用余弦相似度来衡量，在距离上都更接近。如上述例子中的"中国"和"中华人民共和国"，用 Distributed Representation 来表示，距离是很近的，而不会出现用 One-hot Representation 表示的情况下的无关的情况。

用于表示文本的基本单位被称为文本特征（Text Feature）。文本的特征项必

须具备以下几个条件。

(1) 文本特征项要能够标识文本的主要和核心内容。
(2) 文本特征项要能够将所要表达的文本与其他文本区分开来。
(3) 文本特征项的个数要适中,不宜太多,也不宜太少。
(4) 在操作过程中,文本特征项的分离要易于实现。

在英文表达中,单词和短语都可以作为文本特征项。在中文表达中,由于很多单个的字也有独立的意义,因此,字、词和短语都可以作为文本的特征项。但是,从表达能力的角度来看,词比字有更强的表达能力。但从文本处理的角度来看,词的切分难度比短语的切分难度要小得多。因此,在中文文本分类中,词具有表达文本的天然优势。也就是因为这个原因,绝大部分的中文文本处理系统都采用词作为特征项,即特征词。

在中文的实际处理过程中,一个文本就被看成是由若干个特征词组成的多维向量,计算文本之间的相似度就是计算组成文本的词与词之间的相似度。由于组成文本的词很多,但大部分的词是没有意义的,即这些词不能表示文本的特征,比如虚词、副词、助词等。如果不做任何降维(Dimensionality Reduction)处理,直接将分词算法和词频统计方法得到的特征向量用于文本特征表示,这个文本向量的维度将会变得非常大。这种未经任何处理的文本向量维数太大,不仅会造成后续计算开销增大,降低文本处理效率,而且,会降低文本处理结果的准确性。因此,为了防止这些无意义的词增加计算量和对文本处理产生干扰,就需要去除这些词,这个过程称为"降维"。

去除无意义的词后,剩下的都是能够表达文档主题的有意义的词,因此,降维的过程也可以被视为是提取有意义的词的过程,也就是文本特征信息提取的过程。

文本特征提取常常通过由控制词表介入的受控标引来完成,控制词表的质量直接决定了文本特征提取的质量。文本特征提取的质量高是指抽取出来的文本特征,一方面,不至于太少而不能够充分表达文本所要表达的意思;另一方面,又不至于太多而产生重复或冗余,影响文本主题的表达或增加无效的计算量。

虽然向量空间模型是目前文本特征计算的主流模型,应用也非常广泛,但是,向量空间模型依然存在不少的缺陷。比如:对于一词多义和一义多词的辨析能力不足,不能很好地处理自然语言的模糊性,用关键词代替语义影响准确率等。但是,就目前人类所掌握的文本分析工具来看,向量空间模型在成本和收益之间进行了最好的平衡,因此,得到了广泛的应用,比如,格纳德·萨尔顿

(Gernard Salton，1971）开发的著名的 SMART 文本检索系统[①]就是基于向量空间模型来建设的。

2013 年，谷歌的研究人员托马斯·米科洛夫（Tomas Mikolov，2013）带领其研究团队开发了一款专门用于对词向量进行神经网络训练的工具——Word2Vec。Word2Vec 将文本中所有的词进行向量化，用于度量词与词之间的关系，挖掘词与词之间的联系。Word2Vec 采用词向量的分布式表示（Distributed Representation）方法（Hinton，1986），基本思想是先将文本中的每个词都映射为实数向量，通过计算向量夹角余弦、欧氏距离等来衡量词与词之间的"距离"，依据"距离"来判断词与词之间的语义相似度。

与隐狄立克雷分布（Latent Dirichlet Allocation，LDA）和潜在语义分析（Latent Semantic Index，LSI）等经典分析过程相比，Word2Vec 有效利用了词的上下文信息，使词的语义信息更加丰富，提高语义分析的准确性。具体来看，Word2Vec 有两种模型：连续词袋（Continuous Bag-of-Words，CBOW）和跳读元（Skip-Gram）。

CBOW 模型的输入是某个特征词的上下文相关词（词的数量可指定）对应的词向量，但输出就是这个特征词的词向量。比如，对于这句话："You know some birds are not meant to be caged"，如果特征词是"birds"，对其上下文大小取值为 3，则需要输出的词向量的上下文对应的词各有 3 个，共计 6 个，这 6 个词是模型的输入。由于 CBOW 使用的是词袋模型，因此，这 6 个词是相互平等的，不用考虑这些词和特征词"birds"之间距离的大小。

Skip-Gram 模型和 CBOW 的思路正好相反：输入某特定词的词向量，而输出的是该词对应的上下文词向量。依然以"You know some birds are not meant to be caged"为例，上下文大小取值依然为 3，词"birds"是输入，则上下文 6 个词——"You know some"和"are not meant"——是输出。

Word2Vec 模型的优点在于不仅在文本分析中增加了上下文语境信息，而且有效地压缩了数据规模，大幅度减少了计算量，将文本处理技术向前推进了一大步。

但是，Word2Vec 模型只对词向量进行了平均化处理，没有考虑词与词之间的排列顺序和所在位置对情感表达的影响。因此，Word2Vec 只提供了高质量的词汇向量，但这些词汇向量依然是零散的，它们还是无法被有效地组合为一个高

[①] Salton G. *The SMART Retrieval System* [M]. Springer US，1971.

质量的文本向量。但我们需要分析的是文本，而不是词汇。针对这个问题，Quoc Le 和 Tomas Mikolov（2014）提出了 Doc2Vec 模型。

Doc2Vec 也叫 Paragraph2Vec，或者 Sentence Embeddings。该模型在 Word2Vec 基础上，增加一个段落向量，是一种无监督学习算法，可以获得句子、段落或者文档的向量表达。通过计算这些向量之间的距离来比较文本之间的相似性。Doc2Vec 模型可用于文本聚类，对于有标签的数据，也可以用监督学习的方法进行文本分类。该模型在文本的情感极性分析中有很多的应用。

具体来看，Doc2Vec 模型也有 DBOW（Distributed Bag of Words）和 DM（Distributed Memory）两种类型。其中，DBOW 用于在段落向量已知的情况下，预测一组单词在段落中出现的概率；而 DM 模型用于在给定上下文且段落向量已知的情况下，预测一组单词在段落中出现的概率。

第 4 章　文本特征计算

文本用于表达作者的观点和思想，文本 A 与文本 B 的不同就在于其文本表达的观点和思想的不同。文本的表现是字符，背后是作者所要表达的主题。一般来说，不同的文本表达不同的信息。但是，有时不同的文本也可以表达相同的信息，如文言文及其对应的白话文；有时相同的文本也可以表达不同的信息，如"你给我等着"这句话，如果不结合上下文，是看不出作者要表达的真实意思的。

文本所表达的意思就是文本的"特征"。所谓文本特征，是指能够表示该文本主题，使该文本区别于其他文本的特性，比如单词、短语、概念、隐含主题等。文本特征计算是进行文本分析的基础。能够表达文本主题的最小单位是词，因此，对文本特征的计算也常常主要是对组成文本的词的处理。

文本中的词有名词、动词、形容词等实词，也有感叹词、介词、连词等虚词。实词能够反映文本特征，尤其是名词和动词对于文本特征的表现力最强；虚词不携带文本特征信息，无法表示文本特征。能够表示文本特征的词也称为特征词。

由于特征词携带信息，因此，特征词不仅可以用来表示文本的主题和主要内容，而且还能被用来作为判断文档与文档之间相似度的中间表示形式。如果将所有的词都作为特征词，那么特征向量的维度将会非常巨大，不仅在计算上不经济，而且虚词造成的干扰太大，会显著影响文本特征提取的精度，造成"维度灾难"。因此，需要采用降维（Dimensionality Reduction）的方法来降低计算复杂度，提高文本特征提取精度。

文本降维的方法两种：特征提取（Feature Extraction）和特征选择（Feature Selection），这两种方法的目的都是减少特征数据集中的属性个数，以方便文本分析。虽然在有些研究中并不特别区分特征提取和特征选择，但两者还是有本质区别的：特征提取是通过组合、累加、求平均等手段，得到一些新的特征，得到的新特征集是原特征集的一个映射,这种方法显然改变了原始的特征空间;而特征选择则是从原始特征集中选择一些特征成为一个特征子集,并没有改变原始特征空间。

特征提取主要有主成分分析(Principle Components Analysis,PCA)和线性评判分析(Linear Discriminant Analysis,LDA)两种方法;特征选择主要有 Filter 法、Wrapper 法和 Embedded 法三种方法。

4.1 文本特征提取

特征提取(Feature Extraction)是指利用已有的特征计算出一个抽象程度更高的特征集。特征提取主要有两种方法:主成分分析(Principle Components Analysis,PCA)方法和线性评判分析(Linear Discriminant Analysis,LDA)方法。

主成分分析和线性评判分析两者的目标不同:使用主成分分析法,经提取后的特征,要尽量保留样本信息,即尽量少丢失信息;而使用线性评判分析,主要关注点在分类的准确性,即经提取后的特征,要尽量提高分类的准确率,至少不能低于原来的特征分类准确率。

文本特征提取的目的是在不减损文本最主要信息的前提下,采用映射或变换等方法,把文本的原始特征用更为精简、数量更少的新特征表示,从而减少文本处理的运算量,提高处理效率和精度。降维处理后的文本特征集也被称为"特征子集"(Feature Subset),一个"好"的特征子集要与其所在类别的其他特征子集相关性强,但与其不同类别的特征子集之间的相关性弱,通常通过定义合适的特征子集评价函数来实现。

文本特征提取的目标是寻找文本的最优特征子集,去除冗余特征和无关特征,减少文本特征项的个数,提升文本特征模型的精度,并减少文本的处理时间。文本特征提取过程如图 4-1 所示。

首先,从初始文本开始,按照既定的搜索规则,生成候选文本特征子集;然后,利用评价函数对各特征子集的优劣进行评价;接下来,判断当前特征子集是否满足要求,如果满足,就生成文本特征集,如果不满足,就继续生成文本特征子集,并进行评价,直到满足评价函数要求或满足系统设定的算法终止条件。

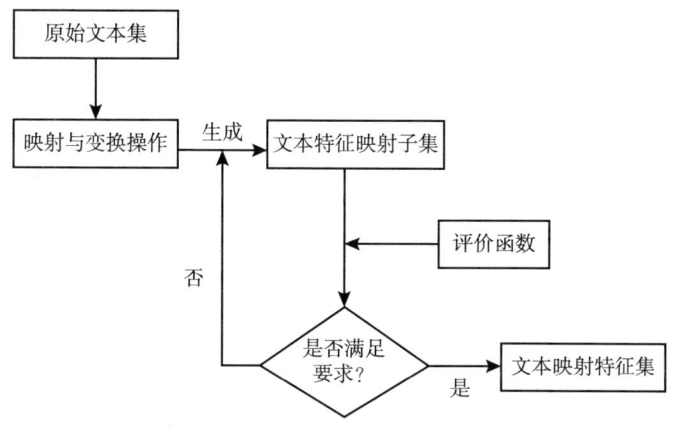

图 4-1　文本特征提取过程

隐狄利克雷分布（Latent Dirichlet Allocation，LDA）模型是文本特征提取常用的一种方法，它通过将原始文本中的词项在文档层中实现共现的方式，将原始文本中的词矩阵转化为文本主题矩阵，实现对原始文本语义的映射，从而完成对原始文本中的语义（主题）的提取。不过，隐狄利克雷分配模型会在原始的词项矩阵上对每一个词项计算主题，没有考虑到词项之间主题的差别，导致结果中存在冗余主题（马力，刘惠福，2015）。

粗糙集理论（Pawlak Z，1982）也被一些学者用于文本特征提取。通过对文本特征词不可分辨关系的分析，发现其中隐含的规律，从而确定文本特征词的属性（主题），并析出这些属性（主题），成为原始文本特征集的一个映射主题集。由于经典粗糙集在对连续型数据离散化后可能会改变数据的原始性质，且不同的离散化方法会对结果产生不同程度的影响（Hu Q H et al. , 2008），因此，一些学者通过建立基于邻域内等价关系的邻域粗糙集模型克服该问题（靳红伟，谢珺，续欣莹，2019）。

由于很多研究并不特别区分文本特征提取和文本特征选择这两个概念，因此，在其他章节，也并不对文本特征计算、文本特征提取和文本特征选择这三个概念进行刻意区分。

4.2　文本特征选择

特征选择（Feature Selection）也被称为特征子集选择（Feature Subset Selection，FSS）或属性选择（Attribute Selection），是模式识别领域的一种重要方法。文本特征选择是指从文本的原始特征中选择若干特征，用这些特征来表示或代表整个文本特征，从而有效降低文本特征数据集的维度，显著提升文本处理的效率和效果。

特征选择是统计学领域的经典问题，也是机器学习领域的热点问题。文本特征选择常被视为搜索寻优问题，虽然戴维斯（Davies，1994）已经证明最小特征子集的搜索是一个 NP 问题（Non-deterministic Polynomial，即多项式复杂程度的非确定性问题），只有穷举式搜索才能保证得到最优解，但是，对于大小为 n 的特征集合，搜索空间复杂度为 2^n-1，对于海量特征集合来说，穷举式的搜索计算量非常巨大，在对海量的 Web 文本的计算中，其计算量更是大到无法想象和无法实现。

1. 特征选择的过程

特征选择的过程一般分为四个步骤，如图 4-2 所示。

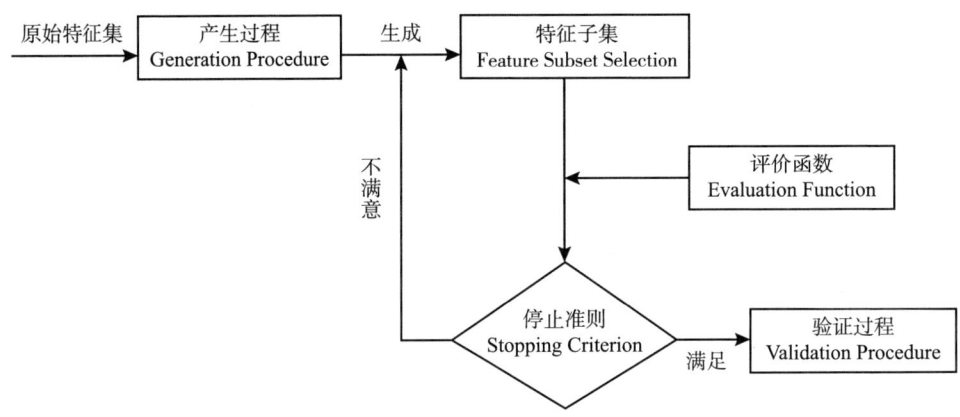

图 4-2　特征选择的四个步骤

（1）产生过程（Generation Procedure）。产生过程即产生特征子集的过程，为评价函数提供特征子集。

（2）评价函数（Evaluation Function）。评价函数用于给特征子集的评价提供标准，是特征选择的依据。

（3）停止准则（Stopping Criterion）。停止准则与评价函数相关，有执行时间、评价次数、事先设置的阈值等。比较常见的是设置阈值，当评价函数值达到设定的阈值后程序就终止。

（4）验证过程（Validation Procedure）。负责验证选取的特征子集的有效性。

2. 特征选择的方法

有三种主要的特征选择方法，即过滤（Filter）式特征选择法、封装（Wrapper）式特征选择法和嵌入（Embedded）式特征选择法。

（1）过滤式特征选择法。过滤式特征选择法的主要思想是对每一维的特征赋予一个权重，该权重代表该维特征的重要性，然后，按照权重由大到小进行排序。具体来看，过滤式特征选择法的实现有三种主要的方法：卡方检验（Chi-squared Test）、信息增益（Information Gain）和相关系数（Correlation Coefficient Scores）。

过滤式特征选择法的评价标准从数据集本身获取，不依赖于算法，因此，具有比较好的通用性。一般情况下，关联度高的特征子集在分类器上可以获得更高的准确率，因此，研究者一般倾向于选择与类别关联度高的特征子集。过滤式特征选择法的评价标准有距离、信息、关联度和一致性四种。

过滤式特征选择法通用性比较强，由于没有分类器的训练环节，因此，算法的复杂度低，很适合处理大规模数据集。此外，过滤式特征选择法可以快速去除大量冗余和不相关特征，适合作为文本特征的预筛选工具。

不过，由于过滤式特征选择法的评价标准不依赖于特定的学习算法，所以，选出来的特征子集在分类准确率方面会低于封装式的特征选择法。

（2）封装式特征选择法。封装式特征选择法的主要思想是将特征子集的选择视为一个搜索的寻优过程，该过程不断生成新的特征组合并对其进行评价，将该特征组合与其他特征组合进行比较。这样，特征子集的选择过程就是一个不断优化的过程。对于优化问题，有很多算法都可以使用，尤其是启发式算法。

封装式特征选择法找到的特征子集分类性能一般会比过滤式特征选择法找到的特征子集分类性能更好。但是，一般来说，封装式特征选择法选出的特征通用性欠佳，如果学习算法发生改变，需要重新进行特征选择。此外，由于每次进行特征子集评价时都需要对分类器进行训练和测试，所以，计算量很大，尤其是应用于大规模数据集处理的时候，算法的执行时间难以忍受。

（3）嵌入式特征选择法。嵌入式特征选择法的主要思想是在模型已经确定的情况下，学习出能够提高模型准确性的最好的属性，即在模型完善的过程中，挑选出那些对模型的训练更有意义的属性，主要的实现方法就是正则化（Regularization）。

在嵌入式特征选择中，特征选择算法本身也是学习算法的组成部分。比较典型的是决策树（Decision Tree）算法。决策树算法要求在树的增长过程中，每一步的递归都必须选择一个特征，同时，需将样本数据集划分为若干个子集，特征选择的依据是子节点的"纯度"，划分后的子节点越"纯"，则划分的效果越好。因此，决策树的生成过程也就是特征的选择过程。

上述的三种文本特征选择方法及其子方法可用图4-3表示。

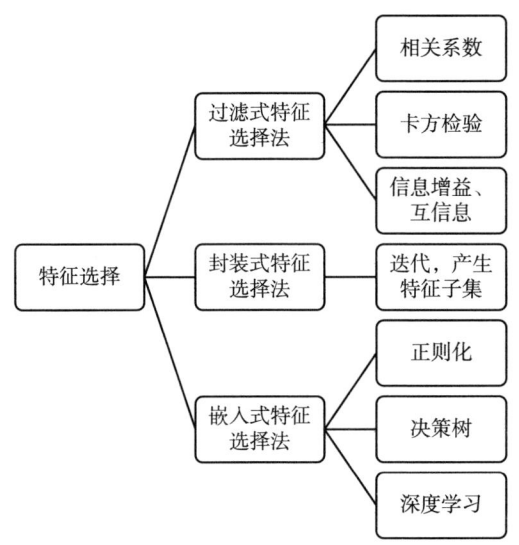

图4-3 文本特征选择方法及其子方法

因此，从理论上来说，特征选择与特征提取是不一样的。模型依赖于特征，选择不同的特征所训练出来的模型是不同的。在机器学习中，特征选择是模型选择的一部分。

4.3 基于统计的文本特征提取方法

目前，使用最为广泛、技术最成熟的文本特征提取方法是基于统计的特征提取法，该方法利用构造的评估函数（Evaluate Function），对特征集合中每个特征项（词）进行评估并打分，给每个特征项赋予一个评估值（Evaluate Value），即权值（Weighted Value）。然后，按照评估值的大小逆序排列，按事先设定好的规则选取权值排名靠前的若干特征作为文本的特征子集，用这个子集来近似代表特征全集。在这个过程中，文本特征子集是否能够准确表达文本信息，决定因素是权值的确定和子集的选取。权值的确定主要取决于评估函数的质量，在选择子集时，如果特征量太多，会增加计算量和噪声；太少，又无法表达完整的文本信息。

评估函数有多种，目前常用的评估函数主要有词频（Term Frequency，TF）法、文档频率（Document Frequency，DF）法、词频—逆文档频数（Term Frequency – Inverse Document Frequency，TF – IDF）法、信息增益（Information Gain，IG）法、二次信息熵（Quadratic Entropy）法、互信息（Mutual Information）法、期望交叉熵（Expected Cross Entropy，ECE）法、遗传算法（Genetic Algorithm，GA）法、主成分分析（Principal Components Analysis，PCA）法、模拟退火（Simulate Anneal Arithmetic，SAA）法、N – Gram 算法、统计量法等。

1. 词频法

词频，指的是某个词在文本中出现的次数。一般情况下，在文本中出现次数越多的词就越能表达文本的主题。因此，可以对文本中词的出现频率进行统计，按频率由高到低排序，去除低于某一阈值的词，用剩下来的词表达文本的主题，从而实现特征空间的降维。剩下来的词是文本特征空间的子集，一般情况下，能够表达文本的绝大部分主题。

不过，也有研究表明，有些低频词也含有重要的文本信息，去除后会对文本特征产生较大影响。因此，在特征选择过程中，也不能仅仅依据词频的大小来删词，要具体问题具体分析。

2. 文档频率法

文档频率（DF）指的是在整个文档集合中，包含某个词的文档数目。如果 DF 值特别低，表示该词可能"没有代表性"，即该词要么是不含有价值的信息，是可以被忽略的主题；要么就是太少了，对分类不产生影响；有时也可能是噪声，比如错误的词。如果 DF 值特别高，表示该词可能"没有区分度"，因为这个词在大量的文档中都存在，就失去了区分文档的作用，DF 值特别高的词常是一些无意义的词，如助词、介词等。

具体操作时，在计算出文档集合中各词的频率后，根据事先设定的阈值，去除词频特别高和特别低的词，从而实现文档降维并析出文档主题。不过，与词频法一样，有时候 DF 值低的词也会含有重要的信息，如果被去除，会影响文档主题表达的精确性，因此，去除时要谨慎对待。

3. 词频—逆文档频率法

由于词频法和文档频率法都无法保护有价值的低频词，因此，研究者引入了词频—逆文档频率（TF - IDF）这个概念。TF - IDF 也是信息检索、信息分类和文本挖掘领域使用非常广泛的一种加权方法，最早由格纳德·萨尔顿（Salton G，1988）提出。TF - IDF 法的基本思想是：如果某个词的 TF 值大，即在一个文本出现的频率高，但在其他文本中出现的频率却很低，则认为该词能很好地代表其所在的文档，并将这些文档与其他文档区分开来，即该词具有很好的文档类别区分能力，适合用于文档的分类；如果包含某个词的文档越少，则逆文档频率（IDF）的值越大，说明该词也具有很好的文档类别区分能力，也适用于文档的分类。

因此，可以使用 TF * IDF 的值来计算某个词在文档中的重要性，某个词的 TF * IDF 值越大，说明该词越能表达文档的主题，选择 TF * IDF 值高于某一阈值的所有词来表达文档主题。这样，就实现了文本主题抽取由定性转为定量，从只能由人工完成的操作转化为计算机可以进行的操作。

4. 互信息法

互信息本来是概率论和信息论中的概念，是对两个随机变量间相互依赖关系的度量。在计算语言学中引入互信息概念，用于度量特征和文档类别（主题）的区分度：一个特征词，如果在某个类别的文档中出现频率高，但在其他类别的文档中出现频率低，则该特征词与其出现频率高的文档互信息比较大，即特征该词属于此类文档（主题）。由于互信息法不需要对特征词和主题（文本类别）之间的关系性质进行任何假设，因此，很适合于文本分类的特征及类别的配准工作。

不过，由于互信息没有考虑特征出现的频率，因此，某个特征词与某个主题的互信息越大，说明它与该主题的相关性越强，导致互信息评估函数有可能选择稀有词作为本文的最佳特征，而不是选择高频词，造成分类质量的下降。

5. 二次信息熵

基于"二次熵"（Quadratic Entropy）的互信息评估函数就是在互信息评估法

中用"二次熵"函数取代"香农熵"(Shannon Entropy)函数。互信息具有随机性,但基于二次熵的互信息却是一个确定的量,因此,二次信息熵可以作为信息的整体测度。此外,计算二次熵的互信息,计算量小于互信息最大化的计算量,在文本分类的特征选择上效率更高。

6. 信息增益法

信息增益(Information Gain,IG)法也称为 Kullback – Leibler Divergence、Information Divergence、Relative Entropy 或者 KLIC,是文本特征计算中常用的方法,用于度量一个已知特征是否出现在某主题相关的文档中。某个特征为分类系统带来的信息越多,则该特征越重要。某个特征所含的信息量等于文本中含有该特征的信息总量减去文本中不含该特征时的信息总量。

信息增益是一种基于"熵"(Entropy)的评估方法,信息论之父香农(C. E. Shannon,1948)借用热力学中"熵"①的概念,最早提出了"信息熵"(Information Entropy)②的概念,用于解决信息量的度量问题。在文本分类中,某个变量可能的取值越多,其所携带的信息量就越大。比如,对于一个文本分类系统,类别 C 是个变量,它可能的取值是 C_1,C_2,$\cdots$,C_n,每一个类别出现的概率分别是 $P(C_1)$,$P(C_2)$,$\cdots$,$P(C_n)$,n 就是总的类别数。则该文本分类系统的熵就可以表示为

$$H(C) = \sum_{i=1}^{n} P(C_i) \cdot \log P(C_i)$$

7. 期望交叉熵法

期望交叉熵(Expected Cross Entropy,ECE)算法源于 KL 距离(Kullback – Leibler Divergence)③,ECE 在 KL 距离上加了一个词的概率分布,故不完全等同于 KL 距离。在文本分类中,期望交叉熵用于度量特征词对整个文本的重要程度,是文本特征选择中常用的一种方法。

设 t 为特征词,C_i 为第 i 个文档类别,$P(t)$ 为该词出现的文档频率,$P(C_i \| t)$

---

① 在热力学中,用"熵"或者"热熵"表示分子状态的混乱程度。
② Shannon C E. A Mathematical Theory of Communication [J]. *Bell Labs Technical Journal*,1948,27 (3):379 – 423.
③ Kullback S,Leibler R A. On Information and Sufficiency [J]. *The Annals of Mathematical Statistics*,1951,22 (1):79 – 86.

为出现词 t 的条件下，类别 C_i 的文档频率，则期望交叉熵的计算公式为

$$ECE(t) = P(t)\sum_i P(C_i \| t)\log\left(\frac{P(C_i \| t)}{P(C_i)}\right)$$

期望交叉熵反映的是出现某个特定词的条件下文本主题类别的概率分布与文本主题类别本身的概率分布之间的距离。在上述公式中，t（特征词）的期望交叉熵越大，那么，它对文本主题类的分布影响也越大。特征词和文档类别的相关性越强，$P(C_i \| t)$ 的值就越大，如果同时 $P(C_i)$ 的值又很小，则说明 t 对文档分类的影响比较大。

8. 遗传算法

遗传算法（Genetic Algorithm，GA）是依据达尔文进化论中的自然选择和遗传学中的生物进化过程的原理和思想设计的一种算法模型。遗传算法通过模拟自然进化过程，不断遗传和选优，从而找到最优解。

可以将文本视为由多个特征词构成的多维向量空间，提取文本特征向量的过程就是在这个多维空间中不断寻优的过程，这与遗传算法的思想是一致的，因此，遗传算法在文本特征提取中具有一定的优势。利用遗传算法，就可以将文本特征提取问题转化为在文本空间中进行寻优的问题。

在文本分析中使用遗传算法的基本思路为：首先将文本空间向量化，并进行遗传编码；然后，将文本向量视为"染色体"，通过计算机程序模拟生物学领域中的生物特征选择、交叉、变异等操作，不断迭代、进化（优化），逐步获得文本的最优特征向量表示。

9. 主成分分析法

主成分分析法（Principal Component Analysis，PCA）也是一种常用的文本特征降维方法，用于文本特征提取。主成分分析法实质上是一种线性变换，将数据集映射到一个新的坐标系中，使数据投影的第一大方差落在第一个坐标上，即第一主成分；数据投影的第二大方差落在第二个坐标上，即第二主成分；以此类推。主成分分析法在减少数据集的维数的同时，保留了数据集的最大特征项，从而实现了"降维"。

10. 模拟退火算法

在热力学领域，当固体被加热后，内部粒子会不断升温，变得无序，内能增

大。而当固体逐渐冷却（退火）（Annealing）的时候，固体内的粒子状态渐渐趋于有序，这些粒子在每个温度都可以达到平衡态，最后，在常温状态下达到基态，内能减到最小。这个"退火"的物理过程就如同寻找问题最优解的过程，即寻找问题的最优解（最值）类似于寻找系统的最低能量，当系统退火（降温）时，能量逐渐下降，问题的解也在"下降"，最终到常温时，问题的解达到最值，即最优解。这个不断寻找最优解的过程就被称为"模拟退火"（Simulating Anneal，SA）。模拟退火最早由梅特罗波利斯（Metropolis，1953）提出，后来，物理学家柯克帕特里克、盖拉特和韦基等（Kirkpatrick, Gelatt & Vecchiet, et al., 1987）成功地将模拟退火思想引入到组合优化领域。由于特征选取过程可以被视为组合优化问题，因此，有学者提出将解决组合优化问题的原理和思路用于求解特征选取问题。将模拟退火法运用到特征选择中，其实就是基于蒙特·卡罗（Monte Carlo）迭代求解法的一种启发式随机搜索过程，从理论上来讲，最终是可以得到全局最优解的。但是，初始温度和邻域的选取非常重要，因为它们会对最终的结果产生非常重要的影响。选择时，需要对模型的性能和算法的速度进行综合考虑，选择一个折中的解决方法。

11. N – Gram 算法

N – Gram 算法也被称为 N 元模型，在自然语言处理中常用于判断两个字符串的相似度，是一种字符串模糊匹配算法。N – Gram 算法的主要思想是设定大小为 n 的窗口，按照文本中字符出现的先后次序，进行顺次滑动操作，得到长度均为 n 的字符集合。在字符集合中，单个向量被称为元（Gram），对所有 Gram 出现的频率按照从高到低降序排列，并依照事先设定的频率阈值进行截断操作，即获得文本的特征向量空间。其中，每个 Gram 都是一个特征向量。20 世纪 80 年代至 90 年代初，N – gram 算法被广泛应用于文本压缩、信息检索、拼写检查以及文献语种判断等领域。到了 20 世纪 90 年代，N – gram 算法又在自然语言处理领域得到广泛应用，比如文本自动分类、文献检索、文本自动索引以及中文分词等。

除了以上介绍的方法外，基于统计的文本特征提取方法还有统计量方法、优势率（Odds Ratio）法以及文本证据权（The Weight of Evidence for Text）法等，在此不作具体介绍。

4.4 网络文本特征提取和特征选择

如前所述，文本特征最主要的表达方式是词汇，但是，网络文本中含有大量的短文本，比如微博、社交平台中的互动信息、知识社区中的问答信息等。短文本所提供的词汇量有限，如果利用基于词汇的特征向量空间模型计算文本间的相似度，会面临严重的特征向量稀疏问题。目前，针对此问题的主要解决方法是利用隐狄利克雷分布（Latent Dirichlet Allocation，LDA）模型来建立词汇之间的相似度。在早期的 LDA 有关研究中，研究者就尝试只利用文档主题作为文本特征来进行分类，但结果表明，仅用隐含主题进行特征表示其效果明显弱于使用词汇的特征表示方法。因此，又有研究者将两种方法进行了结合，通过实证分析，证明其效果优于单一方法的表示效果。

由于短文本的词汇少，特征向量稀疏，仅从词汇角度难以析出文本特征。由于数据的稀疏性，许多用于文本和 Web 的短片段的分类任务，如搜索片段、论坛和聊天消息、博客和新闻馈送、产品评论、书籍和电影摘要，都未能达到较高的精度。但短文本和长文本一样，也都能够表达思想和主题，因此，主题模型在短文本的特征分析中就具有其重要的价值。一种比较好的解决方法就是对短文的信息进行"补充"，通过增加外部知识以使数据更加相关，以及扩展分类器的覆盖范围，从而更好地处理未来的数据。潘和阮（Phan & Nguyen，2008）提出了一个通用的分类器框架，利用大规模外部数据集，构建了一个"通用数据集"，然后通过标记少量的训练数据集，从中发现 Web 短文本中所隐藏的丰富主题。该数据集的通用性较强，可以应用于不同的数据域和类型，研究人员在 30M 的维基百科数据集和 18M 的联机医学文献分析和检索系统（Medical Literature Analysis and Retrieval System，MEDLINE）数据集上完成了"网页搜索域消歧"和"医学文本疾病分类"两项任务，并取得了显著的质量提升。

曾有学者尝试仅用文档主题来作为特征进行文本分类，但事实证明，仅用隐含主题的特征表示效果明显弱于使用词汇的特征表示方案，将隐含主题和词汇特征两者相结合的方法获得的结果优于单独使用其中任何一种方法所获得的结果。

推特（www.twitter.com）是全球最大的社交网站，可能也是全球最大的短文本数据库，海量的数据引起了很多研究者的兴趣。通过对推特上的短文本进行专门的研究，有学者尝试利用"频谱建模"技术对推特数据进行主题建模。主要工作包括主题不相关短文本检测、所获数据的自动标记、人工评估、诊断和纠正学习，还有重要的高精度主题推理。主题推理包含两部分：两阶段训练算法和一个用于将文本与附加信息源组合的闭环推理机制。该研究在实验环境中取得了93%的准确率。（Yang S H, et al., 2014）

也有研究者认为，短文本表达信息有限，因此，假设每条短文本只包含（属于）一个隐含主题，采用无监督话题建模的方法，对推特与传统新闻媒体《纽约时报》（The New York Times）的内容进行实证比较，从推特中选取有代表性的样本，利用LDA（Latent Dirichlet Allocation）模型从中发现主题，然后，使用文本挖掘技术将这些推特文本主题与纽约时报的主题进行比较，获得了较为理想的效果。（Zhao W X & Jiang J, et al., 2011）

自媒体的权威性一直被很多研究人员质疑，但"维基百科"（Wikipedia）是个例外。"维基百科"由吉米·威尔士（Jimmy Donal Wales）与拉里·桑格（Larry Sanger）于2001年1月创办，从2003年6月开始，"维基百科"由"维基媒体基金会"（Wikimedia Foundation, Inc.）提供运营资金的支持。由于有专门的资金支持和专职的管理团队，"维基百科"词条的权威性逐渐获得社会的认可。目前，"维基百科"已收集全球各语种条目4700余万条。有些学者将"维基百科"中的词条用于解决网络短文本携带信息量不足的问题。加布里洛维奇等（Gabrilovich E, et al., 2016）利用维基百科中的词条表示单词和短语，将所有的单词和短语都表示为维基百科中词条，这样，就可以对任意长度的文本进行特征表示，增强了文本，特别是短文本的特征表达能力。但是，由于文本字符量的增加，计算复杂度增大，造成系统开销增大，系统经济性受到影响。当然，也可以采用一种折中的解决方法：限制每个单词或短语的取值范围，比如，只在百万规模的维度上取值。这样，在牺牲一定的（常常是很小的）准确度的条件下，保证了将计算复杂度限制在可控的范围内。

第 5 章 文 本 分 类

从 20 世纪 50 年代中期开始，计算机的功能从单纯的数字处理拓展到字符处理和文本分析领域，IBM 公司的研究员汉斯·彼得·卢恩（Hans Peter Luhn，1957）是计算机文本分析领域的开创者。1957 年，卢恩发表了 *A Statistical Approach to Mechanized Encoding and Searching of Literary Information* 一文，首次提出基于统计的文本主题处理自动化系统的概念。1959 年，卢恩又利用 IBM-650 电子计算机建立了世界上第一个定题情报提供（Selective Dissemination of Information，SDI）系统。

在此后约 20 年的时间里，学术界和产业界主要关注于文本分类（Text Categorization）相关理论的研究，并将文本分类技术应用于信息检索。许多经典的文本分类模型都是在这一时间段内提出的。比如，马龙和库恩斯（ME Maron & JL Kuhns，1960）在计算机协会期刊（Journal of the ACM，JACM）上发表了有关文本自动分类的首篇论文《关联、概率索引和信息检索》（*On Relevance，Probabilitic Indexing and Informarion Retriral*），并提出概率标引（Probabilitic Indexing）的概念模型及其在信息检索上应用的可能性。博尔科（Borko，1962）成功地将因子分析法应用于文本自动分类。萨尔顿（1962）提出利用向量空间模型（Vector Space Model，VSM）对文本进行描述，该模型在以后的研究和实践中得到广泛的发展和应用。

自然语言处理的目的是借助计算机及相关技术，让计算机也能够"理解"人类的语言，从而能够更好地分析人类语言。随着互联网，特别是社交网络的兴起，越来越多的人参与到网络社区的活动和互动中，人们在网络社区中发表看法的机会越来越多。这样，在网络社区中，逐渐积累了海量的信息。如果仅仅依靠人工来处理、分析和解释这些海量的网络信息是不切实际的。因此，如何利用计算机技术快速、准确地分析这些网络信息，特别是文本信息，逐渐成为一个研究热点。研究利用计算机技术处理和分析文本信息的研究领域就是文本分析和文本挖掘。

20世纪90年代之前,自然语言处理的主要方法是知识工程(Knowledge Engineering)方法。知识工程方法就是借助领域内专业人员的知识对该领域的文本进行挖掘和分析,具体来说,就是利用专家在某领域中积累的大量知识,建立该领域的推理规则。如果测试语料(集)能够符合这些推理规则,则可以判定该语料(集)属于该领域。当然,规则与语料(集)的匹配程度,也常常需要专家判断。由于加入了大量的领域专家知识,因此,知识工程方法的准确度获得了一定程度上的提高。在此时期,计算机和语言学专家合作,开发出了一些比较优秀的文本分析系统,比如路透社(Reuters)的新闻自动分类系统(Construe System),该系统可以对 Reuters 的海量文稿进行自动分类。

但是,知识工程方法存在一些致命的缺陷:由于领域知识具有局限性,因此,在某个的领域适用的规则换到另一个领域也许会完全失效,规则之间缺乏通用性;而且,规则的提取不仅受到专家知识水平的限制,还受到规则本身固有特性的限制。有些规则具有天然的模糊性,还有些规则就相对比较清晰。由于上述原因,规则的提取具有较强的主观性和局限性。由于规则的提取比较困难,现在,该项工作已经发展成为一门专门的科学,即"特征工程"(Feature Engineering)。

进入20世纪90年代以后,统计学和机器学习方法在文本分析中获得了越来越广泛的应用,并逐渐取代知识工程法,成为文本分析的主流方法。统计分析法有时也被称为统计学习方法,主要借助于概率统计,利用概率来进行预测。根据是否需要训练集,统计分析法分为监督统计学习法和无监督统计学习法。监督统计学习法需要事先由人工标注一个文本数据集(训练集)作为学习的语料,计算机程序从训练集中学习、归纳出一些分类规则。计算机程序再利用这些规则,对其他文档进行分类;无监督统计学习法则不需要训练集,直接通过计算机程序计算文本集中各文本之间的共有特征来进行聚类。

文本分类(Text Categorization 或 Text Classification)是在指定的分类体系下,将文档或文本段落归入事先定义好的若干类别当中(Lam W, Ruiz M, Srinivasan P, 1999),是进行大规模文本处理的基础。文本经过分类后,就可以按类别进行文本的存储和检索。从数学角度来看,文本分类是一个文本映射的过程,即将需要分类的文本映射到已经划分好的类别中去。这种映射有时是一对一(一个文本只属于一个分类),有时是一对多(一个文本属于多个分类)。文本分类有以下函数关系:

$$f: A \rightarrow B$$

A 为待分类的文本集合，B 为文本类别集合，f 是映射函数。从机器学习角度来看，文本分类是典型的有监督的学习过程：系统根据经过标注的训练集，总结出类别特征，从而生成分类规则，再将这些规则用于对其他未标注文本的分类。

给定文本集合 $C(c_1, c_2, \cdots, c_n)$ 和文本类别集合 $D(d_1, d_2, \cdots, d_m)$，n 表示待分类的文本个数，m 表示文本类别个数，则在待分类文本集和文本类别集之间客观存在着理想的映射关系 σ

$$\sigma: C \to D$$

理想映射关系 σ 把文本集 C 中的每一个文本映射为文本类别集合 D 中的一个或多个类别。但在实际操作中，只能通过对有限的文本集的归纳，得到一个近似理想的映射关系 δ：

$$\delta: C \to D$$

要达到分类准确，就是使得 δ 与 σ 的差异尽量小。文本分类问题的关键是要找到映射函数 δ，使得对于 C 中的文本，该映射能够将其尽可能准确地进行分类。为了判断分类的准确性，常常使用分类评估函数进行测量，设分类效果评估函数为 f_1，则 δ 和 σ 满足

$$\min\left(\sum_{i=1}^{|C|} f_1(\sigma(d_i) - \delta(d_i))\right)$$

映射函数 δ 被称为分类规则（Classify Rule）、分类模型（Classify Model）或者分类器（Classifier）。

传统上，文本分类主要是通过安排专业人员分析文本内容，然后依据一定预设标准将这些文本划分到不同的类别中去。人工分类依靠专业人员，需要耗费大量的时间。该方法虽然相对比较准确，但是，随着互联网的发展和普及，网络信息量激增，已经远远超越了人工所能处理的范畴，依靠人工进行文本分类既不经济也不可能。如何迅速、准确地对海量文本进行科学、合理的分类已经成为一项重要的研究课题。20 世纪 80 年代，随着计算机技术和统计学技术的发展，自动文本分类技术在西方国家兴起并很快成为主流。因此，现在所说的文本分类一般都是指计算机辅助下的自动文本分类（Automatic Text Categorization）。

计算机辅助下的文本自动分类已经成为文本处理领域的关键技术之一，能够以较小的成本解决海量信息杂乱问题，是一种性价比较高的文本处理方法，在信息检索（Information Retrieval）、信息过滤（Information Filtering）、语义辨析（Word Sense Disambiguation）、垃圾邮件过滤（Spam Filtering）、文本挖掘（Text

Mining)等领域有着广泛的应用，也是目前图书情报学领域一个非常热门的研究方向。

文本分类有三种基本方法：第一种是基于分类词表的文本分类法，在图书情报研究领域应用较多；第二种是基于知识工程的文本分类方法，在自然语言处理领域应用较多；第三种是基于训练集的文本分类法，在人工智能研究领域应用较多。

5.1 基于分类词表的文本分类法

基于分类词表的文本分类方法原理比较简单，就是事先人工定义一个分类词表，然后，用该分类词表中的词去与目标文档中的词进行比对，看目标文档中是否出现了与分类词表中相同的词，通过比对结果来判断目标文档属于哪个类别。在此过程中，也常常引入同义词表（在信息检索领域也称为后控制词表）来提高查全率。

在专业文本分类领域，也经常使用控制词（Control Word）表对文本进行标引（Indexing），此过程被称为受控标引（Controlled Indexing）。控制词一般都是预先经过权威机构或专家认定的专业术语，经过标引后的文本由于已经进行了初步的分类，因此，检索起来更加快速和准确。控制词可应用于主题标引、叙词表、分类法以及领域本体构建等领域。

由于社会的发展造成人类语言的不断变化，一些新词不断出现，同时，一些旧词也会产生新义，因此，也需要对分类词表中的词汇不断地进行调整。除了要将一些新增的词汇加入分类词表中以外，还需要将一些产生了新义的旧词汇进行重新分类、编排。同时，受自然语言语义的影响，分类词表也要能够处理"一词多义"和"一义多词"的问题。

基于分类词表的文本分类法除了需要分类词表的支持外，还需要算法的支持，称之为"模式匹配算法"（Pattern Matching Algorithm）。模式匹配算法的任务就是在目标字符串中找到特定字串，在文本分类中，就是在目标文档中找到存在于分类词表中的词。评价模式匹配算法的主要标准是准确率和匹配速度。

为了提高匹配准确率，人们采用了很多办法：比如，可以倒排分类词表，将分类词表依字符由多到少排列，让字符多的词优先匹配目标文本，以保证不让包含在长分类词中的短词抢先匹配造成误标，研究证明，通过倒排叙词表，可以消除大部分的标引错误（即"假阳性"问题）；在算法程序中加入判定规则，在匹配过程中减少误标和漏标；还可以在一次匹配结束后，通过人工的方法找到误标和漏标项，对其进行标注后，再用程序自动修改目标文本中的所有类似错误（赵衍，2013）。

不同语种的语法规则和行文规范对匹配的准确度也有影响。比如，英文文本的词与词之间有空格进行分隔，而中文文本的词与词之间没有隔断标志，因此，从这个角度来看，中文文本的模式匹配规则比英文更复杂；但是，英文字母有大小写的区别，而汉字却没有，因此，从这个角度看，英文文本的模式匹配又比中文文本更复杂。不过，综合来看，中文的分词复杂度要高于英文。

经过多年的发展，对模式匹配算法的研究和应用也趋于成熟，也出现了一些满足不同类型需求的模式匹配算法。朴素的模式匹配算法就是用分类词表中的词一个字符接一个字符地匹配目标文本中的字符串，这种匹配算法原理和实现都比较简单，但效率很低，对计算资源的占用也比较大。用一个长度为 n 的字串去匹配一个包含 m 个字符的文档（$m > n$），在最坏的情况下，需要匹配（$m + 1 - n$）次，因此，朴素模式匹配算法的时间复杂度为 $O(mn)$。而且，朴素模式匹配算法存在回溯问题，影响匹配的效率。为了提高匹配速度，人们先后提出了多种改进算法，如克努特、莫里斯和普拉特（Knuth, Morris & Pratt, 1968）提出的克努特—莫里斯—普拉特算法（The Knuth – Morris – Pratt Algorithm, KMP 算法）、吴昇和乌迪·曼博（Wu S & Manber U, 1992）提出的 Shift – And/Shift – Or 算法、鲍尔和摩尔（Robert S. Boyer & J Strother Moore, 1977）提出的鲍尔—摩尔算法（Boyer – Moore Algorithm, BM 算法）、奈杰尔·霍斯普（Nigel Horspool, 1980）提出的霍斯普（Horspool）算法，以及 BNDM 算法（Navarro G & Raffinot M, 1998）、BOM 算法（Allauzen C, Crochemore M & Raffinot M, 1999）、Sunday 算法（Daniel M. Sunday, 1990）等。

除了算法本身以外，对算法执行效率的影响因素还有计算机的中央处理器（Central Processing Unit, CPU）、内存、硬盘等硬件设备。除了加大内存、提高单核 CPU 的性能之外，还可以采用多核 CPU、并行计算（Parallel Computing）、分布式计算（Distributed Computing）和云计算（Cloud Computing）等方法提升计算性能；也可以采用浮点运算能力更强的图形处理器（Graphics Processing Unit, GPU）替代 CPU；或是采用谷歌（Google）专为其深度学习框架（TensorFlow）而设计张量处理器（Tensor Processor Unit, TPU）。此外，计算机的存储和输入/输出（Input/Output, I/O）速度也是影响算法执行速度的瓶颈之一，可以采用闪存（Flash Memory）硬盘替代机械硬盘，闪存硬盘的 I/O 速度是纳秒级，理论上比传统机械硬盘的 I/O 速度快了 1000 倍。另外，采用内存数据库（Main Memory Database）和内存计算（In Memory Computing）技术，可以减少频繁的 I/O 操作，显著提升计算速度。

基于分类词表的文本分类法过于简单，在很多情况下，不仅不准确，而且分类结果在语义向量上很稀疏，分类的效果不理想。但是，这种方法成本低、执行效率高，且实践证明，在某些应用领域，其精度并不明显低于技术更复杂、成本更高的其他的文本分类法。因此，基于分类词表的文本分类法至今依然有着广泛的应用。

5.2 基于知识工程的文本分类法

简单的词匹配分类法效果不理想的主要原因在于没有建立起分类词表中的"词"与目标文档所属的"类"之间的对应关系。美国斯坦福大学计算机科学家费根鲍姆教授（E A Feigenbaum，1977）在第五届国际人工智能会议上提出的"知识工程"（Knowledge Engineering）概念为文本分类方法注入了新活力。该方法借助领域内专业人员的帮助，为每个类别（研究人员事先给定）定义较为完备的推理规则，如果目标文档能在一定程度上符合这些推理规则，则可以判定该文档属于该类别。知识工程的方法将"词"与"文档"的匹配转化为"规则"与"文档"的匹配，由于加入了专业人员的领域知识，分类准确度比单纯的词匹配有大幅度提高。

20 世纪 90 年代以前，基于知识工程的方法一度占据了文本分类方法的主导地位。但是，这种方法的分类的质量高度依赖于事先确定的规则的质量，而规则的质量又高度依赖于制定规则的领域专家。如果要获得高质量的规则，必须依赖高水平的领域专家，且需要耗费大量的时间和精力，这样一来，成本就成为一个大问题。

此外，由于知识具有严格的领域特征，不同的领域需要构建完全不同的分类系统。比如，一个针对计算机领域构建的文本分类系统根本不可能扩展到社会学领域。因此，知识工程方法的另一大致命弱点是基本不具备可扩展性，造成开发成本和资源的巨大浪费。因此，专家一直在寻求成本更低的文本分类法，一直到机器学习方法的出现。

基于知识工程的分类方法虽然需要耗费大量的人力和财力,但是,比起纯人工的分类系统,在分类的总成本上还是更经济的。作为20世纪80年代最流行的文本分类方法,专家开发出了一些比较成功的基于知识工程的文本分类系统,比如1988年卡内基集团(Carnegie Group)为路透社(Reuters Ltd.)开发的Construe-TIS(Topic Identification System,TIS)新闻分类系统(Construe News Story Categorization System)就是一个成功的基于知识工程的主题分类系统。该系统替代了路透社之前使用的人工分类系统,不仅为路透社节约了大笔的分类成本,而且,准确性与之前的纯人工分类不相上下,分类质量稳定,分类速度较之人工分类有质的飞跃[1]。

5.3 基于训练集的文本分类法

基于分类词表的方法虽然实现起来较为简单,但是,单纯的字符串匹配法效果不理想;而基于知识工程的方法又需要大量专业人员的介入,成本太高,且有很大的领域局限性。因此,人们研究是否可以通过计算机模拟人类理解问题的逻辑,通过对大量同类文档特征的归纳和总结,得到同类知识的共同特征,从而实现对其他文档的自动识别和分类。进入20世纪90年代,随着统计方法和机器学习方法的成熟,它们也被逐渐应用到文本自动分类中,其中,基于训练集(Training Set)的文本分类方法发展最快,技术相对最成熟,应用也最为广泛。

基于训练集的文本分类方法是一种典型的有监督的机器学习问题,原理和过程比较简单,一般包含标注、训练和分类三个阶段。

(1)在标注阶段,需要选择文档,借助人工,准确地对这些文档进行标注,作为训练集备用。文档的选择视具体需要而定,有可能是经过精心挑选的文档,也可能是随机选择的文档。

(2)在训练阶段,将训练集交给计算机程序进行学习,计算机程序从这些文档中自动归纳出能够进行分类的规则,这些规则的集合被称为"分类器"(Classifier)。

(3)训练完成之后,借助"分类器",计算机对其他未标注的文档进行处

---

[1] Hayes P J, Weinstein S P. CONSTRUE-TIS: A System for Content-Based Indexing of a Database of News Stories [C]//IAAI. 1990, 90: 49-64.

理，从而实现文档的自动分类。

基于训练集的文本分类基本过程如图 5-1 所示。

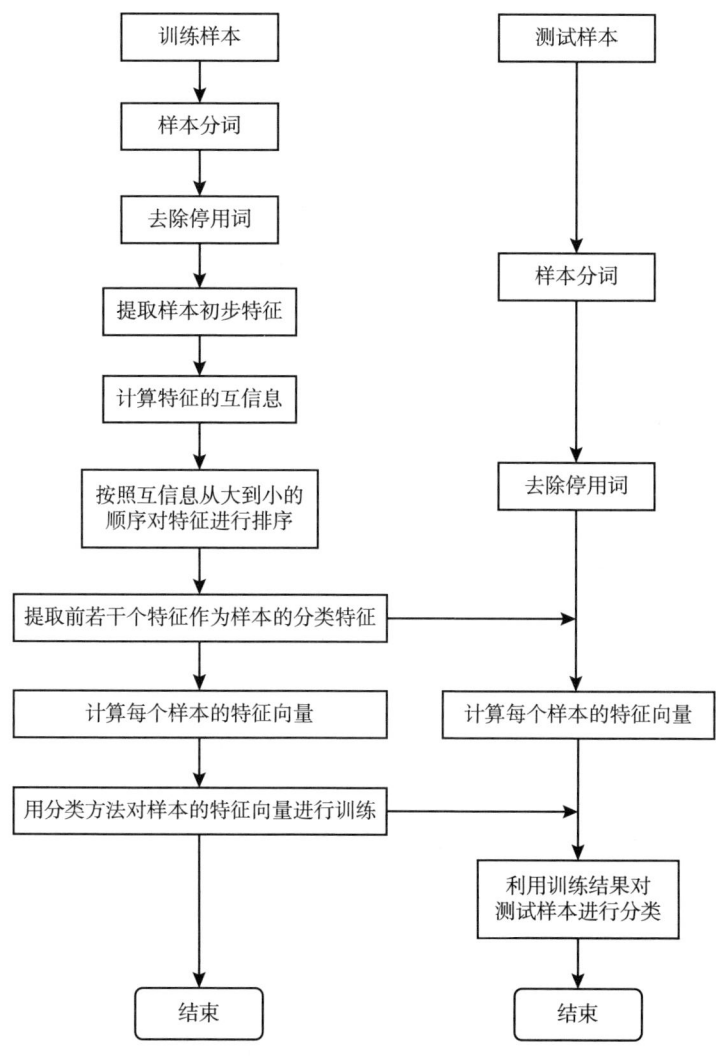

图 5-1 基于训练集的文本分类基本过程

基于训练集的文本分类方法因其采用了基于统计的方法，因此也被称为统计学习法。目前，有很多基于训练集的文本分类算法，其中有一些已经比较成熟并获得了成功的应用。

5.4 基于深度学习的文本分类法

随着社会的发展和技术的进步,文本,尤其是网络文本,表现形式越来越多样化,其中所包含的主题也越来越丰富。传统文本表示法的前提假设是词与词之间是相互独立的,忽略了文本的语义信息,提取到的文本特征具有高维稀疏性,常常不能有效地表示文本的特征。

前文已经介绍,目前,人工智能(Artificial Intelligence,AI)得到突飞猛进的发展,人工智能的主要实现手段是深度学习(Deep Learning),而深度学习的主要实现工具是多层人工神经网络(Artificial Neural Network,ANN)。自20世纪80年代开始,人们对人工神经网络的研究不断深入,在模式识别、智能机器人、自动控制、预测估计、生物、医学、经济等领域都取得了较为瞩目的成果。近些年来,人工神经网络在文本分类领域也获得越来越多的应用。

将深度学习的相关理论和技术应用于文本分类,要根据文本类型、特征的不同,选择不同的方法,常见的主要有卷积神经网络(Convolutional Neural Networks,CNN)、递归神经网络(Recurrent Neural Networks,RNN)、受限玻尔兹曼机(Restricted Boltzmann Machine,RBM)、深度置信网络(Deep Belief Networks,DBN)、长短记忆单元(Long Short Term Memory,LSTM)等。

允金等(Yoon Kim,et al.,2014)比较早地利用卷积神经网络进行文本分类。在实验中,研究人员利用卷积神经网络模型在已经预先训练过的单词向量的基础上进行再训练,让算法具有进行句子级分类的能力。实验表明,一个简单的包含静态向量的卷积神经网络,只需进行少量的超参数调整,就可以在多个文本分类任务测试中取得显著的成果。

对于最常见的网络评论或网络信息这一类的文本,传统的词袋(Bag of Words,BOW)表示方法会造成词向量的高维稀疏问题。如果能以文本关键字的词向量作为文本输入,利用深度信念网络(Deep Belief Network,DBN)、受限玻尔兹曼机网络(Restricted Boltzmann Machine,RBM)等神经网络模型对文本进行深度训练,可以在很大程度上克服文本特征向量的高维稀疏问题,提升文本表示的准确度和文本分类精度(闫琰,2016)。

有些多标签的摘要型文本,比如医学摘要文本,其中,不仅含有题目和摘要信息,同时,又含有大量的医学和生物学领域的专业术语和中英文缩写词。对于这类文本，就需要先利用专业词汇数据库（比如欧洲的UniProt、中国的CBA、维基百科等）对文本信息进行扩展，并嵌入词向量表示，以便更完整地保留上下文语义信息。然后，利用一定的神经网络模型（比如CNN），提取高层文本表示。最后，通过标签聚类和标签共现关系，实现文本分类。

对于多标签的文本分类任务，由于缺乏明显的关键词，且样本分布不均衡，可以考虑采用长短记忆单元（Long Short – Term Memory，LSTM）进行分类：首先，将文本的词向量集合作为输入，使用长短记忆单元提取文本的全局特征；同时，分析文本与标签的潜在关系，提取文本的局部特征；再以文本全局特征和局部特征的总体作为高层文本表示，以提高稀疏标签的预测率；最后，构建文本标签集，使用长短记忆单元对每个文本标签集进行学习和预测。

每种神经网络都有自身的优势和缺陷，有些研究者尝试将两种或两种以上的神经网络进行结合，取长补短，以期得到更好的分类效果。比如，有些研究将循环神经网络与卷积神经网络相结合，提出了一种无需人为标注的"递归卷积神经网络模型"。该模型采用一种递归结构，尽可能地捕获上下文信息，自动学习词汇的表示方式，比传统的基于窗口的神经网络更少受噪声的干扰。此外，该模型还采用一个最大池化层来判断哪些词在文本表达中起关键作用，用以获得文本中的关键信息（Siwei Lai，et al.，2015）。

卷积神经网络和递归神经网络等神经网络模型在执行文本分类任务时尽管效果显著，但都存在一个明显的不足之处：不直观，可解释性差。就算是最先进的分类系统仍然需要依赖一些词汇资源（比如命名实体）或者自然语言处理系统来获得文本的高级特征；此外，文本中的重要信息可能会出现在分类系统无法预计的句子中的任何位置。因此，有学者提出引入"注意力"（Attention）机制，作为自然语言建模时的长时间记忆机制，直观地给出每个词和句子对分类结果的贡献（Bahdanau，Cho，et al.，2014）。也有学者曾提出基于注意力机制的双向长短期记忆网络（Attention – Based Bidirectional Long Short – Term Memory Network，A tt – BLSTM）来捕捉句子中最重要的语义信息，该方法在公开数据集——SemEval – 2010 的关系分类任务上进行过试验，获得了较好的分类效果。（Li，Nie，et al.，2017）

5.5 文本分类的主要算法

分类算法的主要任务就是构造分类器（Classifier）。经过多年的理论研究和实践检验,目前,已知的文本分类算法有林林总总几十种,其中,比较常用的算法有十余种,包括基于机器学习的有概率分类器(Probabilistic)、贝叶斯推理网络(Bayesian Inference Networks)、决策树分类器(Decision Tree)、决策规则分类器(Decision Rule)、基于回归的线性最小二乘法(Regression Based on Linearleast Squares)、符号规则归纳法(Symbolic Rule Induction)、中心向量法(Rocchio)、神经网络法(Neural Networks)、K最近邻法(K-Nearest Neighbors,KNN)、支持向量机(Support Vector Machine,SVM)、投票委员会(Majority Voting)、遗传算法(Genetic Algorithm)、最大熵算法(Maximum Entropy)、纠错输出编码法(Error Correcting Output Coding,ECOC)等。这些文本分类算法有的较为通用,有的则有其适用的特定领域和条件。相对来讲,朴素贝叶斯算法、贝叶斯网络算法、K最临近文本分类算法和支持向量机比较通用,在实践中也取得了相对更加令人满意的效果。在此,对这几类算法进行简单介绍。

5.5.1 朴素贝叶斯算法

朴素贝叶斯(Naive Bayes)算法也叫朴素贝叶斯分类器(Naive Bayes Classifier),是机器学习领域最常见的一种算法。朴素贝叶斯算法是一种基于概率的算法,基本思路是计算文本属于某类别的概率。算法过程为:先对样本集进行特征标注,并假设训练文本中各特征项属于特定类别的概率是相互独立的;然后,计算所要分类的文本属于各类别的后验概率,取其中最大者作为本文的类别,从而实现分类。(Jiawei H & Kamber M,2001)

朴素贝叶斯文本分类算法用数学语言表示如下:

(1) 设 $x = \{a_1, a_2, \cdots, a_m\}$ 为一个待分类项,每个 a 为 x 的一个特征属性;

(2) 有类别集合 $C = \{y_1, y_2, \cdots, y_n\}$;

(3) 计算 $P(y_1|x), P(y_2|x), \cdots, P(y_n|x)$;

(4) 如果 $P(y_k|x) = \max\{P(y_1|x), P(y_2|x), \cdots, P(y_n|x)\}$,则 $x \in y_k$。

问题的关键在于计算每个条件概率 $P(y_1|x), P(y_2|x), \cdots, P(y_n|x)$,一般采用以下方法和步骤。

(1) 准备一个已经标注并分类好的训练样本集;

(2) 计算各类别中各特征属性的条件概率估计:

$$P(a_1|y_1), P(a_2|y_1), \cdots, P(a_m|y_1); P(a_1|y_2), P(a_2|y_2), \cdots,$$
$$P(a_m|y_2), \cdots, P(a_1|y_n), P(a_2|y_n), \cdots, P(a_m|y_n)$$

(3) 若各个特征属性是条件独立的，根据贝叶斯定理得到以下推导：

$$P(y_i \mid x) = \frac{P(x \mid y_i) P(y_i)}{P(x)}$$

将分子最大化，分母对于所有类别为常数，因各特征属性是条件独立的，所以

$$P(x \mid y_i) P(y_i) = P(a_1 \mid y_i) P(a_2 \mid y_i) \cdots P(a_m \mid y_i) P(y_i)$$
$$= P(y_i) \prod_{j=1}^{m} P(a_j \mid y_i)$$

5.5.2 贝叶斯网络算法

贝叶斯网络是贝叶斯方法的扩展，美国学者朱迪亚·珀尔（Judea Pearl, 1988）最早提出贝叶斯网络（Bayesian Network）的概念，在信息检索领域的应用中取得了比较理想的效果。贝叶斯网络也被称为信念网络（Belief Network）或有向无环图模型（Directed Acyclic Graphical Model），是一种图形化的建模工具（Howard R. Turtle et. al, 1992）。贝叶斯网络将概率论与有向无环图（Directed Acyclic Graphical, DAG）相结合，一个贝叶斯网络由代表变量节点及连接这些节点有向边构成，用于表示变量间的因果关系。贝叶斯网络在不确定性推理方面有一定的优势，最早被用于信息检索领域，目前，也是文本分类研究领域的研究热点之一。

在利用贝叶斯网络进行文本分类时，文本中的每一个词均被表示为贝叶斯网络中对应的一个节点，节点间的有向边由父节点指向子节点，代表词与词之间的相互关系。用条件概率表示词与词之间的关系强度，没有父节点的用先验概率进行信息表达。节点变量可以是研究者所需的任何问题的抽象。K 阶贝叶斯网络表示网络中节点的最大父节点数为 $K(K \geq 0)$。当 $K = 0$ 时，贝叶斯网络即退化为朴素贝叶斯网络。进行文本分类时，一个贝叶斯网络由训练集中出现的所有词的节点和一个类别节点组成。分类过程：首先用训练集对贝叶斯网络进行训练，然后，用训练结果对测试集进行分类，计算类节点属于某一类的概率，取所有类中概率最大的一个作为测试文本的分类结果（郭泗辉，樊兴华，2010）。

5.5.3 K 最邻近文本分类算法

K 最邻近文本分类算法的理论基础是欧几里得定理，判断所要研究的文本特

征和哪一类已知分类的文本（已经正确分类完毕的文本）最接近。K最邻近算法的基本思想是：对于要处理的某个文本，计算训练集中与该文本最相似（距离最近）的K篇文本，然后，根据这K篇文本所属的类别来判断要处理的这篇文本所属的类别。该算法大概包括以下几个步骤。

（1）将训练集中的文本进行标注，抽取文本特征向量。

（2）将待分类文本用特征向量表示。

（3）采用诸如夹角余弦等方法，在文本训练集中找出与待分类文本最相似（距离最近）的K个文本。对于K值的计算，一般先确定一个初始值（视具体情况而定，常介于几百至几千之间），然后，依据试验的结果，不断调整K值，直至满意为止。

（4）对与待分类文本最相似的K个文本（近邻），依次计算每个类的权重。

（5）比较各个类权重的大小，选择权重最大的类作为待分类文本的类。

K最邻近算法在样本容量差别很大时，会造成计算结果产生较大的偏差，这时，通常将与该样本距离小的邻居赋予更大的权值来解决；此外，在样本容量比较大时，K最邻近算法的计算量也比较大，为减少计算量，常常在计算前先对已知样本点进行修剪，去除对分类影响小的样本点。

5.5.4 支持向量机

采用统计学习方法进行文本分类的前提假设是文档的内容与其中所包含的词有着必然的联系，即文档中的词一定能够表示文档所属的分类；而且，同一类文档一定包含着多个共同的词，但不同类的文档所包含的词却有很大的差别。

基于这样一种思想，支持向量机（Support Vector Machine，SVM）被广泛应用到文档模型的表示中。支持向量机最早由万普尼克（Vapnik，1992）提出，是基于向量空间模型的训练和分类算法的一种。支持向量机的基本实现思想是：通过事先设定的某种映射规则，把输入向量 x 映射到一个高维的特征空间 Z 中，在这个高维空间中构造最优的分类超平面。在文本处理的支持向量机模型中，一篇文档被视为由若干个特征项组成的集合，利用加权特征项构成向量空间进行文本表示，利用词频信息对文本特征进行加权（王涛，2007）。

支持向量机的原理比较简单，实现起来也比较容易，分类的准确性相对比较高，用较小的代价实现令人相对比较满意的功能，因此，能够满足一些不太苛刻的应用要求。但是，基于支持向量机的文本表示模型完全忽略了字符以外的其他信息，比如，先后词之间的顺序关系、上下文信息等，这使得它所能表达的信息量存在上限，从而也决定了基于支持向量机构建的文本分类系统不可能达到与人类智慧相同或相似的分类能力（周昭涛等，2005）。

第 6 章 文 本 聚 类

所谓聚类，就是将对象的集合分组为由类似对象组成的多个类的过程（卢格尔，2006），一个类簇内的实体是相似的，不同类簇的实体是不相似的（Everitt，1974）。聚类研究作为统计学的一个分支已经有几十年的历史，其重要性及广泛的适用性得到了学者们的肯定。

从聚类对象的不同来划分，聚类分析包括对变量的聚类和对样品的聚类两种；从应用的学科领域分，聚类方法包括统计方法、机器学习方法、神经网络方法和面向数据库的方法等（Kaufman & Rousseeuw，1990）。

在机器学习和文本分析领域，聚类分析指的就是无监督学习。聚类分析是模式识别及文本分析等研究领域的重要研究内容，在数据/文本的内在结构分析与识别方面具有非常重要的作用。在模式识别和机器学习领域，聚类方法主要用于字符识别、语音识别、图像识别和视频识别等。聚类的另一个主要应用是数据挖掘（多关系数据挖掘）、时空数据库应用（GIS 等）、序列和异类数据分析等。此外，聚类还被应用于统计科学。值得一提的是，聚类分析对生物学、心理学、考古学、地质学、地理学以及市场营销等研究也都有重要作用（孙吉贵等，2008）。

聚类算法需满足以下特性：可扩展性、处理不同数据类型的能力、发现具有任意形状的聚类的能力、输入参数对领域知识的最小限度的依赖性、能够处理异常数据的能力、数据输入顺序对聚类结果的不敏感性、处理高维数据的能力、基于约束的聚类以及聚类结果的可解释性和可用性（Han J W，2001）。

基于此认识及相关领域知识，国内外研究人员发明并改进了多种聚类算法，试图通过不同的途径实现对大规模多维数据集的有效聚类，在理论研究和实践领域都取得了一定的成果。但与分类算法的发展相比较，对聚类算法的研究尚未取得非常理想的效果，绝大部分的聚类分析研究还处于实验室实验阶段；在实践领域，目前依然缺乏针对大规模高维数据集的有效聚类方法和工具。

6.1 聚类算法的发展历史

聚类算法的原理并不难理解，一个典型的聚类算法主要包括以下五个步骤。

（1）特征选择。根据任务要求，使用尽量少的数据表达尽量多的信息。选择出来的特征个数要尽量少，但不能漏掉核心和主要特征；太多的特征会造成数据处理量大幅度增加，聚类结果的准确度下降。

（2）相似度计算。将特征向量化，并计算特征之间的"相似度"，以用于判断数据集中哪些数据属于同一类。欧氏距离（Euclidean Distance）经常被用于度量两个特征向量之间的相似度。

（3）聚类算法选择。根据任务的要求，结合数据集的具体情况和特征，选择合适的聚类算法，用于揭示数据集中的聚类结构。有时，为了获得更好的聚类效果，也会选择几种聚类算法分别进行计算和比较。

（4）结果检验。对聚类结果进行检验，可以采用人工方式，对聚类结果的科学性、合理性、准确度进行判断；也可以利用数学模型进行计算机自动检验。

（5）结果判定。领域专家将利用其他研究方法得到的数据作为参照，对聚类结果进行对比、分析和判断，给出结论。

需要明确的是，聚类算法并不是仅仅指一种算法，而是一类算法的总称。最早被提出来的聚类算法是 K-means 算法，即 K 均值算法（Loyd，1957）（MacQueen，1967）。由于 K-means 算法原理简单，实现起来较为容易，因此，迄今为止，K-means 算法依然被各类研究广泛采用，并形成了包含一系列改进和变种 K-means 算法的算法族。其中，包括围绕中心点划分（Partitioning Around Medoid，PAM）算法、K 众数算法（Chaturvedi，Green & Carroll，1994）以及改进的 K-means + +算法、ISODATA 算法和核 K – 均值聚类（Kernel K-means）算法等。考夫曼（Kaufman，1990）等提出了 K 中心点（K-medoids）算法，一定程度上减少了噪声带来的干扰。但是，K-means 算法和 K-medoids 算法只适合小规模数据集，难以应对大规模数据集的计算要求。雷蒙德（Raymond，1994）等提出了基于抽样的聚类算法（Clustering Algorithm based on Randomized Search，CLARANS），专门用于处理大规模数据集。

后来，基于模型的方法（Model – Based Methods）被提出来。登普斯特、莱尔德和鲁本（Dempster，Laird & Rubin，1977）提出的期望最大化（Expectation

Maximization，EM）算法是一种应用很广泛的基于模型的方法，该方法也叫最大期望算法。期望最大化算法是一种迭代算法，用于对含有隐变量（Hidden Variable）的概率参数模型的最大似然估计或极大后验概率估计，在处理有缺损数据、带有噪声数据、截尾数据等所谓的不完全数据（Incomplete Data）方面具有明显的优势。后来，有些学者对期望最大化算法进行了部分改进，比如自动聚类（Auto Class）算法（Cheeseman & Stutz，1996）等。

考夫曼和卢塞韦（Kaufman & Rousseeuw，1990）提出了层次聚类（Hierarchical Clustering）算法，该算法通过定义相似度测量标准来计算节点之间的相似性，并按照相似度的高低进行排序，重新连接各个节点，如此反复迭代，直至获得满意的结果。层次聚类算法有凝聚层次聚类和分裂层次聚类两种类型。此后，有一些学者对层次聚类算法进行了多种改进，比较成功的包括利用层次方法平衡迭代规约和聚类（Balanced Iterative Reducing and Clustering Using Hierarchies，BIRCH）算法（Zhang，Ramakrishnan & Livny，1996）等。

基于密度的聚类算法（Density-based Clustering）也是聚类算法中的一个重要分支，基于密度的聚类算法主要包括基于密度的噪声应用空间聚类（Density-Based Spatial Clustering of Applications with Noise，DBSCAN）算法（Ester，Kriegel，et al.，1996）、通过点排序识别聚类结构（Ordering Points to Identify the Clustering Structure，OPTICS）算法（Ankerst，1996）、基于密度峰值（Density Peaks）的聚类算法（Rodriguez & Laio，2014）等。其中，DBSCAN算法以其卓越的性能还获得了国际数据挖掘领域的顶级会议ACM SIGKDD（Association for Computing Machinery Special Interest Group Knowledge Discovery and Data Mining）2014年度最具时间价值奖（Test of Time Award）。

随着存储技术和网络技术的快速发展，网格（Grid）技术兴起，并很快被用于解决聚类问题。基于网格的聚类遵循空间驱动（Space Driven）的思想，将对象空间划分为若干个网格单元，这些网格单元共同组成网格结构，后续的所有聚类结构都基于该网格结构。基于网格的聚类处理速度快，其处理时间仅依赖于量化空间中每一维的单元数，与数据对象的数目无关。例如统计信息网格（STatistical INformation Grid，STING）算法（Wang，Yang & Muntz，et al.，1997）和CLIQUE（Clustering In QUEst）算法（Rakesh Agrawal，1998）都是基于网格的多分辨率聚类方法；此外，小波变换聚类方法技术（Wave Cluster）也是基于网格的一种聚类。

昆兰（Quinlan，1986）提出的ID3算法是决策树（Decision Tree）算法在聚类领域一个经典之作，该算法采用自顶向下递归的分治策略构建决策树，利用信息增益作为启发式来评估数据属性，选取包含最大信息量的属性，再根据属性的不同取值建立树的分枝，在每个分枝的子集中，重复执行上述步骤，依次建立树的子结点和各分枝。ID3算法原理简单、实现方便、处理速度快，在对大规模数据集的处理上具有很大的优势。1993年，昆兰对ID3算法进行了改进，提出了著名的C4.5决策树生成算法。此外，布赖曼、弗里德曼和奥尔申等（Breiman, Friedman & Olshen, et al., 1984）还提出了分类与回归树（Classification and Regression Tree, CART）算法，该算法采用基于最小距离的基尼系数（Gini Index）标准评估函数，实际表现也非常好。

为了应对数据挖掘领域超大规模数据集的海量计算要求，梅塔、阿格拉瓦尔和里萨宁（Mehta, Agrawal & Rissanen, 1996）提出了SLIQ（Supervised Learning in Quest）算法，谢弗、阿格拉瓦尔和梅塔（Shafer, Agrawal & Mehta, 1997）提出了SPRINT（Scalable Parallel Classifier for Data Mining）算法。这两种决策树算法将那些特别大但又不能放入内存的数据在其驻留的磁盘中进行预排序，从而大大提高了计算效率，具有高可伸缩性。耶尔克、拉马克里希南和甘蒂（Gehrke, Ramakrishnan & Ganti, 1998）提出的雨林（Rain Forest）算法进一步提高了决策树聚类算法的伸缩性。

每种聚类算法都是优化了某一方面或某几方面的特征，所以各有特色和适用范围。对不同的聚类算法的优劣进行比较和分析本身也是一类很有价值的研究。衡量聚类算法的优劣，主要考察聚类算法的6条指标。

（1）处理数据噪声的能力。
（2）处理任意形状，包括有间隙的嵌套数据的能力。
（3）算法独立于数据输入顺序的能力。
（4）处理大规模数据集的能力（速度和精度）。
（5）是否需要事先通过人工确定聚类的个数，以及是否需要人工提供领域知识。
（6）对数据维数的敏感度以及处理高维数据的能力。

在具体操作时，常常采用以上6条指标中的一条或几条作为参照。有时也会依照以上标准建立评价函数来计算、评价聚类算法的效果。

6.2 文本聚类算法

文本聚类（Text Cluster）是聚类方法在自然语言处理领域的具体应用，是按照一定的原则和方法,将文本集合中内容相似的文本聚为同一类的过程。同一类的文本相似度较大(且相似度越大越好)。不同类的文本相似度较小(且相似度越小越好)。与文本分类不同,文本聚类是一种无监督机器学习法(Unsupervised Machine Learning Method),不需要训练集的支持。由于文本聚类不需要事先对文本进行手工标注和训练,因此,相比监督学习方法而言,人工投入少,自动化程度比较高,成本也相对低,具有更高的灵活性。由于文本聚类事先没有给定主题,聚类结果完全是由计算机算法自动得出的,因此,与分类相比,聚类可以让人们发现事先没有考虑到的问题。经过科学家们的持续努力,文本聚类在文章自组织、自动文摘、消费者行为分析、网络热点话题挖掘等领域得到了较为广泛的应用,也取得了一些具有实践意义的成果。比如,哥伦比亚大学开发的文档自动文摘系统 Newsblaster[1],可以自动抓取主流新闻网站的重要新闻,通过计算机程序对新闻文本进行自动聚类,同时,结合冗余信息消除、信息融合等处理技术,自动对同主题的新闻生成摘要。

文本聚类是对文本的处理,文本的组成要件是字、词、短语、句子和段落。在汉语中,单个的汉字一般无法独立表达意思,通常情况下不是处理对象。要使得计算机能够尽量准确且高效地处理文本,就必须找到能够准确表示文本的主题、所属领域等属性的方法,而且,要具备对不同文档的区分能力。目前,文本特征表达最常使用的就是向量空间模型。但是,文本中不同的词对文本特征的贡献度是不同的,因此,首先需要将文本中无法表达文本主题的词(停用词)去掉,将剩下来的和主题有关的词赋予不同的权重,重要的词赋予高的权重,反之亦然。词的权重常常用 TF – IDF(词频—逆文本频率指数)来计算。

为了简单、方便地表达文本向量,文本聚类研究中常用词袋(Bag of Words,BOW)模型表示文档主题。词袋模型将文档视为词的集合,忽略这些词在文档中的词性、次序、语法等信息,通过词袋模型将文档转化为 N 维向量,并构造出整篇文档的词语矩阵,从而将非结构化的文档转化为可以计算的模型。

文本聚类的一般过程如图 6 – 1 所示。

---

[1] Mckeown K R, Barzilay R, Evans D, et al. *Tracking and summarizing news on a daily basis with Columbia's Newsblaster* [C]// International Conference on Human Language Technology Research. Morgan Kaufmann Publishers Inc. 2003:280 – 285.

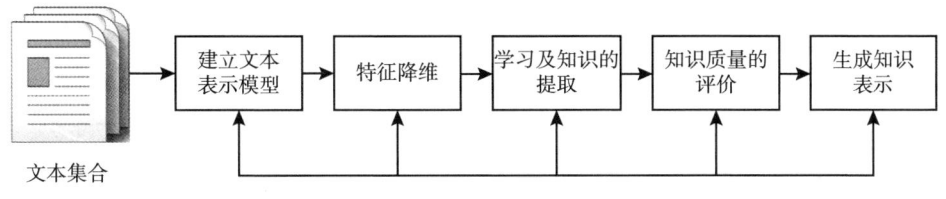

图6-1 文本聚类的一般过程

资料来源：孟宪军. 互联网文本聚类与检索技术研究［D］. 哈尔滨：哈尔滨工业大学，2009.

由于文本是非结构化的，要让计算机处理文本，第一步就要把文本转化为计算机可以处理的数字。采用的方法是对文本集中的文本进行特征表示，建立文本特征模型，把非结构化的文本表示成计算机能够处理的结构化的形式，一般采用向量空间模型（Vector Space Model，VSM）来表示文本特征。但是，在文本特征选取时，刚开始选取的特征向量往往具有很高的维数，高维特征向量不仅增加了计算工作量，而且大量的噪声干扰会极大地影响聚类结果的准确度，所以，通常需要对文本特征向量进行降维（Dimensionality Reduction）处理。所谓降维，就是按照一定的规则，从海量特征中选出部分最重要的特征来表示文本，然后，采用一种或几种文本聚类算法，对文本特征进行计算，将相似文本聚为一类，并反复迭代，直到满足用户（或系统）设定的某个标准为止。但是，这样得到的聚类结果不一定是科学合理的，因此，还需要使用一些聚类质量评价指标对聚类结果进行评价。

文本聚类的目的是进行文本挖掘，发现文本中隐含的、尚不为人知的知识。文本聚类是数据挖掘中聚类研究的一个子领域，是一门涵盖信息检索（Information Retrieval，IR）、自然语言处理（Natural Language Processing，NLP）、机器学习（Machine Learning，ML）、统计学（Statistics）等多门学科的综合、交叉性学科。随着大数据时代的到来，从海量文本中挖掘潜在价值成为学者和产业界人士关注的焦点，人们对文本聚类的研究方兴未艾。

文本聚类的算法有多种，但没有任何一种聚类算法可以普遍适用于揭示各种多维数据集所呈现出来的多种多样的结构（Sambasivam S，2006）。算法之间也常有重叠，很难对算法做一个清晰、统一的划分。目前，比较公认的聚类算法的划分如图6-2所示。

目前，学术界比较公认的文本聚类算法主要包括以下五大类（R. Ng & J. Han.，1994）：划分法（Partitioning Methods）、层次法（Hierarchical Methods）、基于网格的方法（Grid - Based Methods）、基于密度的方法（Density - Based Methods）和基于模型的方法（Model - Based Methods）。

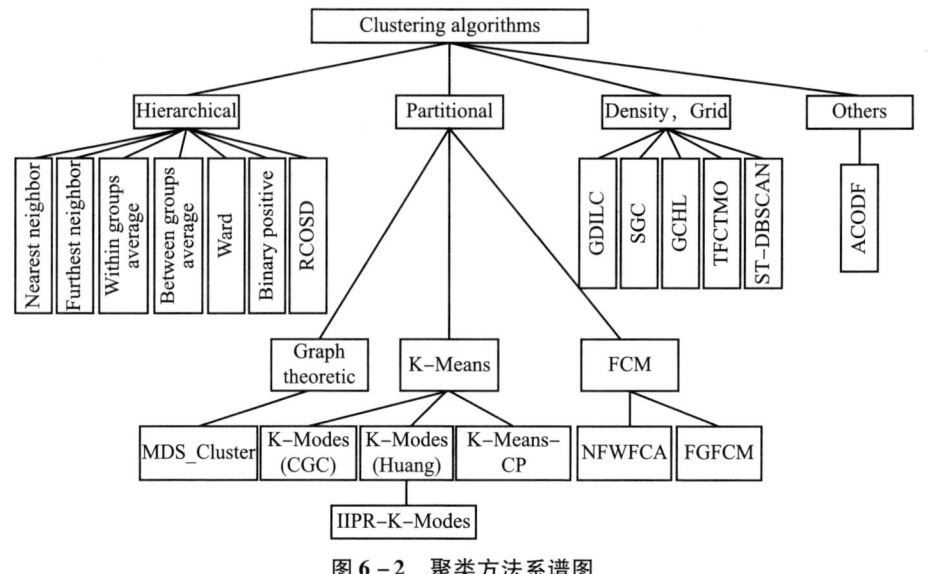

图 6-2　聚类方法系谱图

资料来源：孙吉贵，刘杰，赵连宇. 聚类算法研究 [J]. 软件学报，2008，19（1）：48-61.

6.3　划　分　法

划分法（Partitioning Methods）是最常用的聚类算法。划分法的基本思路是给定一个包含 N 个元组的数据集，通过算法构造 K 个分组（$K<N$），每个分组就是一个类，从而实现对 N 个元组的聚类。这 K 个分组须满足以下条件。

（1）每一个分组包含一个或一个以上的元组。

（2）N 个元组中的每一个都属于且仅属于 K 个分组中的一个，不过，在某些模糊聚类算法中，该要求可以适当放宽。

绝大部分的划分法都是基于距离的，即基于文本的向量空间距离。划分法首先对文本集进行粗分，然后，反复进行迭代和重定位，将元组不断从一个类重新划分到另一个类，不断改进分组，且每次改进后的分组都比前一次的更加收敛（即与前一次相比，聚在同一类的元组之间的相似性更大，不同类之间的元组差异性更大）。

从理论上来说，为了获得最优分类，需要穷举所有可能的划分，在文本属性多、文本向量又比较稀疏的情况下，计算量是非常之大的。为了获得结果与成本之间的平衡，研究人员普遍采用启发式算法，从一个点开始，逐步提高聚类质量，不断逼近局部最优解。启发式聚类算法特别适用于发现中小规模数据库中的球状簇。主流的启发式聚类算法包括 K-means 算法、K-medoids 算法和 Clarans 算法等。

其中，K-means 算法是最典型的基于距离的聚类算法，也是目前使用最广泛的聚类算法。主流的观点认为，K-means 算法是由麦奎因（MacQueen，1967）提出的，但其实在麦奎因之前，斯坦豪斯（Steinhaus，1955）、劳埃德（Lloyd，1957）、鲍尔和霍尔（Ball & Hall，1965）等在其各自的研究领域都曾提出与 K-means 思想相同或相似的聚类算法。目前，K-means 算法被广泛应用到各个研究领域，并发展出很多改进算法。"K-means" 中的 "K" 表示类别的个数，"Means" 表示数据集中数据的均值，因此，K-means 算法是一种利用均值对数据点进行聚类的算法。K-means 算法将距离作为数据点相似性的判断标准，认为距离越近的数据点，相似度就越大，距离越远的数据点，相似度就越小。距离相近的数据点聚类后得到 "簇"，因此，K-means 算法把得到内部数据紧凑、但相互之间相对独立的 "簇" 作为聚类的最终目标。

K-means 算法首先要指定 K 个初始类聚类质心点（Cluster Centroids），以这些质心点来得到初始的 K 个聚类的簇，然后以此为基础进行反复迭代。因此，这些初始的 K 个点的选择对聚类过程的计算量和聚类质量有很大的影响。因为如果这 K 个点选择的不好，比如，这 K 个点中的若干个点过于相似或有大量的类落在 K 个点集合之外，就需要增加迭代次数来不断更新聚类中心点直至收敛。K 值的选择没有固定的方法，需要人工来事先指定，一般是有经验的人根据实际业务的需要，或通过层次聚类法（Hierarchical Clustering）获得文本集合的类别数量作为 K 值选取的参考。不难看出，选择较大的 K 值可以减小误差，但会增加过拟合（Over Fitting）的风险。

在文本分析中应用 K-means 算法的基本实现包括以下过程。

第 1 步：从包含 N 个文本的集合中随机选择 K 个文本作为初始的 K 个类的质心点。

第 2 步：通过计算文本向量之间的相似度，计算剩下的每个文本向量到每个质心点的距离，并将其划分到与其距离最近的质心点所属的类。

第 3 步：重新计算上一轮已经更新过的各聚类的质心点（通过计算该聚类中所有对象的均值得到）。

第 4 步：重复第 2 和第 3 步，直至新的质心与原质心相等或小于某个指定的阈值（即标准测度函数①开始收敛）为止，迭代结束。

由上述分析可以看出，K-means 算法逻辑简单，实现起来也比较容易，这也是其成为当前最广泛使用的聚类算法的主要原因所在。但是，K-means 算法也有很明显的缺点。

（1）在 K-means 算法中，K 值常常是人为事先设定的，有很大的主观性，常常是不准确的。在很多情况下，事先并不知道给定的文本集合应该分成几个类别才最合适，一般都是根据专家的经验或者粗糙的层次聚类法得到一个大概的数值。为了解决此问题，研究者们提出了大量的启发式和贪婪准则来选择 K 值，最具代表性的就是令 K 值逐渐增加，比如从 1 开始，每次增加 1，一直增加上去。最初的时候，由于 K 值较小，聚类的分裂（即聚类数目的增加）会使 J 值快速减小。但是，但当 K 值增加到一定大小的时候，J 值减小的速度会变缓，直到 K 值与样本总数 N 相等时，J 降为 0，这意味着每个样本都自成一类，每个样本自己就是聚类的中心点。如图 6-3 所示，曲线表示 K 值和 J 值之间的关系，A 点是曲线的拐点，对应接近最优的 K 值，最优的 K 值是通过对 J 值的计算量、减小量和分类效果等因素综合权衡得到的。实际应用中，对同一数据集，经常取不同的 K 值，分别运用 K-means 算法进行聚类，得到不同的结果。然后，由领域专家从中选择最有意义和价值的聚类结果。

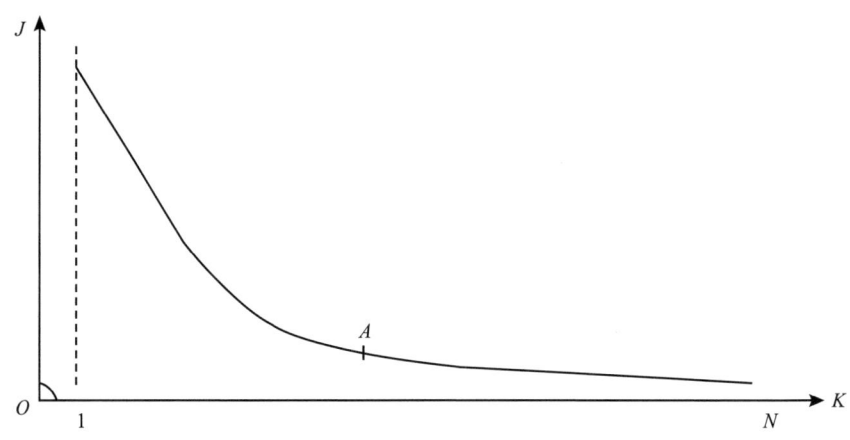

图 6-3 J 值与 K 值之间的关系曲线

---

① 一般采用均方差作为标准测度函数。

但是，并非在所有的情况下都能找到 K 值和 J 值关系曲线的拐点，如果找不到曲线拐点，就无法确定 K 值。为此，鲍尔和霍尔（1965）提出"迭代自组织数据分析算法"（Iterative Self-organizing Data Analysis Techniques Algorithm，ISO-DATA），对 K 值的选择进行改进。该算法在运算过程中，聚类中心点的数目是可变的，需反复修改，以得到比较合理的 K 值，对 K 值的修改通过聚类的分裂和合并实现。

（2）在 K-means 算法中，首先要根据初始聚类的中心点确定初始划分，然后，通过迭代对初始划分不断进行优化。不同的初始聚类得到的最终聚类结果有可能不同，因此，初始聚类中心点的选择对最终的聚类结果有很大影响。如果初始聚类中心点没选择好，会严重影响聚类的质量，有时甚至得不到合理的聚类结果。有研究者利用遗传算法对该问题进行了改进，获得了一定的效果。不过，有不少学者认为，最小化总距离平方和 $J(C)$ 值和对应的聚类划分是一个自然语言处理中难以优化的问题，因此，K-means 聚类算法更应该采用贪心算法（Greedy Algorithm）。

目前，汉森（Hansen，2005）等提出的随机重启动 K-means 聚类算法在初始聚类中心点的选择上应用较多；王（Wang，2011）等提出使用最大最小原则来选取初始聚类中心点；此外，模拟退火法、生物遗传法等算法也被应用于 K-means 算法初始聚类中心点的选择。各种算法的优劣不一而足，佩纳（Pena，1999）曾对初始聚类中心点选取的各算法进行过比较。

（3）在 K-means 算法中，需要不断地计算文本与质心之间的距离，根据计算结果不断地调整聚类，当文本量很大时，计算量是非常大的。因此，在大数据量的情况下，需要分析算法的时间复杂度，并进行算法改进。K-means 聚类算法使用欧式距离（Euclidean Distance）度量元组间的相似度，计算各点到其所属类别的质心的距离平方和。因此，K-means 聚类算法得到的聚类都是球形或类球形的。实际上，欧式距离是闵可夫斯基距离（Minkowski Distance）在 $m=2$ 时的特例，即 L2 距离。在采用 Lm 距离进行 K-means 聚类时，最终类中心应该是每一类的 m 中心向量。卡什玛（Kashima，2008）使用 L1 距离，最终聚类中心是每一类的中位向量。对于一维数据集 $X=\{x_1, x_2, \cdots, x_i, \cdots, x_n\}$ 而言，中位数 M 比均值 x 对异常数据有更强的抗干扰性，聚类结果受数据中异常值的影响较小。毛和杰恩（Mao & Jain，1996）提出使用马氏距离（Mahalanobis Distance），但计算时间开销太大。林德（Linde，1980）提出使用 Itakura–Saito 距离、班纳吉（Banerjee，2004）提出使用 Bregman 差异作为距离度量，这些方法在克服局部最优、类别之间的线性分离、线性时间复杂度等方面具有一定的优势(王千,王成,冯振元,2012)。

K-means 算法的计算量比层次算法小,适用于中小规模的样本数据集的计算,适用于发现球状聚类。但是,由于初始值的选择对聚类结果的影响较大,有时会陷入局部最优解。

6.4 层 次 法

层次法(Hierarchical Methods)也称为系统聚类法,也是最常用的聚类方法之一。与划分法不同,层次法并不事先指定质心,而是先计算样本之间的距离(Dissimilarity),每次将距离最近的点归入同一个类;然后,计算类与类之间的联系程度(Linkage),将联系程度最大的类合并;这样反复合并,直到最终合成一个类。

有两种类型的层次聚类法:"聚合法"(Agglomerative Hierarchical Method)和"分裂法"(Divisive Hierarchical Method)。

(1)聚合法。聚合法也称为"自下而上法",一开始,将每个样本都作为单独的一类,然后根据类之间的联系程度,合并相近的类,直至所有的类合并成一个类。

(2)分裂法。分裂法也称为"自上而下法",一开始,将所有的样本视为一个类,然后通过反复迭代,不断地分出更小的类,直到每个样本单独成为一个类。

在上述两种方法中,聚合法的使用更为广泛和成熟,而分裂法由于不好指定合适的分裂规则,因而用得不多。

类与类之间联系程度的计算方法有最短距离法(Single Linkage Method)、最长距离法(Complete Linkage Method)、中间距离法(Centroid Linkage Method)、平均距离法(Average Linkage Method)和沃德法(Ward's Method)等。

(1)最短距离法。合并两个类时只看两个类中最近的点,不考虑其他点,聚出的类呈现链状。因此,最短距离法适合于条形甚至 S 形的类,聚类结果对相异度的单调变换不变。

(2)最长距离法。合并两个类时只看两个类中最远的点(差异最大的点),不考虑其他点。最长距离法可以避免出现链状类,但由于其只考虑两个类中差异最大的点,故聚类效果受异常点的影响严重,其聚类结果对相异度的单调变换不变。

(3) 中间距离法。先分别计算各个类的中心点,再计算各个类的中心点之间的距离。

(4) 平均距离法。计算两个类中所有点之间的距离,求这些距离的平均数作为两个类之间的距离。该方法可以视为是对最长距离法和最短距离法的平衡,但是,当相异度进行单调变换时候,基于平均距离的聚类结果会发生变化。

(5) 沃德法也称为离差平方和法。该方法分别计算每个类内各点到其重心(一般用均值表示)的离差平方和 W_i[①],然后,将所有的点合并为一个大类,计算该大类的离差平方和 Wv,则类 x 和类 y 之间的平方距离可定义为 $D(x, y) = Wv - Wx - Wy$。离差平方和法使得两个小类之间的距离较小,两个大类之间的距离较大。因此,在离差平方和算法下,大类不容易合并,小类相对更容易合并。

进入 21 世纪后,随着人们对聚类的需求越来越强烈,研究者们也尝试对传统聚类算法进行改进。其中,以格尔巴德(Gelbard, 2007)的正二进制(Binary - Positive)算法和库马尔(Kumar, 2007)的连续数据的粗聚类算法(Rough Clustering of Sequential Data, RCOSD)表现较为突出。

(1) 正二进制算法。将待分类数据以正二进制形式存储于一个二维矩阵中,其中,行表示对象,列表示对象各属性的可能取值。取值只有 1 或 0 两种,1 表示此对象有对应的属性值,0 表示此对象没有对应的属性值。对象之间的相似性(距离)计算只在取值为 1 的对象之间进行。正二进制算法的具体测量方法由多种,如 Dice 距离法等(Gelbard R & Spiegler I, 2000)(Zhang B & Srihari SN, 2003)。

(2) 连续数据的粗聚类算法。该算法是针对连续数据集的层次聚类算法,主要应用于 Web 挖掘领域。算法基本思想是寻找能捕捉数据序列的连续信息及内容信息的一个特征集,并把这些特征集映射到一个上近似空间(Upper Approximation Space),应用约束相似性上近似技术获得粗类簇的上近似,其中,一个元素可以属于多个类簇。该算法每一次迭代可以合并两个或多个类,加快了层次聚类的速度(Kumar, 2007)。实验结果表明,与使用序列向量编码的传统层次化聚类算法相比,RCOSD 聚类算法是可行的。算法给出的描述方法能够帮助 Web 挖掘者鉴别潜在的有意义的用户组(王千,王成,冯振元,2012)。

---

① 也称为平方欧式距离和。

6.5 密度算法

基于距离的聚类算法由于是按照距离的长短（不管用什么方法来衡量距离）来决定数据所属的类别，因此，有一个很显著的缺点：只能发现"类圆形"的聚类。为了克服这个缺点，人们发明了基于密度的聚类方法（Density – Based Methods）。该聚类方法的指导思想是：如果一个区域内数据点的密度大于某个设定的值，就把这个区域加到与之相邻的聚类中去。基于密度的算法有很多，比如DBSCAN算法、OPTICS算法、DENCLUE算法等。

6.5.1 DBSCAN算法

DBSCAN（Density – Based Spatial Clustering of Applications with Noise）聚类算法是一种基于高密度连通区域的聚类算法，用于寻找被低密度区域分隔的高密度区域，能够将具有足够高的密度的区域划分为簇，并在具有噪声的数据中发现任意形状的簇，因此，DBSCAN算法生成的簇没有固定形状。DBSCAN算法除了可以实现聚类效果，还可以用于寻找数据集中的噪声，这是传统聚类算法做不到的。

DBSCAN算法中使用基于中心的方法来定义密度，常用欧氏距离衡量点的密度。DBSCAN算法中定义了两个参数：r 和 $minPts$。对于任一数据点，在其 r 邻域内包含的数据点的数量（包括其自身）就是密度；$minPts$ 则是算法中用到的阈值。

在基于DBSCAN的算法中，有以下几个关键的概念。

（1）核心点：位于稠密区域内部的点，该点的 r 邻域（半径）内至少包含 $minPts$ 个点。

（2）边界点：落在稠密区域边缘上的点，该点在核心点的邻域内，但不是核心点。

（3）噪声点：处于稀疏区域中的点，既不是核心点也不是边界点。

（4）直接密度可达：若某点 p 在点 q 的 r 邻域内，且 q 是核心点，则称 p 从 q 出发直接密度可达。

（5）密度可达：若有一个点的序列 $q_0, q_1, \cdots, q_k$，对任意 q_i 从 q_{i-1} 出发是

直接密度可达的，则称从 q_0 到 q_k 密度可达。

（6）密度相连：若从某核心点 q 出发，点 p 和点 k 都是密度可达的，则称点 p 和点 k 是密度相连的。

DBSCAN 算法如图 6-4 所示。

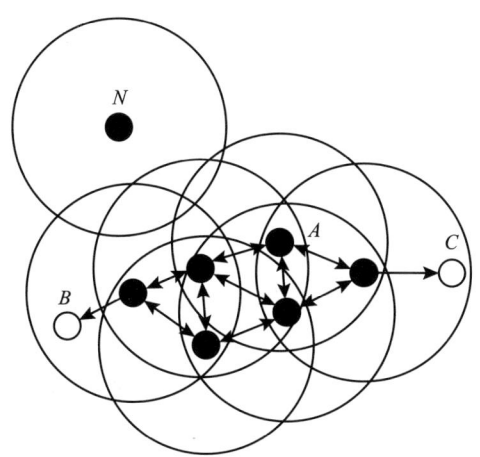

图 6-4　DBSCAN 算法的图形化表示

假设 minPts 为 3，r 为图中圆圈的半径（图中圆圈的半径都相等），算法从 A 点开始，（假设）经计算 A 为核心点，则将点 A 及其邻域内的所有 4 个点归为类 M，接着，尝试扩展类 M。查询可知，类 M 内所有的点均为核心点，故皆具有扩展能力，此时，点 C 也被划入类 M。在递归扩展过程中，查询得知，C 不是核心点，类 M 不能从点 C 处扩展，则 C 为边界点。在经过若干次的扩展后，类 M 不能再扩展，此时形成的类为图中除 N 外的所有的点，则点 N 为噪声点。

DBSCAN 算法是基于密度的，所以，抗噪声性能相对较好，也不用事先决定需要将数据集分成几类，而且，能处理任意形状和大小的数据集。但是，DBSCAN 算法不适合定义高维数据点的密度，也不适合高维数据的聚类分析，但适合二维空间数据点的聚类分析。DBSCAN 算法需要事先确定（通常是凭经验主观判断）r 和 minPts 两个参数，若选取不当，会严重影响聚类质量。而且，r 和 minPts 两个参数是全局唯一的，当数据集密度不均匀、聚类间距离相差较大时，聚类结果可能不理想。比如，当 r 较大时，本来不属于同一个的簇的点会被聚到同一个簇中；当 r 较小时，会出现大量包含少量数据点的簇，同时，会有大量的点不满足成为核心点的要求，且 minPts 越大越容易出现这种情况（时延军，2015）。

6.5.2 OPTICS 算法

在 DBSCAN 算法中，需要人工指定两个初始参数：邻域半径 r 和 r 邻域最小的点数 minPts。这两个参数是依据人们的经验来确定的，具有很大的主观性。而且，这两个参数的选取对聚类结果的质量影响很大，这其实也是几乎所有需要设置初始参数的聚类算法的共同弊端。此外，在真实世界中，数据集常常表现出高维特性，具有倾斜分布，DBSCAN 算法所指定的全局密度参数并不能刻画高维数据集的内在聚类结构，因此，DBSCAN 算法具有一定的局限性。

为了克服 DBSCAN 算法的上述缺点，研究人员提出了 OPTICS 算法（Ordering Points To Identify the Clustering Structure，通过点排序识别聚类结构）（Ankerst M，et al.，1999）。OPTICS 算法通过扩展 DBSCAN 实现同时处理一组距离参数，是一种自动交互式聚类分析算法。OPTICS 算法并不直接产生聚类的簇，而是为聚类分析提供一个增广簇排序，这个簇排序表示了各样本点基于密度的聚类结构，从这个排序中可以获得基于任何参数 r 和 MinPts 的 DBSCAN 算法的聚类结果。

OPTICS 算法有"核心距离"和"可达距离"两个主要概念。

（1）核心距离（Core – Distance）：核心对象 p 的核心距离是 p 成为核心对象的最小 r'。

（2）可达距离（Reachability – Distance）：对象 q 到对象 p 的可达距离是 p 的核心距离与 p 和 q 之间欧氏距离中的较大值。

如果 p 不是核心对象，则 p 的核心距离以及 p 和 q 之间的可达距离是没有意义的。

OPTICS 算法的基本思想如下（陈燕俐等，2005）：假设对一个给定的数据对象集合 D，进行以下操作。

（1）首先初始化 D 中每个对象的可达距离和核心距离为未定义状态，同时标记为未处理状态。

（2）设有优先队列 SEED，从 D 中取出一个对象 p，若 p 是被处理的对象，则取得 p 的 r 邻域，设置 p 为已被处理，将 p 加入结果队列中。若 p 是一个核心对象，则更新 p 的 r 邻域中所有未被处理的对象的可达距离，同时将那些已经更新但不在 SEED 中的对象加入 SEED 中。SEED 这个优先队列中所保存的对象是按对象的可达距离从小到大排列的。因为每次选择的候选扩展对象都是到当前核心对象具有最小的可达距离，所以采用优先队列来保存候选对象。

（3）对于（2）中得到的优先队列 SEED，当这个队列不为空时，取出该队列的第 1 个对象 q，取得 q 的 r 邻域，标记 q 为已被处理，将 q 加入结果队列中。若 q 是核心对象，那么更新 q 的 r 邻域中所有未被处理的对象。若这个需要更新的对象不在 SEED 中，则更新后将这个对象加入 SEED 中。重复上述步骤直到 SEED 为空时终止。

（4）重复步骤（2）和（3），当 D 中所有的对象都是已被处理的状态时，算法结束。

OPTICS 算法的起点是一个随机选定的对象，然后，向数据最为密集的区域不断扩张，最终将所有的对象组织为一个反映语料结构的可视化序列。但是，由于 OPTICS 算法自身存在策略局限，低密度区域的数据常常被累积在序列末尾。针对此不足，有学者提出了一种有效的结果重组织策略，使稀疏区域的对象能够更合理地与离自己最近的高密度区域的对象相邻。在该策略的基础上，针对文本领域的特点对算法进行局部调整，形成改进的 OPTICS – Plus 文本聚类算法，并在实验中取得了较为理想的效果（曾依灵等，2008）。

6.5.3 DENCLUE 算法

虽然 OPTICS 算法针对 DBSCAN 算法的全局参数做了改进，但 DBSCAN 和 OPTICS 依旧对邻域半径的值 r 比较敏感，因此，研究人员又发明了 DENCLUE（DENsity-based CLUstEring）聚类算法。DENCLUE 聚类算法是基于密度分布函数的算法，它通过计算一系列可观测的数据集来估计与之相关的不可观测数据集的概率密度来实现聚类分析。

DENCLUE 算法的主要思想是：每个数据点在其邻域内的影响用"影响函数"表示；整个数据空间的全局密度函数用所有数据点的影响函数之和来表示；聚类用密度吸引点[①]表示；采用深度优先的搜索算法，把待分析的数据分配到某个密度吸引点所代表的簇中。

假设待聚类的数据集为 D，邻域半径参数为 r，DENCLUE 算法包括以下几个步骤。

（1）对数据点占据的邻域空间计算其密度函数。

---

① 此处的密度吸引点是全局密度函数的局部最大值。

(2) 沿密度最大的方向移动,顺次识别密度函数的最大局部吸引点,将数据集 D 中的每个点关联到一个密度吸引点。

(3) 识别与特征密度吸引点相关联的点构成的簇。

(4) 丢弃与非平凡密度吸引点相关联的簇,即路径小于阈值 r 的簇。

(5) 若两个密度吸引点之间存在密度大于或等于 r 的路径,则合并他们所代表的簇,对所有的密度吸引点重复此过程,直到不再改变时,算法终止。

在 DBSCAN 算法和 OPTICS 算法中,密度的计算方法是统计半径参数 r 所定义的邻域中的对象个数,这种密度计算方法对半径 r 非常敏感。为了减少聚类结果对 r 的敏感度,有些研究者使用核密度估计(Kernel Density Estimation,KDE),把每个观测对象视为其周围区域中高概率密度的指示器,用高斯函数(Gaussian Function)作为核函数。

DENCLUE 算法可以被看作是多种聚类算法的一般化,比如,DBSCAN 算法可以视为 DENCLUE 算法的一个特例。DENCLUE 算法具有一些其他算法所不具备的优点,比如:它可以发现任意形状的聚簇,对于噪声数据点的处理也比较好(相比较其他聚类算法而言)。

但是,DENCLUE 算法比其他类型基于密度的聚类算法的开销更大。DENCLUE 算法一般采用广度优先算法(比如贪心算法)来决定搜索方向,总是选择往局部最优的方向搜索,所以,找到的解不一定是最优的,甚至可能找不到解。DENCLUE 算法在处理高维数据集和包含密度很不相同的簇的数据集时效果不理想。DENCLUE 算法需要设置密度参数作为算法终止条件,这个密度参数对聚类结果有较大的影响。

6.6 网格算法

基于网格的算法(Grid – Based Methods)将数据空间向量划分为若干个单元(Cell)的网格结构,算法过程以单个的单元为对象。网格算法的计算时间与数据对象的数量和数据的输入次序都无关,只与数据空间被划分出的单元数目有关,因此,处理速度很快。不过,数据空间单元的划分对聚类的质量和准确性有较大的影响。经典的网格聚类算法主要有 STING(Statistical Information Grid)算法、CLIQUE(Clustering In Quest)算法、小波聚类(Wave Cluster)算法等。

(1) STING 算法。STING 算法是一种基于网格的多分辨率聚类算法,该算法将数据空间划分成多个方形区域，每个区域对应不同的分辨率。STING 算法的网格结构有利于数据的并行处理和增量更新，因此，具有高效率、低时间复杂度的特点。但是，该算法聚类的质量受网格结构最底层的粒度的影响较大（Wang W，Yang J，Muntz R，1997）。

（2）CLIQUE 算法。CLIQUE 算法结合了网格和密度聚类的思想，能处理大规模高维度数据集。但是，由于 CLIQUE 方法简单，聚类结果的精确性可能会降低（Yao X，1999）。

（3）Wave Cluster 算法。Wave Cluster 算法以信号处理的有关思想为基础，也是一种多分辨率的聚类算法。该算法先在数据空间上增加一个多维网格结构来汇总数据；然后，用一种小波变换来变换原特征空间；最后，在变换后的空间中找到密集区域。Wave Cluster 算法可实现并行化，计算速度很快（Yao X，Liu Y，1997）。

此外，国内外研究者基于经典网格聚类算法，发展出多种网格聚类的改进算法，主要有 STING + 算法、SCI 算法（Hsu Chih – Ming，2004）、MAFIA 算法（Agrawal R，Gehrke J，GunoPulos D，et al.，1998）、ENCLUS 聚类算法（Cheng C – H，Fu A W，Zhang Y，1999）、DCLUST 聚类算法（Zhang Ji，Hsu W，et al.，1995）等。

6.7　基于模型的算法

随着数据量和文本数量的持续增加，人们对于数据挖掘和文本挖掘的需求也在不断增加，对高维数据（High-dimensional Data）的分析需求也越来越强烈。与传统的文本分析相比，处理高维数据需要解决更多的难点。比如，高维数据具有稀疏性，维数太高会造成数据处理的复杂度和计算量呈指数增长，造成"维数灾难"。因此，一些传统的文本分析算法在处理高维数据方面普遍存在短板。为此，人们研究出了一些专门用于分析高维数据的方法，比如，降维（Dimension Reduction）和子空间聚类（Subspace Clustering）等，其中，降维又包括特征提取（Feature Extraction）和特征选择（Feature Selection）两种方法。

前面已经论及，特征提取和特征选择是两个不同的概念：经过特征提取后的新特征是原特征的一个映射，主要方法有主成分分析（Principle Components Analysis，PCA）和线性评判分析（Linear Discriminant Analysis，LDA）等；而特征选择一般包括特征子集产生、评价函数生成、停止准则和验证过程四个部分，经过特征选择后的特征是原来特征的一个子集。

还有一类基于模型（Model-Based Methods）的聚类算法也逐渐发展起来。基于模型的聚类算法假定目标数据集是由一系列的概率分布所决定的，因此，为每一种聚类方法专门设定一个模型，然后，寻找适用于这个模型的数据集。基于模型的聚类方法有基于概率统计的方法和基于神经网络的方法等。

（1）基于概率统计的方法。基于概率统计的方法包括布朗词聚类算法（Brown, Desouza, Mercer, et al., 1992）、基于长距离二元模型的词聚类算法（Bassiou, Kotropoulos, 2011）、基于词相似度的聚类算法等方法。布朗词聚类算法的基本思想是：随机地尝试合并两个词类，计算互信息的变化，将使互信息损失小的两个词类合并；基于长距离二元模型的词聚类算法是一种基于概率潜在语义分析（Probabilistic Latent Semantic Analysis）和线性插值长距离二元模型的词聚类方法。基于词相似度的聚类算法主要是对比分析两个词在训练语料中所处的语言环境，若这两个词所处的语言环境总是很相似，则可以判断这两个词彼此之间的相似度很高。（袁里驰，2016）

（2）基于神经网络的方法。基于神经网络的聚类是将每一个聚类视为一个"标本"，但这个"标本"不需要和某个具体的实例相对应。通过计算实例与这个"标本"之间的距离，将距离最近的实例划归到其对应的那个"标本"的类别中。最常用的是基于竞争学习（Competitive Learning）的自组织神经网络（Self-Organizing Maps, SOM）方法。自组织神经网络其实是一种只有隐含层的神经网络，隐含层中的每一个节点都代表一个需要聚成的类。计算时，采用"竞争学习"的方式，在隐含层中找到和输入样例匹配度最高的每一个节点，即"激活节点"（Winning Neuron）。然后，用随机梯度下降算法（Stochastic Gradient Descent Algorithm）更新激活节点的参数；同时，对于与激活节点临近的其他节点，依据它们与激活节点的距离更新参数。

6.8 图论聚类算法

1736年，瑞典数学家欧拉（Leornhard Euler）创造性地用图论（Graph Theory）的方法解决了柯尼斯堡（Konigsberg）七桥问题，自此，图论成为数学的一个新的分支。在现实世界中，很多问题都可以转化为图论问题加以解决，因此，图论为人们解决问题提供了一种简单、系统的方法。计算机出现后，图论算法得到了进一步的发展,目前,图论算法在计算机科学中扮演着非常重要的角色。在文本分析领域,有些研究者也尝试用图论的方法来实现文本的聚类。

图论聚类方法的基本思想是将文本以及文本与文本之间的关系转化为图中的节点以及节点与节点间的关系。用图论方法解决文本聚类问题的第一步是建立与待分析文本相对应的图。文本用节点表示,文本与文本之间的相似度用对应的节点之间边的权值表示,簇用图的连通分支表示。

图论分裂聚类算法的主要思想是:构造一棵关于数据的小生成树(Minimal Spanning Tree,MST),通过删除最小生成树的长边来形成类(Jain,1999)。李(Li,2007)提出一种基于大 θ 距离子树的聚类算法 MDS_CLUSTER,使用阈值剪枝,剪掉小生成树中所有长度大于阈值的边,从而生成大 θ 距离子树集,其中每个大 θ 距离子树的顶点集正好形成一个类。该算法的特点是能发现任意形状非重叠的类,只要简单说明一个参数,该参数系指每个类中至少应包含的元素个数;该算法还能提供一个分层体系结构中几个主要的类层次,这不同于由传统层次聚合方案所生成的包括所有层次的分层体系结构。此外,该算法还能将小类中的元素作为数据集中的奇异值检测出来,如果奇异值数量相对大,则将这些奇异值合并成一个新类(称为背景类)。(孙吉贵等,2008)

基于图论的聚类算法主要有随机漫步(Random Walk)分割算法、AUTOCLUST 算法、Chameleon 两阶段聚类算法等。

(1) Random Walk 算法。Random Walk 中文称为随机漫步、随机游走或随机游动,是随机过程(Stochastic Process)的一个重要组成部分,是基于图论分割方法的一个重要分支。Random Walk 模型最早由数学家卡尔·皮尔逊(Karl Pearson,1905)提出,后来波利亚(Polya,1922)在其基础上发展出基于图的 Random Walk 模型。基于图的 Random Walk 是指随机游走者(Random Walker)从某个节点开始,一步步地在整个图中游走,每一步都是从当前节点随机地游走到一个相邻节点中。Random Walk 在现实世界中有很多实例,比如气体分子的运动轨迹、花粉的布朗运动轨迹等。Random Walk 是扩散过程的基础,已经被成功地应用到数学、物理、化学、经济等学科领域。也有研究者将 Random Walk 应用到信息检索、数据挖掘等领域,并已取得了一些成果。比如,曾对搜索引擎的质量改进起到革命性影响的 HITS(Kleinberg J,Papadimitriou C,Raghavan P,1998)算法和 PageRank 算法(Page L,Brin S,Motwani R,et al.,1999)算法,都是建立在 Random Walk 算法基础之上的。

(2) AUTOCLUST 算法。AUTOCLUST 使用 Voronio 图和 Delaunay 三角网的思

想。沃罗诺伊（G. Voronoi，1908）最早在数学上限定了每个离散点数据可以有效反映区域信息的范围，同时定义了二维平面上的 Voronoi 图，即"V 图"。后来，德劳奈（B. Delaunay，1934）在 Voronoi 图的基础上设计出更易于理解和使用的 Delaunay 三角网，即"D 三角网"。从此，Voronoi 图和 Delaunay 三角网作为研究区域离散数据的有力工具被广泛采用（张宏，2006），在地理信息系统、计算机视觉和有限元分析等研究领域有广泛的应用。

AUTOCLUST 算法一般分以下三个步骤。

步骤一：构建 Delaunay 三角网，删除所有存在于短边集合和长边集合中的各个边，形成各簇的粗糙边界；

步骤二：恢复并调整短边集合中的各边；

步骤三：扩大邻近点的范围，将范围扩展到与当前点的路径长度小于或等于 2 的所有点，再使用与该点相连的边的均值进行调整，寻找不同区域间的连接边。

AUTOCLUST 算法用平均值和标准方差来模拟需要的参数变量，因此，不需要用户事先输入参数。但 AUTOCLUST 算法不能识别密度渐变的抽象簇，处理障碍约束不灵活，计算量很大。特别是在步骤三中，将邻近点的范围扩大到路径长度小于或等于 2 的点的范围时，计算量会显著增加。后来，研究者对 AUTOCLUST 算法进行了改进，在其基础上增加了处理障碍约束的能力，发展成 AUTOCLUST + 算法（Estivill – Castro V & Lee I，2000）。

（3）Chameleon 两阶段算法。Chameleon 两阶段算法（Karypis G，Han E H，Kumar V，1999）是一种在层次聚类中采用动态模型的通用聚类算法。Chameleon 两阶段算法的主要思想是利用图划分算法，将数据对象划分成若干子簇，然后，用一个凝聚的层次聚类算法反复合并子簇，来找到最终的结果簇。Chameleon 两阶段算法擅长发现任意形状的簇，在生物信息学领域有较多的应用。

Chameleon 两阶段算法的基本实现思路如下：

第一阶段：构造一个 K 最临近图——G_k，在 G_k 中，数据点之间的关系是通过带权重的边来描述的，边的权重表示数据点间的相似程度。然后，通过分图算法，将 G_k 图分解为若干个子簇，子簇之间无连接。这些子簇用作聚类的初始子簇。

第二阶段：合并初始子簇，得到聚类的最终结果。常用的子簇合并方法有阈值法和函数法两种。

实验和实践表明，与一些传统的文本聚类算法相比，Chameleon 两阶段算法在发现高质量的任意形状簇方面有更强的能力（黄文江，李翔，林祥，2010）。

6.9 聚类效果评价

以上所述的聚类算法可归纳见表6-1。

表6-1　　　　　　　　　　聚类算法归纳

类别	主要算法
划分方法	K-means（K均值）、K-Medoids（K中心点）、Clanrans（基于选择的算法）
层次分析方法	BIRCH（平均迭代规约和聚类）、CURE（代表点聚类）、CHAMELEON（动态模型）
基于密度的方法	DBSCAN（高密度连接区域）、DENCLUE（密度分布函数）、OPTICS（对象排序识别）
基于网格的方法	STING（统计信息网络）、SLIOUE（聚类高维空间）、Wave-Cluster（小波变化）
基于模型的方法	Statistics（统计学）、Neural Network（神经网络）

为了验证聚类的有效性和准确性，需要对聚类结果进行评价，主要考察：类别划分的数目是否正确，即将数据集划分为 n 个类别，这个值 n 是否符合实际情况或人们的认知；每个类别中的数据的准确率和召回率；不同的聚类方法对同一数据集的聚类结果的比较等。

对于聚类结果的评价，目前，有三大类方法：外部评价法（External Criterion）、内部评价法（Internal Criterion）和相对评价法（Relative Criterion）（Halkidi M，2001）（杨燕，2008）。

1. 外部评价法

将聚类结果与另一种方法所得到的聚类结果或者真实的类别划分相比较，进而评价本方法的聚类质量。具体有 Purity 评价法、RI（Rand Index）评价法、F-measure 评价法、Entropy 评价法等。

（1）Purity 评价法。Purity 评价法原理很简单，只需要计算正确聚类数目占总数的比例即可。计算方法为

$$\text{Purity}(X, Y) = \frac{1}{n} \sum \max |x_k \cap y_k|$$

式中，$X = \{x_1, x_2, \cdots, x_k\}$ 是聚类集合，其中，x_k 表示的是第 k 个聚类的集合；$Y = \{y_1, y_2, \cdots, y_j\}$ 是文档集合，其中，y_j 表示的是第 j 个文档；n 表示的是文档的总数。

Purity 方法的最大优点在于原理简单，实现容易。Purity 值为 0~1，聚类结果完全正确时，Purity 值为 1；聚类结果完全错误时，Purity 值为 0。但是，Purity 评价法无法对退化的聚类方法给出正确的评价。比如，当聚类算法把每篇文档都单独聚成一类时，Purity 评价法会认为所有的文档都被正确分类了，此时，Purity 值为 1，但这样的结果显然是错误的。

（2）RI 评价法。RI 评价法的计算方法为

$$RI = \frac{R + W}{R + M + D + W}$$

式中，R 为应该被聚在一起的两个对象被正确分类了；W 为不应该被聚在一类的两个对象被正确分开了；M 为不应该被聚在一类的对象被错误地聚在了一类；D 为不应该分开的对象被错误地分开了；RI 的取值为 0~1。

（3）F-measure 评价法。在 RI 方法中，将准确率 p 和召回率 r 看的同等重要。但在实际中，有时需要对 p 和 r 赋予不同的权重，此时，就更适合采用 F-measure 评价法。因此，F-measure 评价法可以被视为 RI 方法的一种衍生方法，计算公式为

$$F_a = \frac{(1 + \alpha^2) pr}{\alpha^2 p + r}$$

式中，$p = \frac{R}{R + M}$，$r = \frac{R}{R + D}$。

2. 内部评价法

通过分析聚类算法自身的本质特点来评价其质量。内部评价法常又分为绝对评价法和相对评价法两种。其中，内部绝对评价法主要有 Davis–Bouldin、Dunn、Expected Density ρ 等方法；内部相对评价法主要有 Elbow Criterion、GAP Statistics 等方法。

3. 相对评价法

相对评价法，顾名思义，就是选择结果相对较优的聚类算法。采用相对评价法，一般须事先预定义一个评价标准（常根据经验来定义），分别采用不同的聚

类算法，并设置不同的参数分别进行计算测试，从中选择最优的聚类算法和参数设置。有多种类型的相对评价法，比如 Dunn 指数、DB 指数、改进的 Hubert's Γ 统计、用于层次聚类算法的 RMSSDT/SPR/RS/CD 指数以及 SD 有效性指数等（杨燕，2008），在此不再赘述。

第 7 章 人工智能与网络文本处理

近些年来,以谷歌公司的人工智能机器阿尔法狗(AlphaGo)战胜世界围棋冠军李世石为代表的一系列人工智能领域的突破性事件推动着人工智能(Artificial Intelligence,AI)研究不断获得越来越多的关注。研究人员在算法和硬件的支持下,不断获得理论和实践层面的创新和突破;产业界则积极地探索将最新的人工智能技术应用于生产实践,寄希望于在人工智能技术的帮助下,不断增强企业竞争力,在努力改进现有的产品和服务、巩固现有市场的同时,不断开发新的产品和服务、不断开拓新的市场;政府机构也寄希望于在人工智能技术的帮助下,不断提高政府管理的效率和整个社会的生产力。在多方利益的共同聚焦下,人工智能愈发炙手可热。根据麦肯锡全球研究所(McKinsey Global Institute)(2018)的测算,人工智能在未来十年可以为全球 GDP 的增长贡献 1.2 个百分点;到 2030 年,全球有约 70% 的公司将采用至少一种形式的人工智能来完成或辅助完成工作,且有相当一部分的大公司会采用全系列的人工智能技术;到 2030 年,人工智能可以为全球经济活动增加 13 万亿美元,其贡献率可以与历史上第一次"工业革命"中蒸汽机等变革技术的引入相媲美。

7.1 人工智能的发展历史

对人工智能最早的论述源自 1943 年美国心理学家沃伦·麦克洛克和数学家沃特·皮特斯(Warren S McCulloch & Water H Pitts,1943),他们提出了"神经元数学模型",试图运用逻辑数学工具在神经网络中描述客观事件。1950 年,阿兰·图灵(Alan Turing)提出了著名的"图灵测试",对人工智能进行了描述:"一个人在不接触对方的情况下,通过一种特殊的方式,和对方进行一系列的问答。如果在相当长时间内,他无法根据这些问题判断对方是人还是计算机,那么就可以认为这个计算机是具有智能的"（Alan Turing，1950）。但正式提出"人工智能"一词的人是达特茅斯学院（Dartmouth College）的助理教授约翰·麦卡锡，他认为，人工智能就是"可以制造出智能的机器，尤其是智能的计算机程序的科学和工程。"（John McCarthy，1956）

通俗来说，人工智能就是利用计算机程序来模仿人类的思维方式和认知逻辑。自 20 世纪 50 年代开始，人类就展开了对人工智能的研究。但囿于当时理论、算法和计算机硬件的限制，以及应用场景的不确定，人工智能的相关研究发展非常缓慢，人们对人工智能逐渐失望。到了 20 世纪 70 年代中期，人们对人工智能的研究陷入低谷。

日本在 20 世纪 80 年代初开始了一个创新科研项目，目标是开发一种支持人工智能的新型计算机结构。这个项目让美国人担心在该领域被日本赶超，并促使欧美国家重新重视人工智能的研究和应用，在此期间，出现了 Intellicorp、Symbolics、Teknowledge 等一批能投入使用的人工智能产品。

在同时期的美国，随着数学研究的发展，鲁梅尔哈特（Rumelhart，1986）、威廉斯和辛顿（Williams & Hinton，1986）、勒寸（LeCun，1989）等提出"多层感知机"（Multilayer Perceptron）。多层感知机包含多个隐含层，使得神经网络中的上下层神经元全部相连，能够使用 Sigmoid 等连续函数模拟神经元对激励的响应，在训练算法上采用反向传播算法，能够处理非常复杂的函数，是具有应用价值的神经网络模型。多层感知机模型如图 7-1 所示。

到了 20 世纪 80 年代末，"专家系统"（Expert System，ES）在欧美得到空前关注。由于存在诱人的商业利益，几乎一半的"财富 500 强"公司都在开发自己的"专家系统"。"专家系统"主要是对领域专家的知识和技能进行建模，模拟领域专家解决问题，是人工智能技术的一个分支。但由于人们期望值过高，低估了工作的复杂性。比如，人们只重视专家显性知识的收集，忽略了更有价值的隐性知识；而且，设计、建造和维护这样的一套系统需要付出大量的人力和财力，并需要耗费大量的时间。现实的困难让人们对"专家系统"的研究也逐渐失去了兴趣。

1987 年 6 月 21 日在美国圣地亚哥召开了"第一届国际神经网络学术研讨会"，并宣布"国际神经网络协会"正式成立。在本次会议上，组织者宣告神经网络计算机学科诞生，向 1600 余名与会者展示了科研机构和商业机构设计、开发的与神经网络有关的计算机软硬件产品。之后，此国际会议每年都在全球不同国家举办，对推动神经网络的研究和应用起到了重要的推动作用。

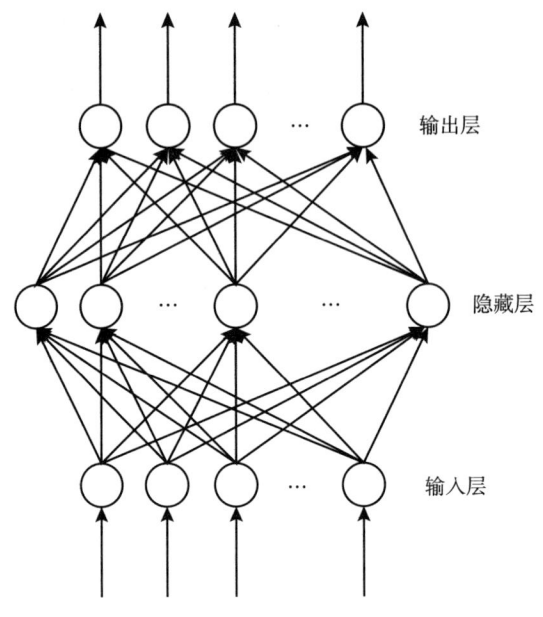

图 7-1 多层感知机模型

资料来源：Rumelhart D E, Hinton G E, Williams R J. Learning Internal Representations by Error – Propagation [J]. *Readings in Cognitive Science*, 1988, 323 (6088)：399-421.

多层神经网络的层数对神经网络模型的准确性具有决定作用，层数越多，即越"深"的神经网络越能逼近对问题的精确解。但是，随着神经网络层数的增加，优化函数越来越容易陷入局部最优解，且远离全局最优解，显然，这是模型设计者不愿意看到的情况。同时，随着层数的增加，如果采用不合适的损失函数（比如 sigmoid），"梯度消失"（Vanishing Gradient）问题越发严重；如果初始化值过大，又有会出现"梯度爆炸"（Exploding Gradient）的问题。

2006 年，辛顿利用预训练的方法部分解决了神经网络的局部最优解问题，并将隐含层扩展到了 7 层①，深层神经网络的研究和应用迈上一个新高度。为了解决"梯度消失"问题，研究者用修正线性单元（Rectified Linear Unit，ReLU）、maxout 等传输函数逐渐代替了 sigmoid，并形成了当前 DNN 的基本结构。2015 年出现的高速公路网络（Highway Network）和深度残差学习（Deep Residual Learning）进一步减少了"梯度消失"问题，同时，使得神经网络的层数增加到 100

---

① Hinton G E, Salakhutdinov R R. Reducing the Dimensionality of Data with Neural Networks [J]. *Science*, 2006, 313 (5786)：504-507.

层以上。比如，深度残差学习的层数达到了152层（He K，2015）（Srivastava R K，2015）。

2006年之后，随着基于多层神经网络的深度学习（Hinton & Salakhutdinov，2006）在理论和算法上的突破，以及计算机硬件技术的发展，特别是大规模并行计算以及图形处理器（Graphics Processing Unit，GPU）① 技术的发展，人工智能研究在理论和硬件支持上获得突破。同时，伴随着互联网和各种应用信息系统的发展，大数据时代到来，海量的数据为人工智能研究提供了必需的"原料"。随着人工神经网络（Artificial Neural Network，ANN）在语音识别（Hinton et al.，2012）和图像分类（Krizhevsky et al.，2012）等领域所表现出来的卓越性能，人工智能的研究和应用不断取得令人瞩目的新成果。2016年3月，结合了监督学习、神经网络和深度学习等技术的AlphaGo打败世界围棋冠军李世石，成为人工智能发展历史上的一个里程碑。

从目前来看，人工智能的主要实现手段是基于多层神经网络的深度机器学习（Deep Machine Learning）。所谓机器学习，就是"一种能够让计算机在无须进行有针对性的编程情况下，自行获得学习能力的学科领域"（Arthur Samuel，1959）。由于研究人员在多层神经网络算法上的突破，为人工智能提供了算法理论基础；CPU及其性能的不断提升，以及并行计算、云计算等技术的不断发展，为人工智能提供了硬件支持；大数据时代的出现，为人工智能提供了数据支持。因此，当前所说的人工智能，主要就是利用大数据进行基于多层神经网络的深度机器学习。

7.2 人工智能涉及的主要技术

人工智能是一个比较宽泛的称呼，涉及计算机科学、控制理论、信号与信息处理、电路与系统（集成电路）、网络通信、复杂系统与智能控制、线性代数、数学、统计学、神经生理学、心理学等诸多学科，涉及面非常广泛。在具体应用时，还需与具体学科知识相结合，比如，具备人工智能的自动驾驶汽车，除了需要以上的一些学科知识外，还需要结合机械、电气工程、能源、法律等学科的知

---

① 图形处理器早期主要应用于图形图像处理，包括2D和3D图像的渲染等。后来，实践证明，图形处理器在浮点运算、并行计算等方面性能优越，其计算性能甚至优于中央处理器（Central Processing Unit，CPU）上百倍。因此，GPU在大数据、人工智能等领域逐步得到广泛应用。

识。因此，人工智能技术并不是指某一项技术，而是一大类技术的综合和统称。

按照发展的进程和应用的深度，人工智能可以分为三种类型。

（1）狭义人工智能（Artificial Narrow Intelligence，ANI），也叫弱人工智能，主要是指能够完成一些基础的、角色型任务的机器或算法，帮助人类实现一些简单工作。比如，目前苹果的 Siri 智能语音助手、亚马逊的 Alexa 聊天机器人以及各类事务助手机器人等都属于这种类型。战胜世界围棋冠军的 AlphaGo 也是弱人工智能的典型代表，因为 AlphaGo 虽然可以战胜世界围棋冠军，但却无法在五子棋比赛中战胜一名小学生，因为 AlphaGo 所"学习"到的都是围棋棋谱，对于五子棋一窍不通。

（2）通用人工智能（Artificial General Intelligence，AGI），是指能达到人类智能水平的机器或算法，主要的实现方式是机器的持续自主学习。人工智能领域专家 Gottfredson 博士对通用人工智能曾有这样的定义："有能力推理、计划、解决问题、抽象思维、理解复杂概念、快速学习、从经验中学习"。与弱人工智能相比，通用人工智能通过持续的自主学习，更加贴近人类生活，可以像人类一样思考不同领域和不同层面的问题（而不仅仅是局限在某个具体领域），能够理解复杂理念。简单地讲，在通用人工智能阶段，机器更像人，更接近人。

（3）超人工智能（Artificial Strong Intelligence，ASI），是指比人类更聪明的机器或算法。在超人工智能阶段，机器已经可以通过自主学习，掌握比人类更加广泛和高深的知识，能够回答绝大部分的高深问题，能够执行任何形式的高级指令，拥有自由意志和自由互动能力，在几乎所有领域内超越人类。

以上三种类型的人工智能，对应人工智能技术开发和应用的以下三个阶段。

（1）第一阶段：机器学习。就是"对能通过经验自动改进的计算机算法的研究"（Mitchell，1997），是智能系统使用一系列算法从经验中进行学习。在这个阶段，需要大量的人工介入，是人类让机器尽量模仿人。

（2）第二阶段：机器智能。机器使用一系列算法，如深度神经网络等，从经验中学习。在这个阶段，机器具备了一定的自主学习能力，需要的人工介入大大减少，学习效率和效果也比第一阶段提高很多。

（3）第三阶段：机器意识。机器不需要外部数据就可以从经验中自主学习。在这个阶段，机器不需要或者只需要很少的人工介入，可以自主完成复杂逻辑的自主学习。而且，在很多领域，机器学习的效率和效果大大高出人类，机器具备了类似于人类，甚至高于人类的"意识"。

目前，人类对于人工智能的研究基本上还是处于第一阶段的狭义人工智能水平上，所用的主要技术是机器学习中的神经网络算法，所用的主要"原料"就是大数据。人类虽然在人工智能的第一阶段取得了一些令人瞩目的成果，但这并不代表着人类可以快速进展到第二和第三阶段。据一份针对全球最顶尖的人工智能专家的问卷调查得到的结果显示，这些专家们认为，对于强人工智能时代的到来，最乐观的估计是2025年后，最悲观的估计是2070年后，中位数大多在2040至2050年。

机器学习算法可以从监督学习开始，即提供标注好的数据集，利用标注的数据集训练机器学习算法。由于样本数据经过标注后，就已经确定了数据集中数据的"因—果"关系，因此，将训练后得到的结果与之前的预测结果进行比较，根据两个结果之间的差异，调整输入内容的权重，不断提高预测的精确度。这样，经过多轮迭代后，就可以获得优化的结果。因此，机器学习算法的界定性征（Defining Characteristic）就在于通过经验对预测结果进行改善所能取得的质量。而且，训练阶段所提供的数据越多，预测引擎的效果就越好。因此，大数据的发展是机器学习得以快速发展和应用的重要前提。

目前，有多达十余种的机器学习算法，每种算法都可以使用不同的算法结构，通过训练数据对预测进行优化。这些方法包括随机丛林（Random Forests）、贝叶斯网络（Bayesian Networks）、支持向量机（Vector Machine）、深度学习（Deep Learning）等。其中，深度学习使用得最为广泛和成功，目前，主流的人工智能产品（以Google Alpha Zero、百度Deep Speech2等为代表）基本上都是基于深度学习的，因此，甚至可以说，目前人工智能的核心就是深度学习（LeCun Y，Bengio Y，2015）。

深度学习方法通过组合低层特征，形成更抽象的高层特征表示，从而发现研究对象的分布式特征表示。对深度学习的研究源自人工神经网络的研究，而对神经网络的研究始于贝尔实验室（Bell Laboratories），该实验室早在1987年就在Hopfield网络的基础上成功研制出神经网络芯片。

深度学习模拟人类大脑"神经网络"的工作方式，利用计算机程序模拟人类大脑中神经元相互连接后所实现的功能。比如，想让计算机通过深度学习的方式学会识别猫的图片，则首先要让深度学习系统接受猫的图片作为系统输入；然后，对输入的内容进行识别，将识别的结果作为输出；最后，还要对输出（识别结果）进行判断，以确定系统的输出是否正确。如果输出结果是对的，就强化这个神经元之间的连接；如果输出结果是错的，就对神经元之间的连接进行调整，对后续的预测进行优化。深度学习系统在开始阶段可能会经常出现错误的判断，但随着训练样本的增加（比如达到百万甚至千万规模），神经元之间的连接不断进行调优，最终使得整个神经网络能以非常高的准确性进行判断。

将深度学习应用于人工智能领域是一个具有重要意义的创新，随着大数据时代的到来和图形处理器（GPU）、张量处理器（Tensor Processing Unit，TPU）等各种更强大的计算硬件设备的发展，深度学习可以充分利用各种海量数据（标注数据、弱标注数据或仅仅数据本身），完全自动地学习抽象的知识表达，即将原始数据浓缩成某种知识（LeCun Y & Bengio Y，2016）。

7.3 人工智能的主要应用领域

人工智能的主要实现手段是让计算机模拟人脑，因此，如何在计算机中再现人脑的思维过程是人工智能要解决的核心问题。为此，世界上几个主要大国的政府机构和一些高新科技企业都投入了大量的资源进行竞争性研发。

2012年，在奥巴马政府的资助下，美国科学家启动了一项为期10年的人脑研究项目，项目目标是用计算机绘制出人类大脑的图谱。同一年，欧盟也将"人类大脑工程"列入欧盟旗舰技术项目，并给予其约20亿欧元的资助，计划在6年的时间里开发出具有意识和智能的"人造大脑"。2016年，美国政府发布了《为人工智能的未来做好准备》（Preparing for the Future of Artificial Intelligence）和《国家人工智能研究与发展战略计划》（National Artificial Intelligence Research and Development Strategic Plan）两份重要文件，研究探析人工智能的发展现状、应用领域以及潜在的政策等方面的问题，并提出美国优先发展的人工智能七大战略方向。

中国政府在2016年3月17日颁布的《中华人民共和国国民经济和社会发展第十三个五年规划纲要》中，明确表示要"实施国家大数据战略，把大数据作为基础性战略资源，全面实施促进大数据发展行动，加快推动数据资源共享开放和开发应用，助力业转型升级和社会治理创新"[①]。同年，国家发改委、科技部、工信部和中央网信办联合发布了《"互联网+"人工智能三年行动实施方案》，首次专门就人工智能在中国的发展提出具体方案。2017年7月8日，中国政府

---

① 中华人民共和国国民经济和社会发展第十三个五年规划纲要 [EB/OL]. http：//www.gov.cn，2016 – 03 – 17.

发布《新一代人工智能发展规划》,把人工智能作为产业升级和经济转型的主要驱动力,鼓励、扶持和推动人工智能的发展,计划到 2030 年,在人工智能理论、技术与应用等方面的总体水平达到世界领先,成为世界主要的人工智能创新中心①。

近些年来,人工智能在很多领域的突破性成果均源自深度学习算法的应用。在某些细分领域,基于深度学习的人工智能已经接近甚至超越了人类智能。这方面的例子有很多,比如,2011 年 2 月,IBM Watson 在"危险边缘"智力竞赛节目中打败两位全美前冠军;2015 年 12 月 17 日,在 ImageNet 图像库上,微软图像识别系统错误率达到 4.94%,谷歌的错误率达到 4.82%,均低于人类 5.1% 的错误率。2014 年,中国的百度公司也启动了"百度大脑"项目,目前,该项目已经构建了世界上最大的深度神经网络系统,该系统能够处理的参数规模达到千亿数量级。如此强劲的数据处理能力使得目前百度在图像识别、语音识别等领域的识别水平已经达到甚至超越人类水平。比如,百度的 Deep Speech2 中文语音单句识别错误率达到 3.7%,低于人类的 4.0% 的错误率。

2016 年 3 月,谷歌旗下的 DeepMind 人工智能公司研发的围棋机器人 AlphaGo 打败了世界围棋冠军李世石。AlphaGo 的先进之处就在于将监督学习、神经网络和深度学习进行深度融合,通过有监督学习 3000 万个棋局和强化学习 3000 万个棋局,彻底超越了人类在围棋方面的智慧。通常,世界级的围棋大师,一生也只能精通几百个棋局而已。

2017 年 10 月 19 日,DeepMind 的团队在 *Nature* 杂志上展示了他们更强大的新版本围棋程序 AlphaGo Zero,该程序经过 3 天的自我学习,以 100∶0 的比分完胜对阵李世石的旧版 AlphaGo②。一个月后,DeepMind 又发布了更加强大的 AlphaZero。AlphaZero 使用"强化学习"(Reinforcement Learning)技术,不需要人工标注数据集,只使用基本规则,从零开始训练,超越了历史上任何一款棋类机器人。相同条件下,该系统经过 8 个小时的训练,打败了第一个战胜人类的 AI 系统——李世石版 AlphaGo(AlphaGo Lee);经过 4 个小时的训练,打败了此前最强国际象棋 AI——Stockfish;经过两个小时的训练,打败了最强将棋(又称日本象棋)AI——Elmo;经过 34 个小时的训练,打败了训练 72 个小时的 AlphaGo Zero。

---

① 国务院关于印发新一代人工智能发展规划的通知 [EB/OL]. http://www.gov.cn, 2017-07-20.
② Silver D, Schrittwieser J, Simonyan K, et al. Mastering the Game of Go Without Human Knowledge [J]. *Nature*, 2017, 550 (7676): 354.

2016年10月中旬,"乌镇智库"与网易公司联合发布《乌镇指数:全球人工智能发展报告(2016)》报告列举了人工智能在企业的主要应用领域(如图7-2所示)。其中包括在自动驾驶领域的智能汽车、公共交通、快递用车、工业应用;电商零售领域的智能物流、智能导购和客服;安防领域的智能监控、安保机器人;金融领域的智能投资顾问、智能客服、安防监控、金融监管;个人助理领域的智能手机上的语音助理、语音输入、家庭管家和陪护机器人;医疗健康领域的健康监测诊断、智能医疗设备;教育领域的智能测评、个性化辅导、儿童陪伴等。在人工智能有关的专利申请上,情况相似,机器人、神经网络、语音识别和图像识别等领域的专利申请占据主要位置。

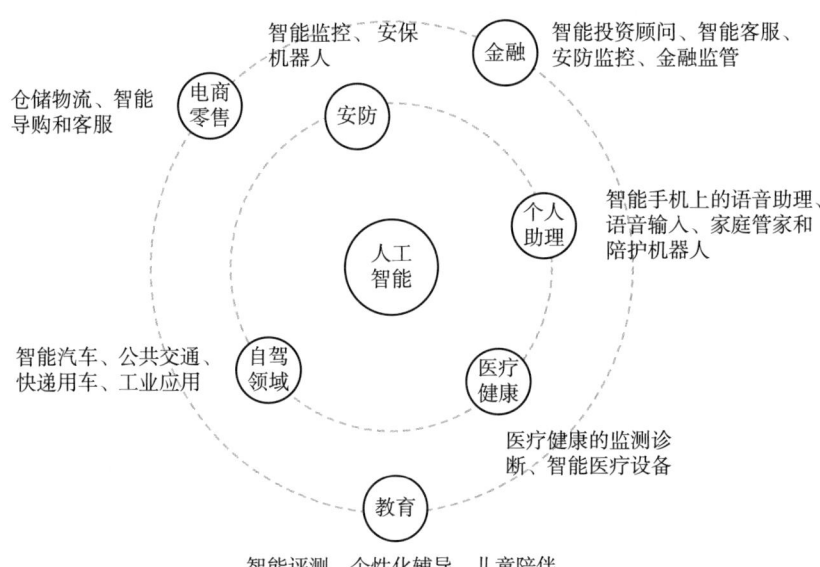

图7-2 人工智能目前的主要应用领域

资料来源:乌镇指数:全球人工智能发展报告(2016)[EB/OL]. http://tech.163.com/special/aireport 2016b/#!/scere-1, 2016-10-17.

虽然对人工智能的研究如火如荼,各类人工智能产品也层出不穷,但是,人类对人工智能的研究和应用依然处于比较低的层次,依然存在很多局限和困难。首先,目前有关人工智能的研究和投入使用的产品,所涉及的领域非常窄,主要集中于信息(图像、视频、文字、语音)识别、异常检测(信用卡异常交易、核电站传感器的异常数据等)、预测(预测股票价格、预测谁会喜欢这部电影)、棋类游戏（AlphaGo、AlphaZero 等）等。而且，产品通用性差，用于图像识别的人工智能产品，对于文字识别就无能为力，对于棋类游戏就更无从下手。此外，人工智能的实现成本非常高，就拿谷歌的 AlphaGo 来说，共使用了 1920 颗 CPU 和 280 颗 GPU，抛开学习过程不谈，仅和棋手对弈，每下一盘光电费成本就要 3000 美元①。而 AlphaZero 更是使用了 5000 颗第一代 TPU② 生成自对弈棋谱，用了 64 颗第二代 TPU 来训练神经网络。不过，随着算法的优化和硬件的改进，AlphaGo 的各代产品耗电量已在直线下降。AlphaGo 各个版本的耗电量如图 7-3 所示。

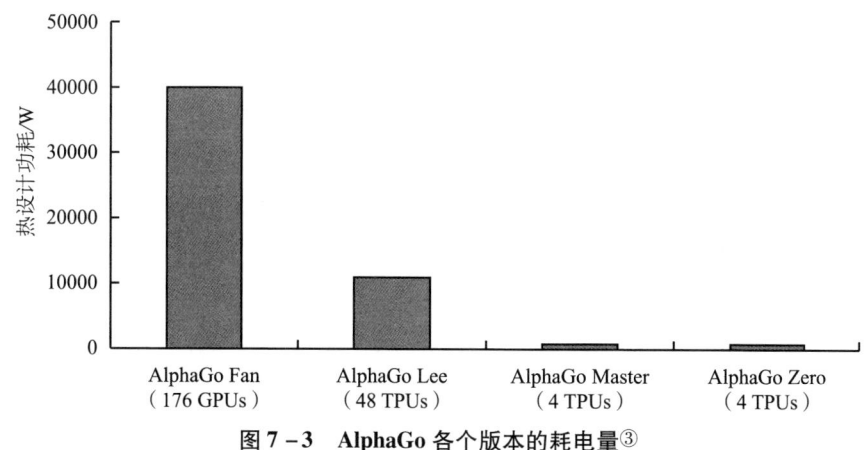

图 7-3　AlphaGo 各个版本的耗电量③

资料来源：www.google.com。

从 2014 年开始，Google 就采用机器学习的方法，使用神经网络系统去预测能耗与时间之间的关系，从而更有效地安排设备。目前，DeepMind 公司也在不

---

①　实际上，数据中心的能耗一直居高不下，比如，谷歌在 2015 年消耗了 57 亿千瓦时的电量，相当于一个中大型城市一年的用电量。

②　TPU 的全称为 Tensor Processing Unit，中文叫"张量处理器"，是 Google 为机器学习定制的专用芯片（ASIC），专为 Google 的深度学习框架 TensorFlow 而设计。与图形处理器（GPU）相比，TPU 采用低精度（8 位）计算，以降低每步操作使用的晶体管数量。降低精度对于深度学习的准确度影响很小，但却可以大幅降低功耗、加快运算速度。同时，TPU 使用了脉动阵列的设计，用来优化矩阵乘法与卷积运算，减少 I/O 操作。此外，TPU 还采用了更大的片上内存，以此减少对 DRAM 的访问，从而更大程度地提升性能。

③　横轴是 AlphaGo 各个版本所含处理器个数，GPU 表示图像处理器（Graphics Processing Unit），TPU 表示张量处理器（Tensor Processing Unit）；纵轴表示功耗，TDP 是 Thermal Design Power 的缩写，中文名称为"热设计功耗"，是反应处理器释放热量的指标，其含义是当处理器达到最大负荷时所释放出来的热量，单位是瓦（W）。

断尝试用人工智能的方法对计算中心的硬件能耗进行优化。通过控制数据中心里的风扇、制冷系统、窗户等约 120 个变量，DeepMind 已经把 Google 数据中心的能源利用率提高了 10%~15%，每年为 Google 节约上亿美元的电费①。

目前，人工智能获得成功应用的领域只占到人类生产生活极其微小的一部分，人类在人工智能领域的探索还仅仅处于起步阶段。在可以预见的未来，人工智能不仅在交通、医疗、健康、社会管理等领域有广阔的发展空间，在我们所能看到的人类生活的几乎所有领域，人工智能都可以有所作为。

7.4 深度神经网络模型

前面提过，目前，人工智能的成功应用基本上都是采用了深度学习的方法，而深度学习采用的是深度神经网络（Deep Neural Network，DNN）模型。目前，应用较为广泛的深度神经网络模型主要有递归神经网络（Recursive Neural Network，RNN）、循环神经网络（Recurrent Neural Network，RNN）和卷积神经网络（Convolutional Neural Network，CNN）等。

在全连接的深度神经网络中，所有的下层神经元和上层神经元都能够形成连接，每一层和它的上下层的参数都是 $n \times m$ 的数量级，极易造成维度灾难，还会造成过拟合，也极易陷入局部最优解。因此，人们就在上下层神经元之间设置一个"中介"，该中介被称为"卷积核"（Convolution Kernel），同一个卷积核在所有的输入样本内是共享的，样本通过卷积核操作后仍然保留原先的位置关系，这样的神经网络被称为"卷积神经网络"。

卷积神经网络的结构如图 7-4 所示。

卷积神经网络由一个或多个卷积层（Convolutional Layer）和顶端的全连接层（Full Connected Layer）组成，同时，也包括关联权重和池化层（Pooling Layer），这一结构使得卷积神经网络能够有效利用输入数据的二维结构。

卷积层是卷积神经网络的核心模块，主要功能是模拟个体神经元对视觉刺激的反应。卷积层接受系统输入，对其应用卷积算法进行计算，并将结果传递给下

---

① "阿尔法狗"技术新用途：帮助谷歌降低电费 [EB/OL]. http://tech.sina.com.cn/it/2016-07-20/doc-ifxuapvs8881715.shtml.

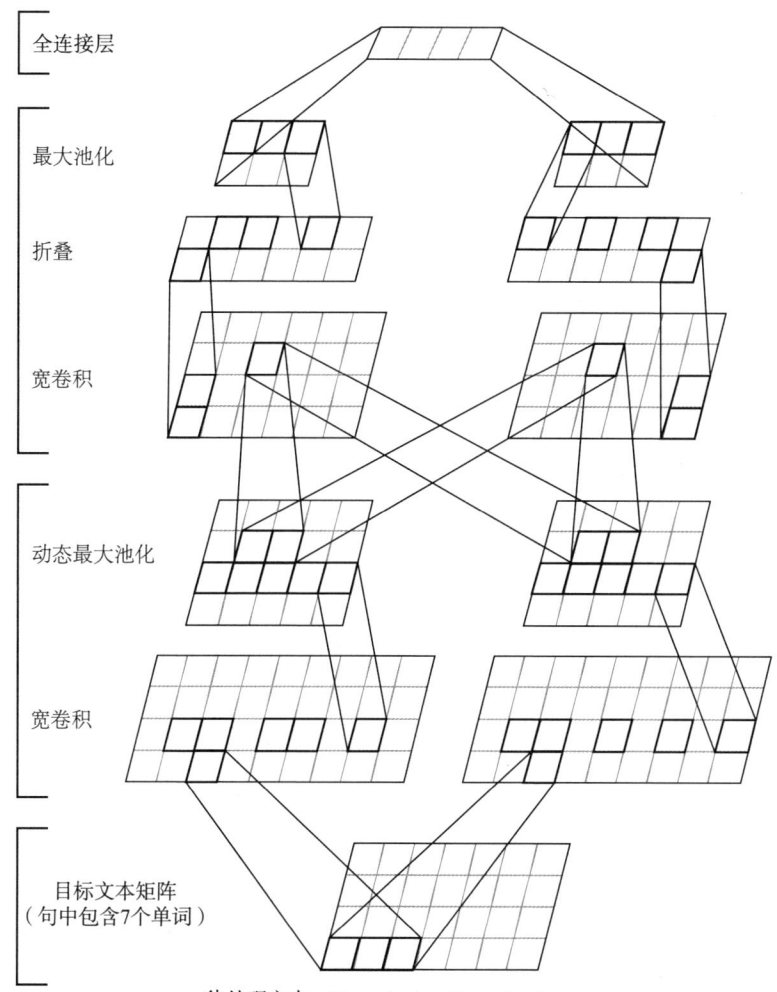

图7-4 用于自然语言特征提取的卷积神经网络

资料来源：Kalchbrenner N, Grefenstette E, Blunsom P. A Convolutional Neural Network for Modelling Sentences [J]. *Eprint Arxiv*, 2014, 1.

一层。每个卷积神经元仅处理其感受野①（Receptive Field）的数据。卷积层的图

---

① 该词来源于生物学，在生物系统中，个体感觉神经元的感受野是感觉空间（例如，身体表面或视野）的特定区域，其中刺激将改变该神经元的发射。基于神经网络的机器学习借用了"感受野"这个概念，神经元的输入区域称为其感受野。在神经网络环境下，CNN并不会是让神经元接收来自前一层中所有神经元的连接，而是使用类似于感知的场布局，其中每个神经元仅接收来自先前神经元子集的连接。一个较低层中的神经元的感受野仅包含信息的一小部分，而后续（较高）层中神经元的感受野包含来自几个（但不是全部）神经元的感受野的组合。这样，随着层的递进，各层就能够学习到原始信息越来越抽象的特征。

层参数由一组可学习的过滤器（Learnable Filters）组成，这些过滤器的感知区域比较小，但可以延伸到输入卷的整个深度。在前向传递时，每个过滤器都在输入的横向和纵向两个维度上进行卷积；同时，计算输入与过滤器条目的点积（Dot Product），并产生该过滤器的二维激活图（2 - dimensional Activation Map）。卷积神经网络中每个卷积层都是由若干卷积单元构成的，而每个卷积单元的参数也都是通过反向传播算法得到的最优化结果。卷积运算的目的是从输入中提取不同的特征，越靠前的卷积层提取的特征越低级。经过迭代后，越往后的卷积层所提取的特征越高级、越复杂。如图 7 - 5 所示，右边的圆是卷积层的神经元，左边是感受野，神经元与感受野相连。

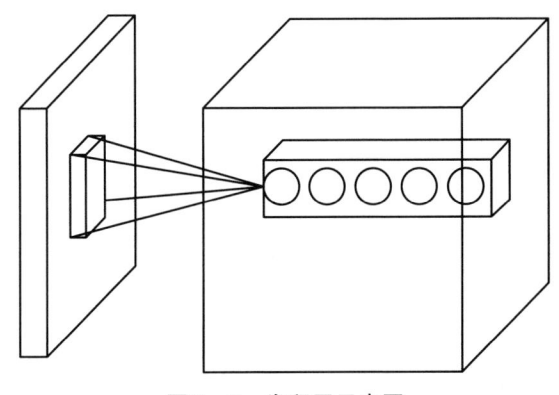

图 7 - 5　卷积层示意图

资料来源：https：//en. wikipedia. org/wiki/Convolutional_neural_network.

在通过卷积获得了特征之后，就可以利用这些特征去做信息分类。从理论上来讲，人们可以把所有解析出来的特征关联到一个分类器中（比如 Softmax 分类器），但是，这样的操作计算量非常大，以至于常常无法实施。因此，人们就引入池化（Pooling）操作，通过对原始信息的层层抽象，在保证不减少（或尽量不减少）原始信息关键特征的条件下，大幅度削减计算量。在卷积神经网络中，这一个步骤被称为"池化层"。

池化层是卷积神经网络的另一个重要概念，池化层是一种非线性的降采样（Non-linear Down-sampling）。有多种不同形式的非线性池化函数，其中，最大池化（Max Pooling）是最常见的一种池化。最大池化将输入划分为一组非重叠矩阵（Non-overlapping Rectangles），输出各子区域的最大值。从理论上来说，这种方法是可行的，因为一个特征与其他特征的相对位置比这个特征的精确位置要重要得多。池化层的计算,能够逐步减小文本表示空间的规模,减少神经网络中参数的数量,从而减少计算量,也可以在一定程度上控制过度拟合(Overfitting)。池化操作提供了另一种形式的平移不变性(Translation Invariance),在实际操作中,常常在卷积神经网络结构中的卷积层之间周期性地插入池化层。

池化层在输入的每个深度(Depth)切片上独立运作,并在空间上调整其大小。池化操作最常见的形式是大小为 2×2 的过滤器。在输入的每个深度切片处沿着宽度和高度施加 2 个下采样的步幅,然后,取每个区块 4 个数中的最大值,这样,在每次计算中可以减少四分之三的数据量。除了最大池化,池化函数还有"平均池化"(Average Pooling)、"L2 – 范数池化"(L2 – norm Pooling)等。但由于池化层对数据量削减的速度过快,目前都使用较小的池化滤镜,甚至不使用池化层。

经过几层卷积和池化层之后,进入全连接层(Fully Connected Layer,FCL),如图 7 – 6 所示。神经网络中的高级推理是通过全连接层完成的。全连接层是整个卷积神经网络的"分类器",负责将前面卷积层和池化层操作得到的"分布式特征表示"映射到样本标记空间。在具体实现上,全连接层可由卷积操作实现。

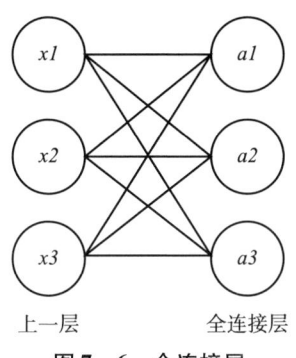

图 7 – 6　全连接层

全连接层与传统的神经网络多层感知器(Multi – Layer Perceptron,MLP)相同,它将一层中的每个神经元(节点)与上一层中的所有神经元相连,从而实现把前边提取到的特征综合起来的目的。由于全连接层的每个节点都与上一层所有节点相连,因此,全连接层的参数往往是最多的。举个例子来说:如果一个全连接层有 5120 个节点,上一层有 25600 个节点,则该传输需要 5120×25600 个权值,这样的计算需要耗费很大的计算资源。

由于全连接层存在严重的参数冗余(仅全连接层参数就可能占据整个网络参数总量的 80%),因此,一些新设计的、性能较优异的网络模型(比如 ResNet、

GoogLeNet 等）开始弃用全连接层，而改用全局平均池化（Global Average Pooling，GAP）来融合前面各步骤学习到的深度特征，但仍用损失函数作为网络目标函数来指导学习过程。

最后是损失层（Loss Layer）。损失层主要是利用损失函数（Loss Function）来衡量模型理论结果和真实结果之间的误差，从而指导机器学习及模型改进过程。有多种类型的损失函数，它们分别被用来应对不同的任务。比如，常用的损失函数包括 Softmax 损失函数、Sigmoid 交叉熵（Cross-entropy）损失函数、欧几里得损失函数等。

下面以双通道卷积神经网络为例，说明卷积神经网络的结构和工作方式，如图 7-7 所示。

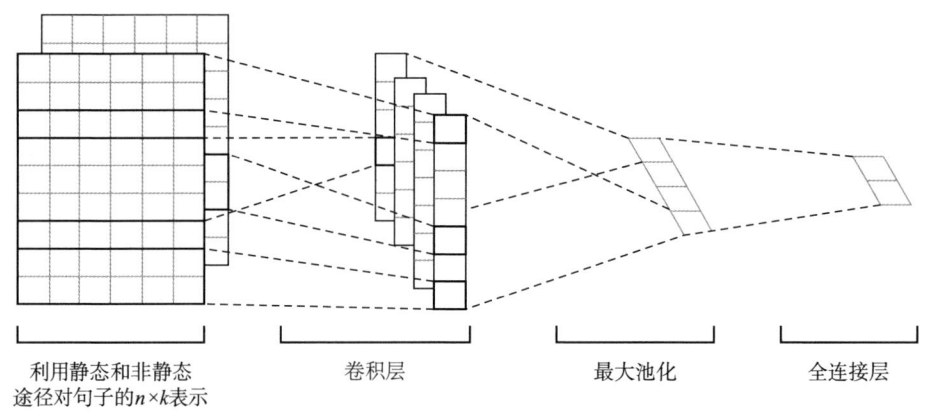

利用静态和非静态　　　　卷积层　　　　最大池化　　　　全连接层
途径对句子的 $n×k$ 表示

图 7-7　双通道卷积神经网络结构

资料来源：Kim Y. Convolutional Neural Network for Sentence Classification [J]. *Eprint Arxiv*, 2014.

假设要对句子"I just do what I want to do"进行分析，图 7-8 的最左边的输入层有两个通道（Channel），每个通道是一个二维矩阵，矩阵的列长度等于句子的长度。一般来说，句子长度就等于句子中单词的个数，如果各句子中单词的个数不相等，则可以通过一定的操作，将每个句子都处理为同样的长度。矩阵的行向量是对每个单词的向量表示，对单词进行向量化表示的方法和工具有多种，比如 one-hot、word2vec 等。one-hot 模型比较简单，但会带来"维数灾难"，很多研究采用将几个连续单词合在一起构成一个词向量的方法降低维数；word2vec 模型对每个单词都进行嵌入（Embedding）。两个通道的初始化状态是一样的，但它们的目的不同：一个是静态（Static）的，一个是非静态（Non-static）的，这样做的原因是两个通道可以相互抵消，结果更准确。

输入层之后就是卷积层，图中，最上面的过滤器是3×6的形式，即对于"I just do what I want to do"这个句子，每隔3个词做一次卷积操作。因为这个句子长度为8，在卷积操作后，产生一个7×1的输出。

再后面就是池化层，经常使用的最大池化（Max-pooling），即上述的7×1的卷积层输出会池化为一个1×1的值。有多少个过滤器就会产生多少个1×1的值，这些值将被用于后面的全连接层。

最后就是全连接层，即输出层，输出的个数对应文本类别的数量，将上面的池化层的输出传送到全连接层输出层。输出层的激励函数也有不止一种，比如softmax、sigmoid等。

卷积神经网络作为深度学习的优秀模型有着良好的容错能力、并行处理能力和自学能力（Wang P, 2015），可以处理不清楚背景知识、不明确推理规则的问题，能够适应具有较大缺损、畸变的样本数据，在扭曲不变性的应用上具有良好的鲁棒性和运算效率（Johnson R, 2015）。卷积神经网络在自然语言处理、文本分析等领域具有很高的应用价值。

虽然万能近似定理（Universal Approximation Theorem）已经证明，仅用一层隐含层的前馈网络就足以表示任何函数到任意的近似精度，但如果神经网络深度较浅，每层就需要有更多的节点（即更大的宽度），因而，就需要更多的总节点数来达到相同准确度；而如果增加网络的深度，就可以减少每层的节点数，从而减少总结点数。另一方面，深度较浅的神经网络也更易过拟合，泛化误差较大。因此，研究者一般都会选取层次更深的神经网络来解决复杂问题。卷积神经网络的出现，将输入层到隐含层的参数大大降低，让研究者可以用已有的训练数据得到较好的模型。如图7-8所示，显示了图片地址数字识别问题中的测试准确度与层数之间的正比例关系。

全连接神经网络还存在另一个问题：每个神经元的信号只能向上一层传播，样本的处理在时间上是相互独立的，无法对存在时间序列的关系进行建模，因此，全连接神经网络（包括卷积神经网络）又被称为前馈神经网络（Feed-forward Neural Network）或前向神经网络。但在实际应用领域，比如网络文本分析、语音识别等，样本出现的时间顺序对于分析非常重要，需要神经网络的输出可以在下一时间戳直接作用到自身。后来出现的循环神经网络（Recurrent Neural Network，RNN）解决了包含时间序列的样本的建模问题。如图7-9所示为循环神经网络结构。

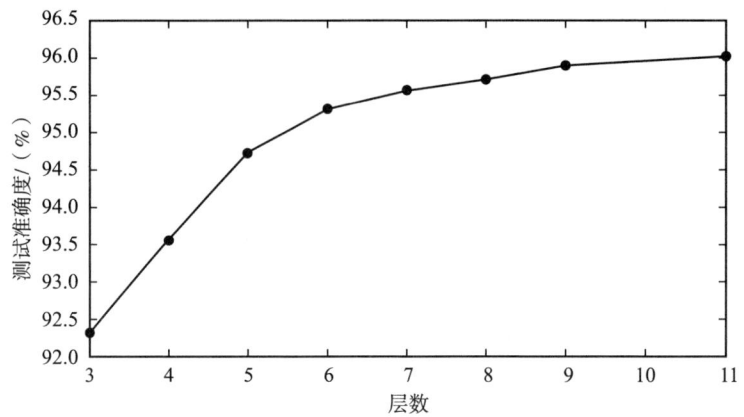

图 7-8 图片地址数字识别问题中的测试准确度与层数的关系

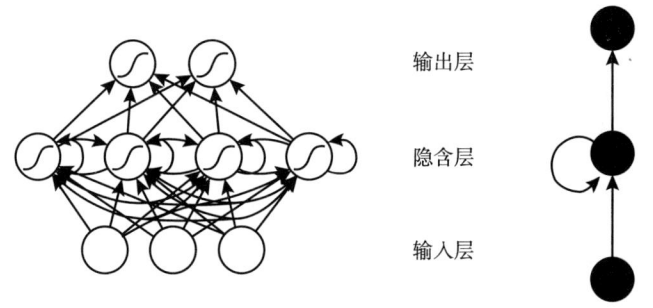

图 7-9 循环神经网络结构

在循环神经网络中,第 i 层神经元在 n 时刻的输入,除了包括第 ($i-1$) 层神经元在该时刻的输出外,还包括其自身在 ($n-1$) 时刻的输出,即图 7-10 所示的节点之间的互连。

为了方便分析,常常将循环神经网络在时间上进行展开,得到如图 7-10 所示的结构。

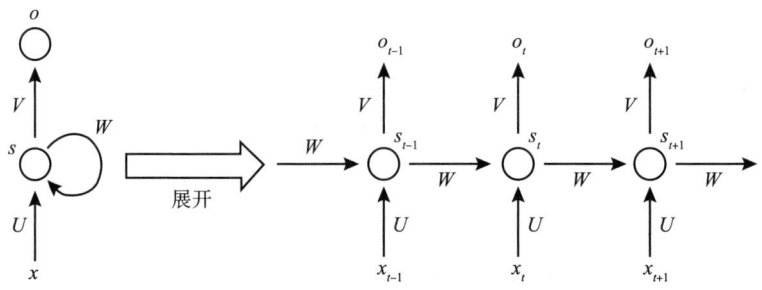

图 7-10 循环神经网络在时间上的展开

如图 7-11 所示，所谓的"循环"，就是系统在某时刻的输出会保留下来，和下一时刻的输入一起，共同决定下一刻的输出。因此，$(t+1)$ 时刻网络的最终输出 O_{t+1} 是 $(t+1)$ 时刻的输入与所有历史输出共同作用的结果，这就实现了对存在时间序列关系的数据进行建模的目的。循环神经网络的几种基本结构如图 7-11 所示。

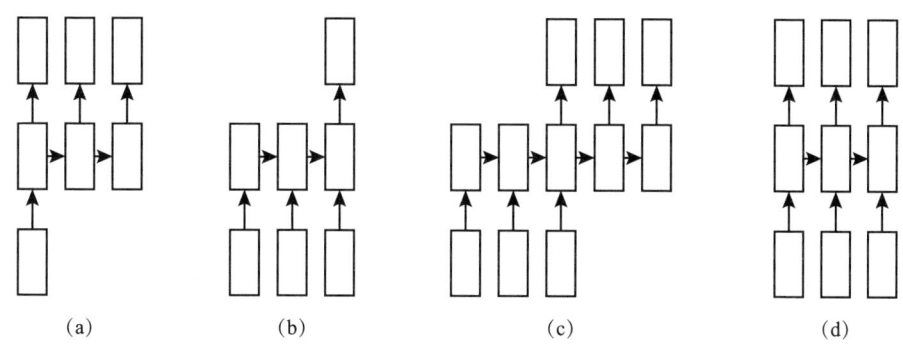

图 7-11　循环神经网络的几种基本结构

在图 7-11 中，图 (a) 是"单输入—序列输出"模式，比如把一张图片的输入转化为一行文字的输出；图 (b) 是"序列输入—单输出"模式，比如舆情分析，判断一篇网络评论是正面还是负面的态度；图 (c) 是"序列输入—序列输出"模式，比如语音识别，将一段语音的输入转化为一段文字的输出，且输出明显滞后于输入；图 (d) 是无时差的"序列输入—序列输出"模式，比如给一段视频中的每一帧贴标签。

卷积神经网络要求输入一致，如果不一致，要通过一定的处理（比如填充操作）变为一致的形式后方可作为输入。但循环神经网络却可以处理不定长的输入，并得到统一格式的输出。比如，要训练一段长短不一的视频，卷积神经网络无法直接进行操作，要将视频处理为统一长度后方可进行训练，而利用循环神经网络则可以直接进行训练。

但是，由于循环神经网络是在时间轴上传递的网络，因此，它的深度就是时间的长度。在反向传播（Back Propagation，BP）中，使用"梯度"来更新神经网络的权值，如果梯度值非常小或非常大，用于训练的样本特征就会在时间轴上出现"梯度消失"（Gradient Vanish）或"梯度爆炸"（Exploding Gradient）等问题。"梯度消失"是指某时刻的特征会随着其在时间轴上传递层数的增加而减弱甚至最终消失;"梯度爆炸"是指某时刻的特征随着其在时间轴上传递层数的增加而被过分放大(或者可以说是其他特征权重相对变小)。"梯度消失"和"梯度爆炸"的本质其实是一样的,都是由于在深度神经网络中,反向传播算法采用了不合适的损失函数(比如 Sigmoid)造成的。在深层神经网络中,学习速率 = 激活值 * 残差,残差是对上层残差加权得到的,也和激活函数相关。如果激活值太小,经过几次传递后,就是出现"梯度消失"问题;如果激活值太大,经过几次传递后,就又就会出现"梯度爆炸"问题。

为了解决此类问题,有学者提出优化或改变激活函数。比如,比较成功的做法是用 ReLU(Rectified Linear Unit)激活函数代替 Sigmoid 函数。ReLU 激活函数可以用函数 $f(x) = \max(x, 0)$ 表示,更符合神经元的激活原理,它还有 Noisy ReLUs、Leaky ReLUs 等几种变体激活函数。

20 世纪 90 年代,有学者提出了后来被广泛采用的"长短记忆易单元"(Long Short – Term Memory, LSTM)(Hochreiter & Schmidhuber, 1997)模型用于解决"梯度消失"和"梯度爆炸"问题。原始 RNN 的隐藏层只能保存短期信息,而 LSTM 通过一种"门"(Gate)的结构,选择性地对过去的信息进行去除或保留,用"开关"实现某时刻的特征在时间轴上的记忆功能,解决"梯度消失"和"梯度爆炸"问题。如图 7 - 12 所示为长短记忆易单元示意图。

长短记忆易单元的本质是一种特殊形式的循环神经网络,将 RNN 中隐含层(Hidden Layer)的一个神经元,用一个更加复杂的结构替换,该结构被称为"Memory Block"。通过增加输入门(Input Gate)、遗忘门(Forget Gate)和输出门(Output Gate),实现根据需要对输入和输出信息进行取舍的功能。遗忘门用于决定是保留还是丢弃信息;输入门用于决定让多少新的信息输入进来;输出门决定过滤掉什么信息、输出什么信息。通过增加这三个"门",可以对神经网络中不同时刻的输入权值进行动态改调整,从而有效抑制了"梯度消失"或"梯度爆炸"的问题。

后来,人们又在长短记忆易单元的基础上进行改进,衍生出一些变种模型,比如非常著名的 GRU(Gated Recurrent Unit)模型(Cho, et al., 2014),该神经网络模型只设置了两个门,即重置门(Reset Gate)和更新门(Update Gate)。GRU 虽然是对 LSTM 的简化,但在大多数的任务表现中,它与 LSTM 不相上下,因此,非常流行。GRU 结构模型如图 7 - 13 所示。

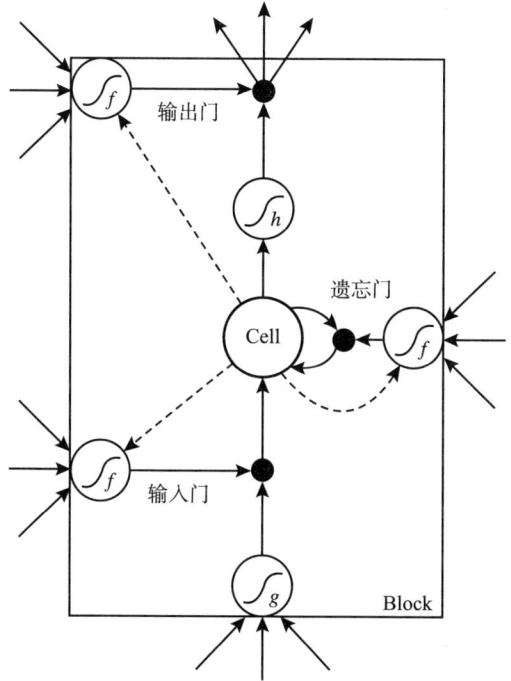

图7-12 经典的长短记忆单元结构模型

资料来源：Hochreiter S，Schmidhuber，Jürgen. Long Short-Term Memory [J]. *Neural Computation*，1997，9（8）：1735-1780.

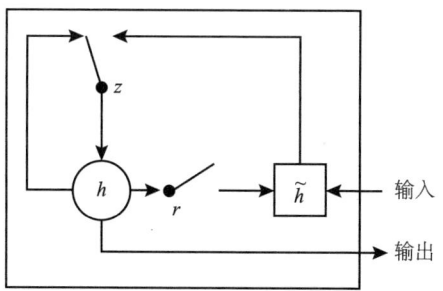

图7-13 GRU结构模型

r 表示重置门，z 表示更新门。重置门用于决定是否将之前的状态丢弃，可以将其视为将 LSTM 中的遗忘门和输入门进行了合并，r 值越小，前一时刻的状态信息被保存下来的越少，隐含状态 $\tilde{h}$ 被重置为当前的输入；更新门用来决定是否将隐含状态更新为新的状态 $\tilde{h}$，其作用与长短记忆易单元模型中的输出门相同。

除了 GRU，长短记忆易单元模型的变种还有很多。比如 LSTM with "Peephole Connections"（Gers & Schmidhuber，2000）、Clockwork RNNs（Koutnik，et al.，2014）、Depth Gated RNNs（Yao，et al.，2015）、Grid LSTM（Kalchbrenner，et al.，2015）等。此外，格雷戈尔（Gregor，2015）、钟（Chung，2015）、拜尔和贝森多夫（Bayer & Osendorfer，2015）等提出的模型也获得了较为成功的应用。虽然 LSTM 的变种很多，但格雷夫等（Greff et. al，2015）的研究和实验结果表明，这些变种的实际处理效果差异大同小异。但乔兹弗维茨（Jozefowicz，2015）和他的团队通过测试一万多种 RNN 结构，得出了稍有不同的意见，他们发现有些 LSTM 模型在某些任务上的表现会优于其他模型。此外，人们还通过叠加长短记忆易单元模型的方式得到"多层长短记忆易单元模型"，实现特征在更高层次的表达，并且减少神经元的个数，减少训练时间，同时还能增加识别的准确率（Jason Brownlee，2017）。

神经网络的类型有很多，除了前述的几种外，还有前馈神经感知网络（Feed Forward Neural Network，FFNN）与感知机（Pceptrons）（Rosenblatt & Frank，1958）、径向神经网络（Radial Basis Function，RBF）（Broomhead，David S. & David Lowe，1988）、霍普菲尔网络（Hopfield Network，HN）（Hopfield & John J，1982）、马尔可夫链（Markov Chain，MC）或离散时间马尔可夫链（Discrete Time Markov Chain，DTMC）（Hayes & Brian，2013）、玻尔兹曼机（Boltzmann Machines，BM）（Hinton，Geoffrey E. & Terrence J. Sejnowski，1986）、受限玻尔兹曼机（Restricted Boltzmann Machines，RBM）（Smolensky & Paul，1986）、自编码机（Auto Encoders，AE）（Bourlard，Hervé & Yves Kamp，1988）、稀疏自编码机（Sparse Auto Encoders，SAE）（Marc'Aurelio Ranzato，et al.，2007）、变分自编码机（Variational Auto Encoders，VAE）（Kingma，Diederik P. & Max Welling，2013）、去噪自编码机（Denoising Auto Encoders，DAE）（Vincent，Pascal，et al.，2008）、深度信念网络（Deep Belief Networks，DBN）（Bengio，Yoshua，et al.，2007）、解卷积网络（Deconvolutional Networks，DN）或逆图形网络（Inverse Graphics Networks，IGN）（Zeiler M D，Krishnan D & Taylor G W，et al.，2010）、深度卷积逆向图网络（Deep Convolutional Inverse Graphics Networks，DCIGN）（Kulkarni & Tejas D.，et al.，2015）、生成式对抗网络（Generative Adversarial Networks，GAN）（Goodfellow，Ian，et al.，2014）、神经图灵机（Neural Turing Machines，NTM）（Graves，Alex，Greg Wayne & Ivo Danihelka，2014）、双向循环神经网络（Bidirectional Recurrent Neural Networks，BiRNN）、双向长短期记忆网络（Bidirectional Long／

Short Term Memory Networks，BiLSTM）和双向门控循环单元（Bidirectional Gated Recurrent Units，BiGRU）（Schuster，Mike & Kuldip K. Paliwal，1997）、深度残差网络（Deep Residual Networks，DRN）（He，Kaiming，et al.，2015）、回声状态网络（Echo State Networks，ESN）（Jaeger，Herbert & Harald Haas，2004）、极限学习机（Extreme Learning Machines，ELM）（Cambria & Erik，et al.，2013）、液态机（Liquid State Machines，LSM）（Maass，Wolfgang，Thomas Natschläger & Henry Markram，2002）、Kohonen 网络（Kohonen Networks，KN）或自组织（特征）映射（Self Organising (Feature) Map，SOM/SOFM）（Kohonen & Teuvo，1982）等。囿于篇幅限制，在此不作赘述，此方面的资料很多，感兴趣的读者可自行查阅。

7.5 基于人工智能的文本分析与处理

利用计算机进行文本分析与处理方面的研究，最早开始于 20 世纪 50 年代，当时主要是利用领域内的专家知识，按照专家制定的规则（Pattern）进行文本分类。到了 80 年代，有些研究人员利用知识工程方法建立专家系统。虽然有些专家系统获得了成功应用，但费时费力，成本非常高，而且，囿于领域知识的限制，系统通用性很差，针对某领域设计的专家系统仅限于在该领域使用，放到另外一个领域就毫无作用。

伴随着统计学习方法的不断发展和成熟，进入 90 年代以后，人工特征工程结合浅层分类模型的方法逐渐成熟。其中，文本特征工程包括文本预处理、文本特征提取（计算）和文本表示三个阶段。利用特征模型将非结构化的文本转化为计算机可以识别的格式，并归纳出可用于识别同类文本的模型化表示。这种文本分类法虽然有一定的效果，但是，文本特征工程需要大量的人工，而且，文本的表示具有明显的高维稀疏性，对文本特征的表达能力很弱。

基于深度神经网络的人工智能方法擅长的是连续、稠密数据的处理，而非高维、稀疏数据的处理。机器学习之所以最早在图像识别和语音处理领域获得成功，其中一个非常重要的原因是图像和语音都是稠密且连续的数据，具有非常强的局部相关性。应用人工智能解决大规模文本分类问题的关键是先解决文本表示问题，然后，再利用 CNN/RNN 等网络结构通过深度机器学习自动获取特征模型。

人工智能技术在文本分析与处理领域获得了广泛应用。深度学习技术颠覆了文本分析与处理领域的传统研究思路：首先，利用词向量（Word Embedding）解决了文本的分布式表示（Distributed Representation）（Hinton，1986）；其次，利用 CNN/RNN 等深度学习网络及其变体进行文本特征提取（特征表达），构建文本分类模型；最后，得到一个最终结果。深度神经网络中的每一层都可以不断地进行自我调整，从而自动实现各层间的合作，大幅度提高文本分析结果的准确度。

目前，在文本分析中，常用的深度学习算法主要有神经网络（Neural Network，NN）、循环神经网络（Recurrent Neural Network，RNN）、递归神经网络（Recursive Neural Network，RNN）、卷积神经网络（Convolutional Neural Network，CNN）等。各种算法虽然基本原理相似，但是，在处理文本分析的具体任务时，还是存在较大的差异性。各种类型神经网络在文本分析中的主要用途见表 7-1。

表 7-1　　　　　深度学习算法在文本分析中的主要用途

序号	深度学习算法	在文本分析中的应用
1	神经网络	词性标注 分词 命名实体 词干提取
2	循环神经网络	机器防疫 问答系统
3	递归神经网络	主题分析 情感分析 释义检测 关系分类 物体识别
4	卷积神经网络	文本分类 关系提取和分类 垃圾邮件检测 搜索词条归类 语义关系提取

人工智能技术在文本分析领域已经取得了一些研究成果。比如，微软的 Azure 机器学习平台包含了文本分析的能力，尤其是对命名实体识别（Named Entity Recognition，NER）的支持非常到位。Azure 机器学习命名实体识别模块默认支持

人、地点、组织三种命名实体。目前，微软很多产品的后端都有 Azure 的支持。

对文本进行分析，首先需对文本的特征进行计算，主流的方法是利用诸如 One Hot Representation、Distributed Representation 等工具对文本进行向量化处理，并通过计算文本向量间的夹角余弦来计算文本相似度。在实际工作中，常用神经网络语言模型训练获得合适的词向量。比如，吉姆（Kim Y，2014）就在实验中利用浅层卷积神经网络抽取自然语言的特征，并用于句子分类。

具体来看，按照对模型的输入和输出的不同定义，神经网络语言模型又可分为两种：CBOW 模型（Continuous Bag－of－Words）和 Skip－Gram 模型。CBOW 模型的输入是与某特征词相关的上下文对应的词向量，输出是该词的词向量。由于 CBOW 使用词袋（Bag of Words）模型，因此，该特征词的上下文相关词之间都是平等的，不考虑这些词与特征词之间距离的差异。Skip－Gram 模型则相反，输入是某特征词的词向量，输出是该特征词对应的上下文词向量。但上述两种方法由于没有在词向量的表达上获得突破，维数太多造成的"维数灾难"始终是特征计算过程的一个瓶颈问题。

20 世纪 60 年代，哈贝和维塞尔（DH Hubel & TN Wiesel，1968）两位学者在研究猫的脑皮层中用于局部敏感和方向选择的神经元时，意外发现其独特的神经网络结构可以有效降低反馈神经网络的复杂性，在此基础上，两位学者提出了卷积神经网络的概念。在同时期，罗森布拉特（Rosenblatt，1958）提出"感知机"（Perceptron）的概念。"感知机"有输入层、输出层和隐含层三层结构，输入的特征向量在隐含层进行计算，然后，在输出层得到分类的结果。"感知机"虽然创意新颖，但功能有限，对于稍微复杂一些的函数就无能为力了。后来，福岛（K. Fukushima，1980）提出"新识别机"，是卷积神经网络的第一个实现网络。再后来，有很多学者在此基础上行了改进。其中，尤以亚历山大和泰勒（Alexander & Taylor，1985）提出的"改进认知机"最具代表性，该方法不仅吸取了多种改进方法的优点，还有效避免了耗时的误差反向传播。

卷积神经网络在自然语言处理领域得到了有效的应用，CNN 的模型被证明可以有效地处理各种自然语言处理领域的问题，比如语义分析（Grefenstette E，2014）、搜索结果提取（Shen Y，2015）、句子建模（Kalchbrenner N，2014）、分类（Kim Y，2014）、预测（Collobert R & Weston J，2008）以及其他传统的自然语言处理任务（Collobert Ronan，2011）。

自然语言处理领域的研究者不仅将 CNN 应用于具体研究，还不断对 CNN 模型进行改进，并在数据实验上进行尝试。比如，提出利用传统的 one-hot 词义表示法将词向量作为卷积神经网络的输入的 Seq_CNN 模型（Johnson R & Zhang T，2015），但结果表明，该方法造成文本表示的空间维度较高（维数灾难），不易处理。李平等（2018）提出双通道 CNN（Double Channel CNN，DCCNN）算法，采用两个不同的通道进行卷积运算，一个通道为字向量，另一个通道为词向量，利用细粒度的字向量辅助词向量捕捉深层次的语义信息，最后，通过不同尺寸的卷积核，发现文本内部更高层次抽象的特征。

LSTM 在自然语言处理领域的应用也很多，比如，温亚尔斯和凯撒等（Vinyals O & Kaiser L，et al.，2014）把 LSTM 用于文本的句法分析，他们把树状的句法结构进行线性化表示，从而把句法分析问题转化为翻译问题，然后，套用机器翻译的 seq2seq 框架，利用 LSTM 解决问题；使用不同类型的 LSTM 分别处理词语、句子和段落等不同类型的输入，并使用自动编码器（Auto Encoder）检测 LSTM 的文本特征提取和文档重建能力（Li & Luong，et al.，2015）；使用 LSTM 处理大段文本或整篇文章，获取它们的特征向量，使用点击反馈进行弱监督，最大化查询的特性向量与被点击文档的特征向量相似度，同时，最小化查询的特性向量与其他未被点击的文档的特征相似度（Palangi H & Deng L，et al.，2015）。

在将机器学习应用于自然语言处理的研究中，研究者还发现了一个非常有价值的规律：机器学习系统表现出与人类学习相似的"迁移学习"（Transfer Learning，TL）的能力。举例来说：有 A 和 B 两个机器学习系统，A 使用全新的深层神经网络（DNN），B 使用已经经过训练并能理解英语的深层神经网络。然后，用一组完全相同的汉语普通话录音及对应的文本来对系统 A 和系统 B 分别进行训练。结果，曾接受过英语训练的系统 B 展现出比系统 A 更好的普通话技能。其原因就在于系统 B 将它之前在英语训练中所获得的相关能力迁移到了对汉语普通话的理解任务中。不仅如此，还有更高价值的发现：系统 B 不仅在汉语普通话方面能力更高，它的英语理解能力也随之提高。这也应验了英国著名作家杰弗里·威廉斯曾说过的一句话："你永远不能理解一种语言——除非你至少理解两种语言"①。

---

① 威廉斯的意思是说学习了第二门语言后，将会极大增强对母语的理解。

第8章　网络文本分析的基本思路

文本分析的有关方法，诸如分词、模式匹配、自动文摘、主题分析等已经发展了很多年，其中有些方法已经比较成熟。但随着网络的发展，特别是"自媒体"时代的到来，一种新形态的文本——网络文本，不仅数量呈指数级增长，而且来源渠道和类型也越来越多样，人类在文本处理的数量和复杂度等方面都面临新的挑战。

8.1　网络文本的基本特征

文本是互联网信息最早的呈现方式，也是迄今为止，互联网上占比最大的一种信息形式，文本信息量约占互联网信息总量的80%甚至更多。网络文本信息与传统的文本信息以及网络数据存在诸多的相同点，但同时，也存在显著的差异性。具体来看，网络文本具有以下特点。

1. 海量性

网络时代，由于各种社交软件和带有评论功能网站的发展，以及移动智能终端和移动 APP 的普及，网络信息发布的参与者数量激增。据统计，截至 2018 年 4 月，全球网民数量已达 41.57 亿，其中中国网民数达 7.72 亿[1]，这些网民利用各种终端和软件，每天都在给互联网贡献数以千亿计的文本信息。计算机最小的存储计量单位是 Bit（位），最基本的存储单位是 Bytes（字节），在人类发明计算机后很长一段时间，人们记录信息的单位是 MB（1MB = 1024Bytes）、GB（1GB =

---

[1] 魏董华，屈凌燕.《世界电子商务报告》发布：全球网民人数达41.57亿人 [N/OL]. http://www.xinhuanet.com/2018-04/11/c_1122668272.htm.

1024MB）和 TB（1TB＝1024GB）。但是，自从"自媒体"时代到来后，信息量激增，对网络信息的计量单位开始以 PB（1PB＝1024TB）、ZB（1ZB＝1024PB）甚至 YB（1YB＝1024ZB）计算。

2. 半结构性和非结构性

Web 文本有新闻、通知、广告、文学作品等多种表现形式，基本都遵守超文本标记语言（Hyper Text Markup Language，HTML）的语言规则。一个典型的 HTML 文本形式如图 8－1 所示。

```
< html >
< head >
< meta http-equiv = " Content – Type" content = "text/html；charset = gb2312"/ >
< title >网页文本的标题</title >
</head >
< body >
</body >
</html >
```

图 8－1 典型的 HTML 文本形式

其中，字符集（charset）表示文本的字符标准，GB2312 表示中文简化汉字字符集。在中文 Web 文本的字符集中，除了 GB2312 之外，还有繁体字 Big5，通用字符标准 UTF8 等。通过对字符标准的读取，可以获知 Web 文本属于哪种语言；< title > 和 </title > 之间是 Web 文本的标题，通过对该字段的抓取可以准确地获得 Web 文本的标题；在 < body > 和 </body > 之间是 Web 文本的主体，在文本主体中，还可以用各类"文本标签"标记和插入特殊形式的文本和其他类型的媒体内容，比如，用 < b >字符串</b > 来加粗文字，用 < u >字符串</u > 来标记斜体字，用 < img src = "图像文件路径和文件名" > 来插入图像，用 < a href = "超链接文本目标地址" >超链接文本名称</a > 来构建一个超链接等。在进行 Web 文本分析时，可以利用这些标签对 Web 文本进行充分、深入的分析。比如，在进行文本主题分析时，< title > 和 </title > 之间的标题文本、< b > 和 </b > 之间的加粗文本等都是需要重点关注的文本。

因此，虽然与 Web 数据库这种典型的结构化数据相比，网络文本呈现了较强的非结构化特性；但是，与典型的非结构化传统文本相比，网络文本又呈现出一定的半结构化特性。

3. 动态性

互联网上的信息量每天都以 ZB[①] 级的速度增长，因此，网络文本具有鲜明的动态性。比如，几乎所有的电子商务网站都提供用户评论功能，微博、微信等也提供网友意见反馈功能，而且，这些网站的内容是不断更新的。在电子商务网站，一件产品的用户评论可以达到每天数万条的增速，而一篇微博或者微信文本的转发量和评论数一天甚至可以达到数百万条。

Web 文本不仅在数量上是动态的，内容也是动态的。针对某一个主题的留言，可能前一分钟都还是正面的评价，但是到了下一分钟就会反转，变成一边倒的负面评价。而且，很多网络文本的生命周期比较短，随着时间的推移，有些网站停止服务，或者数据、数据库被删除，有些信息就会消失。此外，还有很多网络文本信息是基于动态查询得到的，当查询结束，关闭页面后，这些文本也就不复存在了。

4. 混合性

网络文本除了纯文本文件外，还有大量的多媒体文本文件，这些文件在文本中包含了图标、图片、动画、音频、视频等媒体信息，因此，网络文本常常不是一种"单纯"的文本，而是"混合型"文本。因此，网络文本语言也被称为超文本标记语言（HyperText Markup Language，HTML）。在传统的超文本标记语言（HTML 4.0 及之前版本）中，用 < image > < /image > 来插入图片文件，用 < object > < /object > 来插入视频文件，用 < EMBED > < /EMBED > 来插入音频文件等。

随着超文本标记语言技术的发展，最新的 HTML 5.0 的功能已经非常强大，很多在传统 HTML 环境下需要安装插件才能实现的网页功能在 HTML 5.0 环境中都可以简单、快速、灵活地实现。比如，HTML 5.0 中引入了 < video > < audio > 等来方便地插入视频、音频。此外，HTML 5.0 中还增加了 < header > < footer > 等标签来更加详细地标记文本信息，更加有利于对网络文本的分析和分类。

5. 短文本

随着社交网络、移动互联和各种评论类网站的发展，各种博客、轻博客、即

[①] 1ZB = 10^9 TB。

时通信软件、新闻评论网站、电子商务网站、产品和服务评论网站以及其所对应的移动端 APP 等得到迅速发展。由于此类消息发布比较随意，而且常常是在移动端输入，操作起来不太方便，加之很多平台对发文字数做了限制（比如微博一次只允许发 140 个字符），因此，发布者能简就简，用尽量少的文字表达信息。此类信息常常只有简短的几句话、几个字，甚至只有若干个字符或和英文缩写。因此，网络文本又呈现出其另一大特性——短。短文本缺乏上下文信息，用词随意、不规范，使用网络流行的新词和功能性符号比较多，因此，对于文本处理者来说，有新的挑战。

6. 价值密度低

传统文本一般是正规出版物，是具有一定专业水平的人士撰写的，且常常要经过多轮审核才能出版。即使有了互联网以后，在 Web 1.0 时代，网络信息的发布者一般也都是一些机构，也要经过审核才可以公开发布，因此，此时网络文本也依然具有较高价值含量。但进入 Web 2.0 时代后，"自媒体"盛行，网络信息发布门槛降低，造成网络信息中包含着越来越多的重复信息、噪声、垃圾信息和虚假信息，存在大量的共现但毫无意义的关联模式（程学旗，兰艳艳，2015），造成网络文本价值密度低，处理困难。

因此，人类目前所要处理的网络文本与传统文本相比，不管是在所要处理的数据量方面，还是在复杂度方面，都具有非常明显不同的特征，也存在很多挑战。

8.2 网络文本的采集

在所有互联网信息资源中，文本资源占据了 80% 以上的比例，是互联网第一大信息资源。网络文本的形式很多，有最常见的是 HTML 格式文本，其他还有文本文件格式（Textfile，TXT）、便携式文档格式（Portable Document Format，PDF）、文档格式（DOCument，DOC）、幻灯片演示文稿格式（PowerPoint，PPT）等多种格式。

采集网络文本，比较理想的情况是利用网上现成的语料库。常用的文本语料库有很多，可以通过购买的方式获得，有的甚至可以直接从网上免费下载使用。但建设语料库需要耗费大量的人力和财力，比如自然语言处理领域的 Penn Tree-

Bank 语料库（Marcus, Mitchell P, Ann M, et al., 1993）。特别是一些专业语料库，建设难度大、投入多、周期长，因此，价值高的语料库往往价格不菲，可以免费使用的语料库价值含量常常又比较低。有些学术研究者和研究团队选择自己建设语料库，但这种类型的语料库在质量和后续更新及维护等方面往往得不到保障。

在以 Google、Yahoo! 等为代表的通用搜索引擎问世后，网络爬虫（Web Spider 或 Web Crawler，也称为网络蜘蛛或网络机器人）成为主流的网络文本采集方式。网络爬虫利用计算机程序，按照程序设计者制定的规则，在互联网上抓取所需的各类信息。

从网络爬虫抓取信息的对象范围来划分，可以分为通用网络爬虫（General Purpose Web Crawler）和主题网络爬虫（Topical Web Crawler）两种。

1. 通用网络爬虫

通用网络爬虫也叫全网爬虫（Scalable Web Crawler），用于抓取最广泛的互联网信息资源。通用网络爬虫的工作思路是：先选择一个或若干个种子网页，从这些种子网页的统一资源定位符（Uniform Resource Locators，URL）开始，从初始网页上获得链接的 URL，抓取这些 URL 所对应的网页后，再从抓取到的网页中继续抽取当前页面中链接的 URL，放入队列，直到满足系统指定的终止条件为止。通用爬虫主要用于一些通用搜索引擎采集 Web 数据，爬行范围广（全网爬行），采集的数据量巨大，对计算资源和存储空间要求很高，遍历全网一次的时间较长，更新频率也比较低。

通用网络爬虫的主要功能包括种子 URL 管理、页面抓取、内容分析、重复页面过滤、页面存储、URL 队列管理等几个部分。如果将互联网页面及其各层级的链接看成一个树形结构，那么，通用网络爬虫的爬行策略就可以分为两种：深度优先和广度优先。

（1）深度优先策略：以种子页面为起点，从深度最浅的网页开始抓取，再通过页面链接，顺次抓取下一级深度的网页，直至抓到最后的"叶子"页面为止；完成对一个分支的爬行后，网络爬虫返回到上一级节点，对其他兄弟节点页面再进行抓取；如此反复，直到完成对所有节点的抓取为止。在此过程中的，每一次存储页面的 URL 前，都要做一次重复性判断，如果页面重复，则去除。深度优先策略更适合对站内搜索或全网的垂直（Vertical）搜索，但在处理网页内容层次较深的站点时会占用非常可观的系统资源。

(2) 广度优先策略：从种子页面开始，先抓取深度最浅的网页，将同一层级的网页全部爬完后，再深入下一层页面继续抓取，如此重复，直至最末端页面或者指定深度页面。在此过程中，每次存储页面的 URL 前都做一次重复性判断，如果待存储页面 URL 在 URL 列表中已经存在，则丢弃。广度优先策略能够控制页面的爬行深度，避免出现爬行程序遇到无穷深或者循环网页链接结构而无法终止的情况。广度优先策略无须存储大量的中间节点，节约存储空间和存储时间，但对于较深层次的页面抓取需要消耗比较长的时间。

2. 主题网络爬虫

主题爬虫（Topical Crawler），也称为聚焦爬虫（Focused Crawler）或垂直爬虫（Vertical Crawler）。与通用网络爬虫不同，主题网络爬虫针对某一特定主题信息进行深度爬行，只抓取网络中与事先指定的主题相关的页面。主题爬虫的工作过程相对复杂一些：首先，爬虫需要根据一些既定的规则，过滤掉与预定主题无关的链接，将保留下来的链接存入待处理的网址队列；然后，按照既定的规则，从网址列表中选择下一轮要爬行的网页地址；重复以上步骤，直到满足算法指定的终止条件为止。在以上步骤中，爬虫程序会保存所有被爬行过的网页，并对这些网页进行去重、过滤、建立索引等操作，以便于后续的查询和检索。

由于主题爬虫是按照预先设定的主题来爬行网页的，因此，在抓取网页的过程中，需要对网页链接的质量和内容的质量进行计算和评价，作为选择或舍弃的依据。对网页的取舍策略主要有以下两种。

（1）基于链接质量的抓取。链接的质量是评价网页质量的重要标准，目前，对链接质量评价比较成熟和成功的方法主要是网页排名（PageRank）方法，该方法对引用本 URL 的网页质量和本网页中链接的 URL 的网页质量进行综合计算，从而得到本网页的 PageRank 值。在主题爬虫爬行过程中，取大值（或高于指定阈值）的页面进行存储。

（2）基于内容质量的抓取。可以将拟存储网页与预定主题的相似性定义为网页质量。与预定主题相似度高，网页质量就高；反之亦然。因此，内容质量的计算就转化为文本和主题相似性的计算问题，常用方法包括向量空间模型等。

网络爬虫在爬行过程中，需要消耗大量的计算资源和时间。而且，每次爬行过程中，大量的网页和之前爬行过的网页都是相同或者相似的，如果每次都全网遍历一遍，不仅耗时费力，也无必要。因此，人们发明了增量式网络爬虫（Incremental Web Crawler）来解决此问题。

增量式网络爬虫只爬行新产生页面和发生变化的网页，并将这些页面的变化以增量更新的形式在页面存储系统中进行记录。与周期性爬行整个互联网页面的全网爬虫不同，增量式爬虫只会在需要的时候对网页的增量部分进行爬行。由于仅搜寻和存储网页增量，因此，爬虫程序的计算量、页面下载量和页面存储量都大大减少。同时，由于爬行的范围窄，页面库的更新速度加快。但是，增量式网络爬虫要不断对爬行的网页与库中现有网页进行对比，增加了爬虫算法的复杂度。

目前，爬虫算法主要有两种生产方式：一种是一些公司开发的商业爬虫，如Google、微软的Bing等，这些爬虫技术是封闭的；另一种是一些开源爬虫，他们基于不同的平台，实现不同的功能，各有特色，也各有短板，表8-1列举了全球比较有名的开源网络爬虫的基本信息。

表8-1　　　　　　　　主要的开源网络爬虫一览表

序号	爬虫名称	开发语言	授权协议	操作系统	资源网址
1	Arachnid	Java	GPL	—	http：//arachnid.sourceforge.net/
2	crawlzilla	Java JavaScript SHELL	Apache License 2	Linux	https：//github.com/shunfa/crawlzilla http：//sourceforge.net/projects/crawlzilla/
3	Ex-Crawler	Java	GPLv3	跨平台	http：//ex-crawler.sourceforge.net/joomla/
4	Heritrix	Java	Apache	跨平台	https：//github.com/internetarchive/heritrix3
5	heyDr	Java	GPLv3	跨平台	http：//www.codeforge.cn/article/399781
6	ItSucks	Java	—	—	https：//sourceforge.net/projects/itsucks/
7	JSpider	Java	LGPL	跨平台	http：//j-spider.sourceforge.net/
8	Leopdo	Java	Apache	跨平台	https：//download.csdn.net/download/anhui27/5298901
9	MetaSeeker	Java	—	—	www.gooseeker.com/cn/node/download/front
10	webmagic	Java	Apache	跨平台	http：//git.oschina.net/flashsword20/webmagic
11	Web-Harvest	Java	BSD	—	http：//web-harvest.sourceforge.net/
12	WebSPHINX	Java	Apache	—	http：//www.cs.cmu.edu/~rcm/websphinx/
13	YaCy	Java Perl	GPL	跨平台	https：//www.yacy.net
14	QuickRecon	Python	GPLv3	Windows/Linux	https：//packetstormsecurity.com/files/104314/QuickRecon.3.2.html

续表

序号	爬虫名称	开发语言	授权协议	操作系统	资源网址
15	PyRailgun	Python	MIT	跨平台 Windows Linux OS X	https://github.com/princehaku/pyrailgun#readme
16	Scrapy	Python	BSD	跨平台	https://github.com/scrapy/scrapy
16	BeautifulSoup	Python	BSD	跨平台	https://www.crummy.com/software/BeautifulSoup/bs4/doc.zh/
17	hispider	C/C++	BSD	Linux	https://download.csdn.net/download/u010129672/8629377?web=web
18	larbin	C/C++	GPL	Linux	http://sourceforge.net/projects/larbin/files/larbin/2.6.3/larbin-2.6.3.tar.gz/download
19	Methabot	C/C++	未知	Windows/Linux	http://www.oschina.net/code/tag/methabot
20	NWebCrawler	C#	GPLv2	Windows	http://www.open-open.com/lib/view/home/1350117470448
21	Sinawler	C#.NET	GPLv3	Windows	http://code.google.com/p/sinawler/
22	spidernet	C#	MIT	Windows	https://github.com/nsnail/spidernet
23	Web Crawler	Java	LGPL	跨平台	http://www.webcrawler.com/
24	网络矿工	C#.NET	BSD	Windows	http://www.minerspider.com/
25	OpenWebSpider	PHP	未知	跨平台	http://www.openwebspider.org/
26	PhpDig	PHP	GPL	跨平台	http://www.phpdig.net/navigation.php?action=demo
27	ThinkUp	PHP	GPL	跨平台	https://github.com/ThinkUpLLC/ThinkUp
28	微购	PHP	GPL	跨平台	http://tlx.wego360.com
29	Ebot	ErLang	GPLv3	跨平台	https://github.com/matteoredaelli/ebot http://www.redaelli.org/matteo/blog/projects/ebot

资料来源：根据互联网信息整理。

由于网络爬虫技术门槛低、需求量大，因此，互联网上充斥着各类爬虫。由于爬虫量大，特别是一些爬虫程序在设计上对网站并不友好，频繁请求网站响应，大量耗费网站的资源，严重干扰了网站的正常运行。因此，大部分网站都会针对网络爬虫，设置某些特定条件下的拒绝访问机制，如拒绝表单请求、禁止特定 IP 地址访问等。也有些网站从商业角度考虑，设置了种种方法屏蔽网络爬虫。由于各网站设置的"防爬虫"机制不同，因此，仅依靠一个爬虫程序往往是无法满足信息采集者的需要的，他们需要的是若干网络爬虫程序组成的"网络爬虫程序集"，以方便对不同的网站使用不同的爬虫工具。研究人员可以自己编写网络爬虫程序，也可以利用现有的开源爬虫。开源软件中不乏优秀的爬虫程序，比如，Python 中的 Scrapy、BeautifulSoup 等，都是一些非常优秀的开源爬虫程序（集）。利用开源爬虫，省时省力，进行二次开发也比较容易，缺点在于对一些有特殊要求的任务支持不足。

8.3 网络文本的预处理

从互联网上采集到的文本，由于来源广泛、标准各异、缺乏统一性，很多文本在撰写时就比较随意，含有大量的非法字符、错误搭配、错别字、未收录词等，在进行文本分析前，必须对文本进行预处理，有时也称为文本清洗。

虽然网络文本处理是文本处理的一个子类别，但是，由于网络文本的特殊性，具体处理方法与传统文本处理还是存在一定的差别。而且，由于网络文本类型较多，因此，针对各种类型网络文本的预处理方式也不尽相同。具体来看，网络文本处理主要需要解决以下一些问题。

1. "纯文本化"

所谓"纯文本化"，是指对网络文本中与文本本身无关的内容去掉，以便后续的分析。有些网络文本内容是遵循固定格式展示的，比如专利数据库、Google Scholar 文献信息页面等，可以从这些文本中轻易地析出所需的著者、摘要、时间、名称、关键词、正文等各类信息，处理起来比较容易。

此外，严格遵循 HTML 格式规范的文本处理起来也相对容易些，特别是 W3C 近年来制定的可扩展标记语言（Extensible Markup Language，XML）、资源描述框架（Resource Description Framework，RDF）等规则提供了更加规范的网络文本资源的描述语言和框架。由于 HTML 文本通过 HTML Tag 已经将文本转化为半结构化信息，因此，有很多特征项可以从 Web 页面中自动识别出来。比如，将网页的标题、正文、加粗和变色的文字等看作是高价值信息，把其他不相关或关系不大的信息进行过滤，这样，能够为后续的处理工作提供更"干净"的文本。当然，在文本开始处理前，还需要将这些 HTML Tag 去掉。去掉 HTML Tag 的方法有很多种，可以编写正则表达式，也可以借助一些现成的工具，比如 Python 的 sgmllib 可扩展解析器，或者 lxml、html5lib 类型的 Python 库等。

其他类型的网络文本情况相对更加复杂些，特别是文学作品、自媒体文本等，处理起来难度更大些。

2. 编码处理

由于文本处理系统常常需要处理各类文本，而不同类型的文本往往编码不同，比如中文简体常用 GB12312 码，中文繁体常用 Big5 码，英文常用 UTF8（8 - bit Unicode Transformation Format）码等。为了统一、方便地进行文本处理，需要将不同类型的文本编码归一化。

编码不统一一直是困扰文本处理的主要问题之一，为了解决这个问题，人们发明了一些中间格式的字符集，即 UTF（Unicode Transformation Format）字符集，也被称为通用转换格式。目前，UTF 字符集中最常用的编码格式是 UTF8。由于目前大部分网络英文文本都是 UTF8 格式编码，因此，处理英文网络文本的时候基本不用考虑编码转换的问题，但是其他网络文本的处理，比如中文，必须进行强制转码。

3. 字符处理

文本中会存在各种字符错用、拼写错误等情况，需要纠正这些错误，有一些拼写检查工具可以使用，比如，Windows 操作系统中提供了拼写检查的 COM 端口，Python 中也有 Pyenchant 拼写检查工具可供使用，而且语句非常简洁。此外，英文文本要去掉标点符号、中文文本将标点符号统一替换为空格，以方便下一步的分词；必要时，还要将英文字母的大写形式转为小写。

4. 词的处理

在网络文本中，有大量的无法表达主题思想的无意义的词。比如，中文有"的、地、得、啊"等，英文有"and、or"等，这些词被称为"停用词"。这些词的存在会增加计算量，干扰文本分析。因此，在文本分析之前需要将这些词去除。还有一些词，比如"do"和"does"、"country"和"countries"、"hard"和"hardly"等，他们表示的是同样的意思，只是表示为单数、复数和各种不同的时态，需要将它们转化为同一个词，以便于后续的分析。这个操作也被称为词干提取（Stemming）和词形还原（Lemmatization）。这一点与传统文本处理的差别不大。

5. 分词表

在英文文本中，由于词与词之间有天然的空格分隔，因此，英文文本不需要做分词处理。但中文不同，中文只在句与句之间有标点符号分隔，词与词之间是连续的，因此，必须对词进行切分。传统的分词需要词典的支持，在文本分析领域，已经有了一些较为成熟的、可供直接使用的词表。但是，在网络文本分析中，由于网络文本特别是自媒体文本没有经过严格的审核和规范，在用词上具有很大的随意性，产生大量的"自造词"和"网络流行词"。"自造词"是文本作者自己创造的词，读者可能看懂，也可能看不懂，但计算机则肯定"看"不懂——因为计算机只"认识"词典中现有的词。"网络流行词"产生的速度很快，传播也非常快，在网络文本中出现的频率会在很短的时间内呈现一种指数级的增长；但其消失的速度也非常之快，当与该词有关的事件淡出公众视线，或者有新的替代词出现的时候，网络流行词便会在很短的时间内迅速消失。因此，建立一个网络流行词表并及时更新，对于网络文本分析非常重要。

6. 同义词处理

在传统文本处理中，为了解决"多词一义"的问题，设置"同义词表"，以方便后续的文本处理。但在网络文本中，词的多样性更强，有些同义词的生命周期很短（有些网络流行词出现和消失的速度都很快）。有很多时候，可能在年初还广泛使用的词，到了年底可能就难觅其踪了。因此，一个完整且及时更新的同义词表对于网络文本分析也很重要。

7. 对半结构性和非结构性的处理

此中包含两层处理：第一层，一篇网络文本，可能包含题目、发布时间、发布者、发布者单位、关键词、摘要、正文等信息，对这些信息要进行结构化处理，将他们进行分类，分别存放在数据库的对应字段中；第二层，网络文本的题目、摘要、正文等信息，是字符形式的表达，但计算机只能处理数字，无法处理字符，因此，需要将这些文字转化为数字。研究人员常常利用向量空间模型（Vector Space Model，VSM）将字符（串）进行向量化、数字化处理。

8. 对动态性的处理

网络文本产生、更新、删除速度非常快，特别是各种社交网站、互动平台和评论类网站，信息的更新在速度和数量上远超传统网络文本。目前，处理动态文本最常用的方法就是网页快照（Web Cache）技术。网页快照，也叫网页缓存，就是搜索引擎在收录网页时，对网页进行备份，并将备份文件存在自己的服务器缓存中，当需要这些信息时再提取出来。由于搜索引擎前后两次收录网页有个周期，如果在这个周期中，网页的更新次数达到两次或两次以上，搜索引擎就无法存储之前的一次更新了。

9. 对混合性的处理

对混合性的处理比较简单。网络文本一般都遵循 HTML 语法，HTML 即超文本标记语言（Hyper Text Markup Language）的简称，在 HTML 文本中，所有的多媒体对象都有专门的引用标识，如，引用图片用 < img src = " file path and name" > 标识，src 表示图片源，file path and name 表示图片的相对或绝对路径以及文件名，也可以是图片的 URL；插入表格用 < table > < tr > < td > contents </td > </tr > </table > 表示，其中，< table > </table > 表示表格框架，< tr > </tr > 表示行，< td > </td > 表示列，contents 表示表格中某个单元格中的内容；引用视频文件用 < video src = " file path and name" > 表示，src 表示视频源，file path and name 表示视频的绝对或相对地址，或者是视频的 URL。因此，只要网络文本遵循 HTML 的统一规范，还是比较容易析出各种类型信息的。

10. 对短文本的处理

短文本信息数据稀疏，缺乏上下文的启发，很难准确判断其要表达的主题，而传统的文本建模和处理的方法都是针对长文本的。一种处理短文本的方法就是利用外部文本扩充文本表示，再利用现有的建模方法进行处理。但这种方法严重依赖外部数据与短文本的相关度，特别是当短文本的时效性比较强时，一般是没有外部文本可供利用的。因此，有研究者尝试利用内部文本扩充，如伪相关反馈、加入短语特征（Metzler D，Dumais S，Meek C，2007）、相关信息聚合（Hong L & Davison B D，2010）等。但以上两种方法都会带来大量的噪声，也未在模型上有任何改进。另有些学者从简单入手，假设一条短文本只包含一个主题，将短文本用单词混合模型（Mixture of Unigrams）建模（Zhao W X, et al.,

2011）（Lakkaraju H, et al., 2012），该方法虽可缓解数据稀疏问题，但过于简单，会丢失很多文本信息。还有学者提出双词话题模型（Biterm Topic Model，BTM）（程学旗，兰艳艳，2015），通过建模文档集合中双词的产生来学习话题，实验结果表明，在短文本上的效果，BTM 比传统的 LDA 等方法更优。

8.4 网络文本的情感分析

网络文本中包含着海量的评论文本，评论表示了评论者所持有的态度，态度包含了正面、负面和中性三种。近些年来，随着企业和政府管理部门对网络评论越来越重视，"网络舆情"分析成为自然语言处理领域的一个热点，而网络舆情分析中的一个重要技术就是情感分析技术。

情感分析是自然语言处理（Natural Language Processing，NLP）领域中一种常见的分析方法，主要作用是对文本的情感极性进行判断和分类。对文本进行情感极性判断和分类的过程也就是自然语言建模的过程。自然语言建模是文本表示的重要工作，自然语言建模的方法从早期的基于规则的方法逐步过渡到目前基于统计的方法。基于统计的自然语言建模方法主要是 n-gram 法、log-linear 法以及神经网络法等。但一直以来，维数灾难、同义词问题、模型性能和模型泛化等问题始终是自然语言建模工作面临的主要问题。

情感分析最简单的方法是利用词语的正负极性来判定，如果词语表示的是"乐观""正面""赞扬"态度，这个词语就具有"正"极性，就给这个词语所在的句子加一个正值；如果词语表示的是"悲观""负面""批评"的极性，这个词语就具有"负"极性，就给这个词语所在的句子加一个负值。然后，对句子中所有词语的得分进行加总，求得的和就是这个句子最终的情感得分。如果总得分为正数，说明这个句子总体极性是正面的；如果总得分为负数，说明这个句子总体极性是负面的。

这种方法很简单，只要构建正负两张词汇表，然后给每个词赋一个权值，对经过分词处理的文本进行匹配和统计即可。当然，很明显，这种方法也有许多局限之处，其中，最致命的缺点在于它没有考虑词语所在的上下文信息。比如，对于这句话："他不是一个苛刻的人"，其中，"不"的得分为 -1，"苛刻"的得分也是 -1，所以这句话的总得分为 -2，是负极性的语句，但其实却是正极性的语句。再比如，对于句子："他不开心"，"不"的得分为 -1，"开心"的得分为 +1，句子总得分为 0，这个句子将被视为中性，而实际上应该是负极性。

有很多时候，两个词虽然极性相同，但是表达事物的"好"与"坏"的程度不同。比如，"良好""优秀""卓越"这三个词，都表示正极性，但很明显，"优秀"表示的正面程度比"良好"要高，"卓越"表示的正面程度又比"优秀"要高。因此，对于不同的词，赋予的权值往往也不同。当然，这依然无法从根本上解决问题。还举刚才的例子："他不开心"，如果对"不"赋值 -1，对"开心"赋值 +2，句子的总得分为 +1，会被判断为正极性句子，而实际上是负极性句子。

对于上述句子极性判断方法的延伸是"词袋模型"（Bag of Words）。在文本分析中，如果忽略文本的词序、语法和句法，仅将其视为单纯的若干词的集合，文本中的每个词的出现与否都不依赖于其他词（即词与词之间都是相互独立的）。比如，对于句子："他不是不想变得更加优秀、更加完美"，可以被编码为［不(2)，更加（2），优秀（1），完美（1）］，即［2，2，1，1］。然后，利用机器学习分类算法比如支持向量机进行学习，并将学习结果应用于未知文本的情感判断中去。

显然，"词袋模型"原理简单易懂，实现起来也比较容易，但是，它依然没有解决词语的前后依赖问题，模型分析的精度也不太乐观。而且，在大规模数据集上实现的时候，系统的开销将是一个不容忽视，甚至是灾难性的问题。

第9章 网络虚假评论分类

"自媒体"时代,各种类型的网站纷纷增加了评论功能,新闻、微博、微信文章、电子商务网站的产品和服务介绍页面等,都提供评论和再评论功能;此外,还有一些专门针对图书、电影、美食、景点、酒店进行评论的点评类网站也迅速发展。在进行消费活动之前先查看网络评论,成为人们日常生活中不可缺少的一个环节。网络评论平台给消费者提供了公开评论商家的机会,为其他消费者的购买决策提供了更多的信息支持,也让商家与消费者之间建立了彼此信任的关系。在理想状态下,网络评论是一种非常高效和精准的信息共享手段。然而,这种看似公开公正的评论平台,由于隐含着商家与消费者之间、商家与商家之间、商家与平台运营者之间、平台运营者与消费者之间,以及消费者与消费者之间极其复杂的利益关系和权力关系,在现实社会中,看似"真实"的评论实则不一定为真。在利益的驱使下,各种评论网站逐渐演变为各种利益集团和这些集团的代理人之间相互博弈的"战场"。

9.1 网民对网络评论的依赖性

进入互联网时代,由于网络沟通异常便捷,面对面沟通的机会减少,人与人之间的沟通越来越多地依赖于网络,网络成为人们接收信息的主要来源,在某种程度上造成网络对人们信息源的"垄断",导致人们对事物的看法越来越依赖于"网上是怎么说的""网友是怎么说的"。特别是在网上购买产品时,由于消费者和商家之间存在严重的信息不对称,购买者并不清楚产品的技术细节和实际表现,只能参考测评机构和其他购买者的意见。在这种情况下,消费者往往假定其他购买者的意见是"第一手"的意见(至少看上去是),因此,对于其他准备购买同样产品的人来说极具参考价值。

大量的调查与研究都证实了民众对于网络评论的依赖性。据统计,约 81%的美国网民在购买产品或服务时,会主动查找有关产品或服务的在线评论,其中,超过 80%的网民认为这些在线评论对他们的购买决策产生影响[①];2012 年的"美国本土消费者评论调查问卷"也表明,72%的消费者对网络评论的信任度与亲友推荐相同,52%的消费者明确表示更愿意光顾受好评的商家。而对于千禧一代,由于从小就在网络环境中长大,他们对网络评论的信任程度甚至超过了亲友的意见。2015 年,Nielsen 公司又对 3 万名消费者进行了调查,调查结果显示,仍然有 66%的消费者选择信任产品在网络上的评价,大多数人在进行网络购物时都会参考并信任其他人的推荐建议。

　　其他国家的研究也证实了这一点。中国互联网络信息中心(CNNIC)在其发布的《中国网络购物市场研究报告》(2011)中表示,商品评论信息已经成为影响消费者购买决策的重要因素,超过 67%的网购消费者购买商品前会查看网络评论(Online Reviews);携程旅行网(ctrip.com)曾对其在全球 138 个国家和地区的 50000 多家会员酒店进行研究发现,有将近 80%的客户都是先查看点评再决定下订单;法国国家标准化协会的调查也显示,九成法国消费者在决定购买商品前会查看网上评论。

　　一些学者的研究同样也证明了网络评论对消费者行为有巨大的影响。埃里克·吉尔伯特等(Eric Gilbert, et al., 2010)对 amazon.com 上的评论进行了研究,发现 10%~15%的商品评论是参照别人的评论做出的;此外,多项研究均表明,网络评论对消费者的看法和购买行为都会产生重要的影响(Chatterjee, 2001;Chevalier & Goolsbee, 2003;Godes & Mayzlin, 2004;Chevalier & Mayzlin, 2006;Zhu & Zhang, 2010;Piramuthu, 2012)。

　　此外,由于电商平台的评论来自最终端的消费者,表达的是一线消费者最直接、最真实的感受,因此,也常常被厂商作为现有产品改进和新产品设计的重要参考信息来源。很多厂商在改进产品时,都大量地参阅了网上的评论意见。有些厂商还专门开发了"竞争情报分析系统""市场信息采集和分析系统"等软件,这些软件的一个很重要的功能就是对网络上与本公司和本公司产品有关的评论进行抓取与分析,为公司产品和服务改进、口碑维护、市场营销等决策提供依据。

　　消费者除了参考对商品的评论外,还经常会关注对商品的各种评分和评级、

---

① ComScore and the Kelsey Group Reveals, Online Consumer – Generated Reviews Have Signficant Impact on Offline Purchase Behavior, https://www.comscore.com/Insights/Press–Releases/2007/11/Online–Consumer–Reviews–Impact–Offline–Purchasing–Behavior, 2007.

在评论中包含的晒图和视频,以及复评和对评论的评论等。消费者会从这些与评论有关的细节中去判断一个评论的可信度和价值(Gretzel, Yoo & Purifoy, 2007)。

总而言之,在当今社会,网络评论已经成为影响消费者购买行为和厂商生产与营销决策的重要依据,也已经成为任何组织和个人都无法忽略的重要信息源。

9.2 网络评论对商家的重要性

由于网络评论中包含着大量的第一手信息,体现了消费者最直接的使用感受,这些信息对于商家改进产品和服务具有重要的参考价值。因此,很多商家收集与自己有关的大量网络评论,针对评论中提出的问题,改进自己的产品和服务,以求更具市场竞争力。比如,有些五星级酒店会鼓励和奖励"啄木鸟客人",即对酒店服务提出意见的客人,并针对这些客人提出的意见,及时改进服务,提升服务质量。

"水可以载舟,亦可以覆舟",如果把商家比喻为"舟",那么,网络评论就是"水"。正面评论可以让商家获得越来越多的客户和利润,负面评论则会让商家流失客户并造成经济损失。由于存在巨大的信息不对称和较高的验证成本,对于网络上的评论,大部分的网民都将其视为非常重要的参考信息。特别是对于一些负面评论,网民更是抱着"宁可信其有,不可信其无"的防备心理,更加倾向于相信负面评论。再加上网络环境下消费者的转移成本极低,哪怕只有少数的差评,商家可能就会流失大量的用户。因此,如何在网络上维护自己的良好声誉,成为商家关注的一个焦点问题。

为了讨好消费者,从而让他们对自己作出好评,商家想出了各种办法。有的商家通过给作出好评的消费者返还现金、返还积点、赠送抵扣券和礼品等方式,鼓励消费者给自己作出正面评价。消费者在利益驱动下,就算是对产品或服务不是非常满意,但也常常会给予好评以获取商家的好处。通过这些方式"奖励"作出正面评价的消费者,商家虽然增加了成本,但是,这种成本比起负面评价带来的损失要小得多。除了正面激励消费者作出好评,有一些商家还通过威胁甚至恐吓等手段逼迫不满意的消费者给出好评,由于网购的商品一般价值比较低,消费者抱着"不找麻烦"的心理,常常也都会就范,违心地给出好评。由于很多电子商务网站禁止商家的"好评返现"行为,因此,商家一般都是通过在商品中夹带印刷广告的方式进行宣传。有的商家为了规避电子商务网站的处罚,还会特地强调"不要在网站聊天记录中提及好评返现"。如图9-1所示,就是一个非常典型的好评返现的宣传广告。

图9-1 好评返现活动宣传广告

除了努力获得正面评价外,商家也不断采取各种措施消灭对自己不利的负面评论。研究表明,相比较正面信息而言,负面信息对人们的影响力和说服力更大(Henning-Thurau & Walsh, 2004);斯克朗斯基等(Skowronski, et al., 1989)的研究表明,在人们对某一事物形成整体评价时,往往更加关注其对其的负面评价;马赫斯瓦兰(Maheswaran, 1990)、荷马(Homer P M, 1992)、巴普洛和迪莫卡(Pavlou & Dimoka, 2006)等的研究都表明,负面信息比正面信息更能吸引人们的注意力、影响力更大;汉森(Hanson, 2000)的研究指出,在网络网络环境中,消费者会将自己的不满传播给六千人甚至更多,这个数字远大于"六度分隔"理论的数值。

因此,有很多商家通过雇用黑客或者通过金钱收买等方式,删除网上对自己不利的评论;也有些商家对作出差评甚至中评的消费者,通过电话、短信等方式进行骚扰和威胁,逼迫消费者删除对自己不利的评论;更有甚者,自己撰写或雇用写手撰写竞争对手的负面评论,以诋毁竞争对手,获取自己的竞争优势。

9.3 网络虚假评论的类型

如前所述,网络虚假评论既包括商家对自己的过度褒扬,也包括商家对竞争对手的故意贬低,以及消费者在利益引诱和商家胁迫下给出的好评等。除了上述的"故意为之"的虚假评论外，还有大量的评论是用户在情绪的支配下作出的偏离自己实际判断的评论。比如，北方的游客千里迢迢到了网络评论极佳的一家南方餐馆用餐，但由于口味习惯的原因，北方游客对这家餐馆的南方菜肴并不欣赏，本来期望值颇高，但落差太大，很有可能在网上给出差评。再比如，消费者在网上购买某个商品，本来商家发货很快，但物流太慢，消费者迟迟才拿到，或者快递员态度不好，让消费者很不满意，于是就给了差评。但其实消费者是要给物流公司和快递员差评，与商家没有关系，或者消费者认为物流公司是商家选择的，商家有"连带责任"，在情绪支配下，消费者就"伤及无辜"了。

一些学者的研究也支持了这样的看法，任韶堂（2018）的研究团队分析了 Yelp 网站上 100 多万篇餐厅评论，发现，用户给出好评或者差评的含义并非仅局限于对餐厅食物本身的评价，更多的时候，还与用餐者的体验、感受、欲望和情感紧密相关。比如，对于价格昂贵的餐厅来说，好评中往往有更多与"性"相关的描述，使用诸如"性感""撩人""高潮"这类词语；而对于较为平价的餐厅，好评中出现更多的是与上瘾和毒品有关的词语，例如："大蒜面现在是我的嗑药首选""这些杯子蛋糕简直像是白粉一样""这薯条简直是让人上瘾的毒品"。从心理学角度分析，消费者的这些描述很符合人们对于味道好但是不健康（大量的重口味食品是高油、高糖、高热量的）食物的矛盾心理——通过把食物比喻成毒品或其他极具诱惑性的东西（潜在含义是谁都抵抗不了这种诱惑），来为自己的放纵找借口。而且，在评论发布者中，女性通常要比男性更喜欢使用这种类型的比喻，这可以解释为女性比男性更注重保持身材，她们在食用此类食物时承受了比男性更大的社会和心理压力，因此，更需要进行情绪宣泄来缓解压力。

总之，网络虚假评论的成因和类型有很多种，而对于网络虚假评论的研究也林林总总。首先，对于虚假评论的定义就有多种。

金达尔和刘兵（Jindal & Liu B, 2008）将虚假评论视为观点欺骗（Opinion Spam），他们将虚假评论分为三种类型（Jindal N & Liu B, 2008）。

（1）不真实的评论（Untruthful Opinions）。一些评论者在经济利益驱使下，在网站上发表有关产品或服务的不真实评论，其中，既包括为了提升产品或服务美誉度和销量而发表的针对该产品或服务的过分夸张的正面评论，也包括为了诋毁竞争对手的产品或服务而恶意发表的负面评论。

（2）只针对品牌，不涉及具体产品或服务的评论。在这类评论中，并未对其购买的产品和服务本身进行评论，而是对产品或服务所属的品牌进行评论。金达尔和刘兵（2008）认为，这些评论主要来源于这些产品或服务的营销部门统一撰写的品牌推广文本，也有可能是用户对某个品牌存在偏见而发表的对品牌偏激评论。

（3）不包含情感和观点的评论。有些产品或服务的评论中不包含任何表达评论者情感或观点的信息，这类评论也分两种情况：一种是与产品或服务没有任何关系的广告，另一种是与该产品或服务没有任何关系的文本。

金达尔和刘兵（2008）还对上述三种类型的虚假评论进行了研究，发现，第二和第三种虚假评论通过有监督的学习方法很容易识别。对于第一种评论，他们假设复制的重复性评论都是虚假评论，但实验结果表明，复制评论并非总是虚假评论。比如，用户对同一产品和服务多次购买，为了节约时间，就复制了自己之前的评论；或者，在同一个电子商务网站，一个产品可能会被分到多个不同的产品类别中，网站管理员将这个产品复制到另一个类别的时候，评论也被复制过去，造成重复；还有一种情况，由于网站在处理用户提交的评论时存在网络延时，评论者提交一篇评论后，发现系统没有显示提交成功的信息，就又重新提交了一次，而实际上两篇评论都被网站接受了，从而造成重复评论。

任亚峰（2015）在其博士论文《基于标注和未标注数据的虚假评论识别研究》中，在归纳总结前人研究的基础上，提出两种类型的虚假评论。

（1）欺骗性评论：指故意写下正面的评论以促进该产品或服务的销售，或者故意写下负面的评论来破坏产品或服务的名声，由此而产生的评论。

（2）破坏性评论：此类评论主要是一些广告和不含观点信息的随机评论；破坏性评论对用户的危害不大，主要是人们可以轻松地识别出这类评论；而欺骗性评论具有隐藏性和多样性等特点，人类通过自己的先验知识很难从未标注评论集中直接识别出这类评论。

栾杰等（2017）从"好评—差评"和"夸大—欺骗—破坏"两个维度，将网络虚假评论分为四种类型。

（1）夸大性评论。故意夸大商品效果的评论，评论者本身为普通消费者。

（2）欺骗性好评。故意写下好评以促进商品的销量，评论者不是普通消费者，是"枪手"。

（3）欺骗性差评。故意写下差评来破坏产品的名声，评论者也是"枪手"。

（4）破坏性评论。主要是一些无关评论或者广告之类。

其中，欺骗性好评、欺骗性差评和破坏性评论都是虚假评论，夸大性评论虽然是普通消费者作出的评论，但是，由于其价值低，有误导性，因此，也属于虚假评论一类。

郑春东、孙为政（2014）将互联网上的虚假评论分为宣传造势、恶意诋毁、以优抵差三种类型。

（1）宣传造势类。此类虚假评论主要通过对产品进行大量的正面评价，甚至采用夸张的手法，使其产品在消费者心中树立良好的口碑，激发消费者的购买热情。

（2）恶意诋毁类。此类虚假评论主要通过对其竞争者的产品进行诽谤、差评、制造谣言等，给予大量的负面评价，使其产品在消费者心中的地位迅速降低。

（3）以优抵差类。此类虚假评论主要是在商品差评过多时，卖家通过雇用网络写手对其产品给予大量好评，以稀释差评比例，维持好评率，减轻差评过多带来的影响。

对于网络虚假评论类型的分类林林总总，归纳起来，从评论者的动机角度来看，可以分为以下三种类型。

（1）过分褒扬的评论。此类评论是商家为了提高产品或者服务的美誉度，进而提高销量、增加利润，或自己亲自上阵，或雇用网络写手或"水军"，撰写高于产品或者服务本身价值的评论；也有一些是消费者受到商家的利益引诱或威胁而作出的有悖实际消费体验的好评。

（2）过分贬低的评论。此类评论是商家为了打击竞争对手，以求在商业竞争中取得优势，或自己亲自上阵，或雇用网络写手或"水军"，撰写恶意贬低竞争对手的产品或服务的评论；也有的是消费者在消费过程中，由于物流等因素造成对服务过程的不满，在情绪支配下作出的对商家的误评。

（3）无意义的评论。此类评论有的是产品或者服务的购买者，为了完成订单或为了赚取奖励积分，随意撰写的评论，并不表达撰写者的真实感受，对其他购买者也没有参考价值；有的是网络推销员利用评论平台发布的与产品完全无关的广告；也有的是购买者撰写的有关物流、快递员、支付方式、天气、销售咨询服务等与订单有关，但与产品或服务本身无关的评论。这些可以统称为无意义的评论。

从评论的表现形式来看，可以分为以下五种。

（1）重复评论。不管是过分褒扬评论，还是过分贬低评论，还是无意义评论，都会出现重复的情况，特别是网络水军、网络广告类的虚假评论，会出现大量的（复制）重复评论。在大部分情况下，重复评论都符合"虚"和"假"的特征。

（2）太短评论。只有几个字符的太短的评论，所含的信息量太少，没有太多的参考价值，可以列为"虚"或"假"评论一类。比如图9-2所示的三条对某五星级酒店的评论，第一条和第三条表达了评论者想去玩的想法（说明酒店有吸引力，而且评论者还没去过），第二条表达了评论者对酒店建筑的赞叹，但是，这三条评论并不能给其他受众带来任何关于该酒店的信息，因此，实际上没有参考价值。

图 9-2　太短评论

资料来源：美团 APP 旅游频道.

（3）无内容评论。有些评论只有评论者随手输入的字符，也有少部分是表达评论者某种态度或者表情的字符，或者是大量的重复短语，这些评论由于信息量太少且难以辨识，也可以列为虚假评论一类。比如图 9-3 所示的对于一家酒店的评论，名为"曹大元1970"的评论者撰写的都是看不出任何含义的字符，而如图 9-4 所示的名为"christina"的评论者撰写的评论中只有"哈哈"和"很好"，虽然字数很多，但并无实际价值。

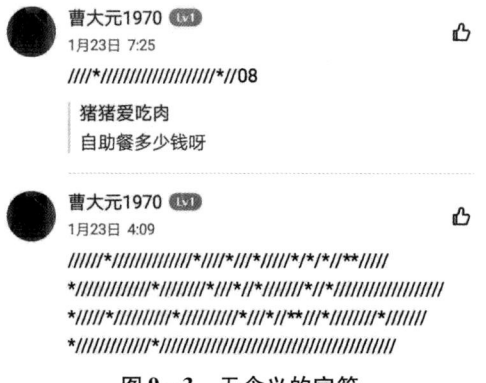

图 9-3　无含义的字符

资料来源：美团 APP 旅游频道.

图 9-4　无实际意义的评论

资料来源：美团 APP 旅游频道.

（4）主题无关评论。这些评论要么是广告，要么是无意义评论，对其他购买者都没有参考价值。比如图 9-5 所示的评论，名为"净化装修志愿者中国第一人"的评论者就是利用评论区的"网友回应"这个版块进行广告宣传，这样的评论对其他消费者毫无参考价值。

图 9-5　广告性质的评论

资料来源：美团 APP 旅游频道.

（5）夸张评论。这类评论包含过分褒扬和过分贬低评论，评论中会出现大量的夸张语气和大量的"虚"描述（因为评论者自己没有使用过此产品或服务），也会使用大量的感叹词和表达语气的标点符号。

综上，网络虚假评论的定义和分类看似简单，实则包含多种不同类型，需要在研究中——甄别和分析。

9.4 电子商务网站的虚假评论

自 1997 年美国政府将互联网全面商业化以后，互联网对传统商业产生了颠覆性的影响，互联网对零售商业逐步渗透，造就了当今如火如荼的电子商务，各类电子商务网站在 Web 2.0 时代也出现了新的功能——用户评论。顾客购买商品最担心的问题就是商品的不确定性，即商品的功能和质量与商家宣传的不符。消除这种不确定性最好的方法就是让买过这个产品的顾客说出其使用感受，让潜在购买者能够掌握尽量全面的产品信息，消除或减少信息不对称，这也是电子商务网站留住老客户、吸引新客户的好办法。因此，几乎所有的电子商务网站都有"用户评论"功能，所有购买过某产品的顾客都可以在产品评论区内对该产品进行评论或追加评论。由于这些评论的假定前提是真正使用过该产品用户的第一手真实评论，因此，在人们的心目中具有很高的可信度。所以，电子商务网站的用户评论，一方面，成为顾客抒发产品使用感受的一种途径；另一方面，也成为潜在顾客、产品商家乃至行政管理部门等各类行为体进行决策的重要参考依据。

作为网络口碑中的一种（Chevalier J A，Mayzlin D，2006），电子商务网站的产品评论的利与弊是伴生的，人们在享受各种各样的产品和的服务评论所带来的便利的同时，也越来越被真假难辨的虚假评论（Fake Review）所困扰。在经济利益的驱使下，一些厂商会采用各种方式，过分地夸大自己的产品，或者竭力贬低竞争对手的产品。比如，有的厂商通过给对自己的产品进行好评的顾客返现、增加积点、免费换购等方式，诱使顾客给出大量的好评；也有的厂商通过雇用"网络水军"，大量地刷好评，让有限的差评和中评所占比重显得微不足道，从而起到"稀释"差评的目的；还有的厂商雇用"网络水军"，发布诋毁竞争对手产品的评论，进行不正当商业竞争；更有甚者，利用黑帽技术（Black Hat Techniques），通过机器人进行作弊，以极低的成本和极高的效率制造出海量的虚假评论。

刘兵（2003）和德拉洛卡斯（Dellarocas，2004）等对互联网上的虚假评论问题关注较早，他们的研究表明，amazon.com（美国）网站上的产品评论有三分之一都是虚假的；梅茨林（Mayzlin，2006）、胡楠（Hu Nan，2011）、因多尼尔·波什（Indranil Bose，2011）等对亚马逊（Amazon）和邦诺（Barnes & Noble）

两个网站上的书评进行的详细研究，不仅证明了厂家的网络营销行为对消费者购买决策有显著的影响，而且发现出版商、著作者和销售商有操纵评论的行为，且这种行为确实对消费者的购买决策产生了实质性的影响。

在电子商务网站，大量的产品评论都是正面的，但有些评论对产品高度赞扬，甚至超出了我们正常的情感范畴。比如图9-6所示的这篇对一个100元左右的MP3播放器的评论。

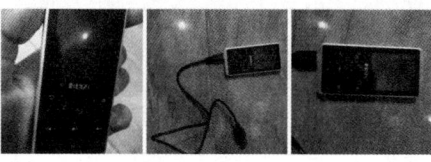

图9-6　电子商务网站虚假评论示例-1

资料来源：京东APP中有关某款MP3产品的评论.

在简短的评论中，评论者多次使用"超级""真的""怒推""挺"等表达强烈正面情感的形容词和副词，已经超出我们正常情况下对一个好产品的夸奖。况且，一个百元级的MP3播放器无论是在做工还是在功能上，应该都是非常普通的水平，不至于让人有这么高的评价。因此，该评论很大可能是虚假评论。

有些的评论对产品本身涉及很少甚至没有，但却对电子商务网站、品牌等大加赞赏，比如图9-7所示的评论。

很明显，作者的意图并不是赞扬他买的USB集线器（评论者对这个USB集线器也并不满意），但是花了绝大部分篇幅高度赞扬了京东自营平台和京东的物流，很明显是一篇非"虚"即"假"的评论。

有些产品的负面评论，只空泛地对产品进行否定和贬低，但却没有实质性内容，比如图9-8所示评论。

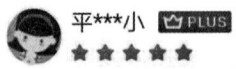

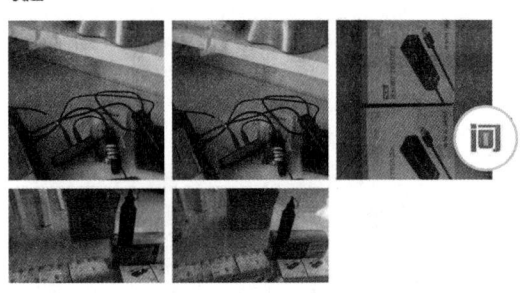

图 9-7　电子商务网站虚假评论示例-2

资料来源：京东 APP 中有关某款 USB 集线器产品的评论.

图 9-8　电子商务网站虚假评论示例-3

资料来源：京东 APP 中有关某个型号的电脑机箱的评论.

　　这是一篇对某个型号的电脑机箱的评论，评论者只说服务差、质量差、售后差，却没有写清楚差在什么地方，缺乏事实描述，让人对其可信度产生怀疑。

　　有些差评不评论产品本身，却评论产品所属的品牌、电商平台、物流，甚至其他产品和品牌，比如图 9-9 所示评论。

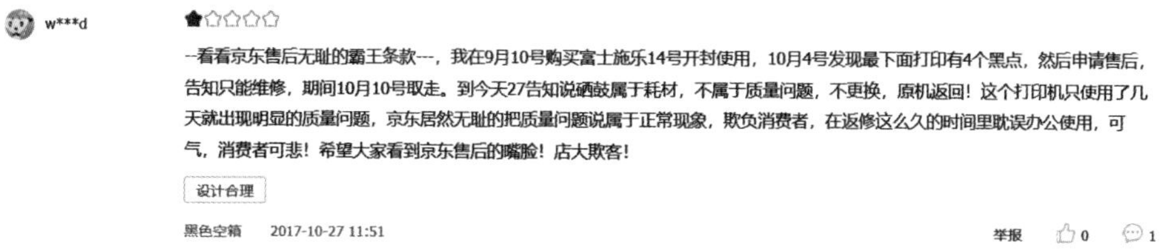

> w***d ★☆☆☆☆
> 一看看京东售后无耻的霸王条款一，我在9月10号购买富士施乐14号开封使用，10月4号发现最下面打印有4个黑点，然后申请售后，告知只能维修，期间10月10号取走。到今天27告知说硒鼓属于耗材，不属于质量问题，不更换，原机返回！这个打印机只使用了几天就出现明显的质量问题，京东居然无耻的把质量问题说属于正常现象，欺负消费者，在返修这么久的时间里耽误办公使用，可气，消费者可悲！希望大家看到京东售后的嘴脸！店大欺客！
>
> 设计合理
>
> 黑色空箱　2017-10-27 11:51　　　　　　　　　　　　举报　👍 0　💬 1

图 9-9　电子商务网站虚假评论示例-4

资料来源：京东 APP 中有关某个型号的电脑机箱的评论。

这是在某型号机箱展示页面下方的评论，可是，整个评论却未涉及该型号机箱，都是在投诉自己在京东上买的富士施乐打印机的质量问题和服务不到位问题。很明显，是评论者为了泄愤，在这里给京东做的反面广告。

因此，从评论者来看，出于宣传、诋毁和泄愤等目的，在相关产品页面的评论区，进行过分褒扬、过分诋毁和与本产品不相关的评论，都属于虚假评论。

从产品生产厂商的角度来看，总的来说，品牌影响力小、知名度低的商品倾向于采用虚假评论，原因在于这些品牌知名度小、品牌力弱、品牌溢价低，如果想要获得好的销量，就必须让人觉得它有超过其他品牌的优势（比如价格、性价比、独特功能等）。在这种心理的作用下，产品营销人员往往会采取夸张或者欺骗的方式进行营销。而大品牌拥有较强的产品力，公司管理也比较规范，相对不太容易采取欺骗的方式进行营销。

9.5　旅游休闲点评类网站的虚假评论

网络时代，人们的吃喝玩乐等休闲消费越来越依赖互联网。斯坦福大学语言学教授任韶堂（2017）在其著作《食物语言学》一书中，非常形象地描绘了在网络时代，人们消费行为对网络的依赖："我们越来越通过阅读评论来决定去哪儿吃，去哪里逛书店，去哪里看电影，去哪里聚会……"

互联网的快速发展为传统的旅游和餐饮产业带来了勃勃生机，通过互联网进行旅游和餐饮类产品的销售和反馈成为最时尚的旅游和就餐方式，而"在线订购—网上支付—用户反馈评价—吸引更多用户在线订购"也形成了一个完美的在线旅游（包括酒店、机票、景点等）和餐饮服务销售的闭环。在这个闭环中，用户在线提交的旅游体验成为其他用户决定是否订购某旅游产品的重要影响因素。

一般来讲，人们总是不断尝试新的旅游景点和餐厅，而不会频繁地去到同一个旅游目的地游玩或同一个餐厅吃饭。因此，这些在线消费者产生的意见对于酒店和旅游景点尤为重要，因其无形产品在消费之前难以评估，其消费者因此严重依赖口碑（Litvin, et al., 2008）。口碑被认为是人类社会最有影响力的信息来源（Iii & Netemeyer, 2002）。随着 Web 2.0 在旅游、酒店、餐饮等行业的渗透，互联网已经成为旅游企业与游客交流和为游客提供服务的最重要的方式（Ho & Lee, 2007）。酒店和餐厅的用户在线评论就成为其他游客和顾客消除信息不对称的重要依据。研究表明，为提高对信息的搜索效率，网民会在网上主动寻找和接收信息（Smith, Menon & Sivakumar, 2005）。另有研究显示，近50%的旅游产品购买者访问了留言板、论坛或在网络社区进行在线旅游产品的采购（Compete, Inc., 2006）。

酒店和餐厅的经营者也看到了在线点评中蕴藏的巨大商机，为了获得更多的用户好评，他们在努力改善服务质量从而获得用户的在线好评。同时，也试图通过其他方式干预或引导用户作出对自己有利的评论。比如，通过对给出好评的用户一定的返现、积分或礼品奖励等。也有的经营者动员自己公司的员工，甚至雇用"网络水军"对自己经营的酒店或餐厅进行鼓吹，在各大点评网站发表大量的好评。还有的经营者甚至在对自己的酒店或餐厅进行鼓吹的同时，还对竞争者进行贬低和诋毁，误导消费者，以获取不正当的经济利益。由于网络传播具有如此巨大的危害，网络上的虚假评论已经成为旅游网站及这些网站用户的真正威胁（Elliott, 2006）。

有些点评网站要求只有在该网站消费过的用户才能进行点评，如携程旅行网（www.ctrip.com）、京东网上商城（www.jd.com）、爱彼迎（www.airbnbchina.com）等；但还有一些网站则不对用户有此类限制，任何人都可以进行评论，比如去哪儿网（www.qunar.com）、大众点评网（www.dianping.com）等。因此，相对而言，第二类网站上的评论比第一类网站上的评论真实性和可靠性会有较大幅度的下降。大众点评网的用户评论如图9-10所示，点评者无须消费也可发表评论。

在线点评类网站中，酒店点评网站出现的比较早，如美国的猫途鹰（www.tripadvisor.com）、Expedia（www.expedia.com）、Orbitz（www.orbitz.com），中国的携程旅行网（www.ctrip.com）、e龙旅行网（www.elong.com）等，还有近几年出现的 Airbnb（www.airbnbchina.com）等民宿平台。这些平台为了提升用户体验，提高客户黏性，很早就提供了顾客在线评论功能。顾客在住完酒店后，可以登录

图 9-10　大众点评网评论页面

资料来源：http：//www.dianping.com/shop/66539128/review.

网站发表对该酒店的看法。这样的一种方式极大地便利了其他潜在顾客对酒店信息的获取。但同时，由于前文所述的原因，这些评论也是鱼龙混杂，短时间内很难判断海量的评论孰真孰假。

一般来说，大型酒店（集团）有更高的管理水平，相对能够获得更高的评价，而且，所获得的评价稳定性较高。而小型酒店和个体经营酒店，由于经营管理水平参差不齐，服务质量不稳定，所获得的评价一致性较差，且负面评价比例应该高于大型酒店。巴特纳格尔（Bhatnagar, 2006）认为，对于企业，尤其是小企业来说，有明确的动机来影响消费者的在线评论，而这些评论对企业的成功有很大的影响。

梅茨林、多佛和谢瓦利埃（Mayzlin, Dover & Chevalier, 2014）对酒店规模和评论极性之间的关系进行了较为深入的研究，他们在 TripAdvisor、Expedia、

Smith Travel Research 和 Orbitz 四家大型旅游网站平台上选择了 3082 家酒店，抓取了这些酒店的评论并进行了详细的对比分析，发现了一些有趣的现象。

（1）小型酒店在 TripAdvisor 网站获得五颗星评分（最高评分）的可能性比它们在 Expedia 网站获得五颗星评分的可能性高出了约 10 个百分点，原因在于 TripAdvisor 并没有要求浏览者登录网站后才可以发表评论，即所有人都能在 TripAdvisor 网站上发表针对任何一家酒店的评论；而 Expedia 网站规定：只有通过该网站预订过至少 1 个间/夜酒店客房的人才能在网站上发布有关该酒店的评论，这就造成不少小型酒店通过动员员工、朋友或雇用"水军"等方式来"刷"五颗星的评级。

（2）小型酒店中，平均有 16% 的酒店所获得的评分比同一区域的中大型酒店的评分还高出一两颗星，这明显不合常理。其原因在于：一些小型酒店会通过各种方式，发布针对其区域内的竞争对手（因为小型酒店的影响范围只局限于其所在区域）酒店的负面评论，以诋毁竞争者，获取不当利益。

（3）相对而言，酒店利用好评操纵评论系统的情况多于利用差评操纵评论系统的情况，部分原因可能是惧怕竞争对手反击和引来法律纠纷。当然，还有一个原因：给竞争对手酒店差评，会让其他同行产生"搭便车"效应，即就算诋毁了一些竞争对手，但最后的订单也不一定落在自己的酒店。因此，酒店更倾向于给自己好评而不是给对手差评的方式来操控评论。研究者还通过定量分析测算，在评论总数为 120 条的情况下，相比其他酒店，小型企业旗下的一家单体酒店平均多发布 7 条虚假的好评。

由此可见，由于小型酒店在品牌知名度、管理水平、服务质量等方面处于劣势地位，因此，在竞争中，会通过为自己的酒店刷好评和给竞争对手的酒店刷差评等方式来达到目的。

尤等（Yoo，et al.，2009）研究了影响旅游类自媒体（Consumer Generated Media，CGM）信息在受众中可信度的有关因素，发现，网站的类型以及网站上其他用户对此信息的评价是影响网站上信息在浏览者心目中的可信度的最重要因素。[1] 在美国，旅行目的地网站通常是非商业性的，因此，很容易赢得用户的信任，但很多旅游局却没有在其官方网站上提供这种信息服务。

除了酒店，餐厅也是旅游休闲类点评网站的一个热点。世界各主要国家几乎都

---

[1] Yoo K H, Lee Y, Gretzel U, et al. *Trust in Travel-related Consumer Generated Media* [M]//Information and Communication Technologies in Tourism 2009. Springer Vienna, 2009: 49–59.

有自己的餐厅点评网站,而且,随着全球化的发展和公司经营的需要,这些网站都在不断拓展全球市场。其中,比较有名的餐厅点评网站有 Yelp（www.yelp.com）、大众点评网（www.dianping.com）、TripAdvisor（www.tripadvisor.com）、携程旅行网（www.ctrip.com）、OpenRice（www.OpenRice.com）、Zomato（www.zomato.com）、Tabelog（www.tabelog.com）等。

在餐厅点评类网站出现之前,餐厅和消费者之间,特别是没有在这家餐厅消费过的消费者之间,信息是严重不对称的。餐厅点评网站的出现,本意在于消除这种信息不对称,让餐厅和消费者能够精准地匹配起来。餐厅点评网站上的评论,人们一般都认为是真正的食客发出的第一手评论,因此,对于其他消费者极具参考价值。当前,餐厅点评网站上的用户评论几乎成为现代人选择餐厅最重要的参考依据,餐厅的经营状况也越来越受到网络评论和评分的影响。目前,已经有大量的研究证明,网站上的大量负面点评能够让一家百年老字号的餐厅遭遇"滑铁卢";大量正面点评也可以让一家垂死挣扎的餐厅"起死回生"。

有研究者将网络评论视为电子口碑（Electronic Word-of-mouth）,他们对餐厅点评网站 Openrice.com（该网站汇聚了香港和澳门的超过 3000 家餐厅）的研究表明,消费者对餐厅网络口碑的感知对他们的餐厅选择行为有非常直接且重要的影响（Cheung,2008）。美国加州大学伯克利分校助理教授迈克尔·安德森（Michael Anderson,2012）通过对比分析 Yelp 网站上的 14.8 万条评论与 328 家餐厅的预订数据,发现网络评分每增加半星,用餐高峰时段餐厅满座的可能性就提高 19%。哈佛大学的迈克尔·卢卡（Michael Luca,2013）和波士顿大学的乔治奥斯·泽瓦斯（Georgios Zervas,2013）[1] 两位教授也对 Yelp 上的餐厅评论进行了分析,发现,Yelp 上的评分每上升一级,餐厅的收入会增长 5%~9%。

网络评论不仅可以让餐厅获得良好的网络口碑,甚至可以"创造"出一家不存在的餐厅,并让这家"虚拟"的餐厅成为人们向往的就餐之所。*VICE UK* 杂志的自由撰稿人乌巴·巴特勒（Oobah Butler）曾于 2017 年年底,利用几张假照片和近百条假评论,在 TripAdvisor 上虚构了一间看似非常不错的餐厅,这样的一家"虚拟餐厅",非但没有被网站管理者和网民发现,反而在 7 个月的时间里冲上了 TripAdvisor 伦敦餐厅排行榜的第一名。巴特勒将此事披露出来,相关视频在 YouTube 被点击了 150 余万次。虽然事后 TripAdvisor 很快删除了这家餐厅所有信息,

---

[1] Michael Luca, Georgios Zervas. *Fake It Till You Make It*: *Reputation*, *Competition*, *and Yelp Review Fraud*. November 8, 2013. http://people.bu.edu/zg/publications/fakereviews.pdf.

但这一事件对于网络上餐厅评论的真实性是一个很好的说明①。

9.6 微博和微信上的虚假评论

微博，又称"微博客"（Microblog），是一种网络社交媒体平台，微博集合了即时通信、短信和社交网站的优势，基于用户之间所建立的"虚拟社会关系"进行信息制造、传播和分享。自2009年8月新浪网推出"新浪微博"内测版以后，微博逐渐成为人们生活中必不可少的一个部分。中国的新浪，美国的Twitter等微博平台都常年活跃着数以亿计的用户。②

微博与博客不同，强调及时、简单。为了保证及时分享、降低准入门槛，微博强调对移动端的支持，并将每篇博文限制在140字以内。微博信息的及时性得到了事实的检验，如2011年5月本·拉登的死讯、2012年9月中国云南彝良地震等消息都是在微博上第一时间发出的。

但是，微博在普及过程中也出现了不少问题：由于博文文本短，难以全面、客观、详细地描述事实；有些作者为了吸引眼球，有歪曲事实，甚至捏造事实的冲动；网民受制于自身的知识和分辨能力，不仅帮着转发尚未被证实的信息，而且还会做一些不理性的评论，无意间成为虚假网络信息的散布者和造谣者的帮凶。据中国社会科学院统计，有近60%的"假新闻"首发于微博③。一些被疯狂转载的微博页面上，动辄有数万条用户评论，这些评论鱼龙混杂，有支持的、有质疑的、有反对的、有否认的，还有一些不相关的广告和无意义的符号，微博和微博评论也逐渐成为虚假评论的重灾区。

比如，2013年12月2日上午，北京朝阳区一外国男子驾驶无证摩托闯红灯，撞到一名中国大妈，国际在线（http：//www.cri.cn）在未核实事情真相的情况下，于次日发布了题为《北京街头外国小伙扶摔倒中国女子遭讹诈，直接急哭》的新闻。该新闻颠倒事实，并故意突出"大妈讹诈""外国小伙"等敏感信息，吸引读者注意。很快该新闻被各路媒体，包括媒体的微博大量转发，就连人民日报的微博在未核实真相的情况下，也迅速在其官方微博上转发该新闻，同时，人

---

① http：//www.sohu.com/a/227239042_99897611，2018-04-04.
② 谢柏林，蒋盛益，周咏梅等.基于把关人行为的微博虚假信息及早检测方法 [J].计算机学报，2016，39（4）：730-744.
③ 中国社会科学院.中国新媒体发展报告（2015），2015-06-24.

民日报的这篇博文也被其他微博账号快速转发，一天时间内被转发了3万余次。一时间，这些博文的评论栏充斥着各种谩骂和诋毁。直到12月3日下午事件真相浮出水面，人们才发现是场闹剧。在此次事件中，无论是新闻制造者、转发者还是不理性的评论者，都是虚假信息制造和传播的参与者，微博又是重要的阵地和载体。

此外，随着微信在我国的迅速普及，该平台也迅速成为网络虚假信息的一个重要来源。比起微博，微信用户黏性更强，且已形成"超媒体"生态系统，因此，微信虚假信息的信息量和传播面已经逐渐超越微博，成为网络虚假信息最重要的来源之一。与微博一样，微信平台上不仅存在大量的虚假信息，一些微信文章后面也一样存在各种虚假评论，这些虚假评论成为微信平台拔不掉的"毒瘤"。

微博和微信平台上的各类新闻和文章，除了评论会存在虚假外，新闻和文章本身也可能是虚假的。如果有人捏造了一个事件，再雇用一帮"网络推手"来炒作这个事件，那么，一件子虚乌有的事情会在短时间内发酵，并造成很大的社会影响。

第10章 网络虚假评论的语言学分析

虚假评论者就是说谎者,在现实世界中面对面交流的时候,说谎者除了用语言欺骗,还会配合肢体语言、表情乃至道具来增加其谎言的可信度(Zhou & Sung,2008)。但网络是虚拟世界,说谎者和被欺骗对象是无法见面的,因此,说谎者主要依靠语言技巧来骗取信任。虚假评论表达的是评论者的虚假感受,但评论者又竭力地想让读者相信自己说的是真实情况,因此,在用词、句法、搭配、结构等方面与真实评论会存在差别。比如:喜欢用第一人称来表达经历的真实性,喜欢用夸张的词汇来强调,喜欢重复以加深读者的印象等。这些特征在进行虚假评论特征建模时具有重要的作用。这种最大限度地从原始数据中提取特征以供算法和模型使用的工作也被称为"特征工程"(Feature Engineering)。

特征工程离不开语言学(Linguistics)的帮助。语言学是对人类语言进行研究的一门科学,包含对语言结构(语法)的研究和对语言所要表达的意义(语义与语用)的研究两类。其中,对语法的研究又包含词法(单词的形成与组成)、句法(决定单词如何组成短语或句子的规则)和语音(声音系统与抽象声音单元)研究[1]。在网络虚假评论的研究中,主要是对评论的词汇特征及句法风格的研究。

10.1 虚假评论的词汇特征

1996年,布勒和伯贡(Buller D B & Burgoon J K,1996)提出了人际欺骗理论(Interpersonal Deception Theory of David Buller and Judee Burgoon)[2],该理论认

---

[1] 岑麒祥. 语言学史概要[M]. 北京:世界图书出版有限公司,2008.
[2] Buller D B, Burgoon J K. Interpersonal Deception Theory[J]. *Communication Theory*,1996,6(3):203-242.

为，在信息传播的过程中，意图进行欺骗的一方会利用信息、行为和精心的操控等方式，使传播的接收者收到一个虚假的信息，从而作出错误的判断。传播的发送者既想操控虚假信息，但又担心这些虚假信息被对方（接收者）发现。同时，传播的接收者试图对信息的真实性进行甄别，对所接收到的信息的真实性持怀疑态度。从理论上来说，如果某人传播了虚假信息，那么，他从事的是一种欺骗行为，这种行为是对真实信息的歪曲，其本身是一种不相关、不全面、不直接和不清楚的行为。因此，在欺骗性语言中，会更加刻意强调其信息的真实性；但是，由于传播者并未掌握真正信息，因此，他并不能描述细节和具体过程。基于此认识，虚假评论在语言结构、使用词汇的类型、复杂度、频率等方面与真实评论存在或多或少的不同。

纽曼和潘尼贝克（Newman M L & Pennebaker J W，2003）认为，说谎常常需要创造一个不存在的有关经历或态度的故事，因此，虚假评论与真实评论可能存在不同。通过计算机程序分析，研究者发现，与真实的评论者相比，说谎者表现出较低的认知复杂性，使用较少的自我参照词和其他参照词，并喜欢使用更多的负面情绪词。

乔弗里·汉考克和劳伦·克里（Jeffrey T. Hancock & Lauren E. Curry，2008）等研究了说谎者与其合作伙伴的语言风格，通过对242份记录的分析，研究者发现，说谎者说谎时会比平时产生更多的词，使用更多的基于感觉的词（例如看、触摸），使用较少自我导向的词，但倾向于使用更多的其他指向代词。此外，说谎者尽量避免在话语中出现因果关系，而动机不明的说谎者更倾向使用否定。

虚假评论者在网络平台上发布虚假评论本质上是一种人际欺骗行为。尤等（Yoo，et al.，2009）从欺骗理论得到启发，从旅游评论网站上分别抽取了若干条真实评论和虚假评论，从语言结构（Language Structure）的角度对真实评论与虚假评论的特征进行详细对比，结果表明，真实评论与虚假评论在使用词汇的复杂度、第一人称代词的使用频率、对产品的品牌和产品名称提及的频率以及评论者的情感极性等方面存在不同，但研究者发现很难用结构化的方法去甄别真假评论。

发表虚假评论就是说谎，说谎是一种特殊的认知活动（Cognitive Activity），因此，会对使用语言有一定的影响，即他们认为谎话和真话是有不同的（R Mihalcea & C Strapparava，2009）。因此，可以结合哲学、心理学和社会学的一些研究，查找欺骗性文本和真实文本之间的不同特征。研究者发现，在欺骗性文本和真实文本中，出现频率最高的前五类语言中有三种都与人有关；在欺骗性文本中，使用较多的是 You、Other、Humans 等表示与作者自己分离的词，而且，与确定性相关的词出现频率很高。在真实文本中，使用更多的是 I、Friends、Self 等与作者自己紧密相关的词，而且，类似 believe、feel、think 等信任导向的词汇使用更多。

奥特（Ott，2011）等运用基于文本细微特征的计算机分析发现，真实的酒店评论会更多地使用诸如"浴室""入住登记""地点""地板""价格"等涉及具体入住细节的词汇；而虚假评论者更喜欢使用"我""我的""我们""度假""出差""我的丈夫"等类别的词汇，其主要原因是真实评论者由于有亲身体验，可以写出非常详细的细节，而虚假评论者为了获得别人的信任，用"我""我的"等词汇来强调自己有真实经历。此外，虚假评论者更喜欢使用动词，而真实评论者更喜欢使用名词。真实评论和虚假评论在对与人类行为和个人生活有关的关键词的使用上也有不同，比如标点符号的数量或者"说大话"的频率。他们基于心理语言学欺骗检测（Psycholinguistics Deception Detection）的相关理论，利用语言获得和词汇计数（Linguistic Inquiry and Word Count，LIWC）软件对虚假评论进行特征建模，并在实证分析中取得 76.8% 的识别准确率。

此外，奥特（2011）等还基于传统的文本分类方法，分别采用一元、二元和三元语法模型进行虚假评论的文本建模，并开发了一种被称为"评论怀疑者"（Review Skeptic）计算机程序[1]，通过分析语法和语义来鉴别虚假评论。在对网上有关芝加哥酒店的 800 条评论的测试中，这个算法鉴别真假评论的准确率接近 90%[2]。

撰写虚假评论本质上是一种"想象性的写作"，因此，如果把评论看成"小说"，将真实评论视为"纪实小说"，那么，虚假评论就可以被视为"虚构小说"。通过研究两种"小说"之间的词汇差别，也可以对相关研究给出启示。有研究发现（Ott，2011），虚假评论的语言结构与文学创作中的想象性写作手法有极大的相似之处。想象性写作手法是指作者在对一些事物和场景并不熟悉的情况下，通过主观臆想和联想，并将这些臆想和联想以文字的方式记录下来的一种写作方法。研究人员研究、对比了虚假评论和想象性写作手法的词性频率分布状态，发现两者的分布基本一致，这可能与两者的内容都是虚构和想象的有关。

以上讨论的都是评论者有意撰写的虚假评论，还有一些虚假评论是撰写者为

---

[1] http://reviewskeptic.com/.
[2] Bill Steele. *Some Online Reviews Are too Good to Be True*; *Cornell Computers Spot "Opinion Spam"* [EB/OL]. http://news.cornell.edu/stories/2011/07/cornell-computers-spot-opinion-spam-online-reviews, July 25, 2011.

了赚取积分、张贴广告和发泄情绪而做的主题无关评论。比如，在评论中，如果出现"搜索微信公众号***""请加微信***""QQ号***""促销""代购""热线""仅限三天"等词汇的时候，基本可判定该评论为广告；如果出现"***牌子的产品都是差""最喜欢***品牌的产品了"，可以判定该评论只是针对某个或某类品牌，而不是针对特定的产品；如果出现"很好很好很好""不错不错不错""满意满意满意""一如既往的好""太差太差太差"等没有实质意义的形容词时，基本可以确定评论者是为了赚取积分而随意作的评论；再比如，在华为手机的评论列表中，出现诸如"小米手机很好""iPhone6值得购买"等其他品牌的手机评论时，可以断定要么是评论者发错了地方，要么是广告，这些也都可以被视为虚假评论。这些评论并不表达评论者的真实态度，对于其他消费者而言也没有任何实际的参考价值，有些研究者也将这些评论视为"垃圾评论"。

如果把每个评论都按其词汇特征进行计算，并将其对应到一个二维坐标系中的某个点，那么，从理论上来说，将所有的评论映射到在这个二维坐标系中后，应该呈现出正态分布（Normal Distribution）的特征（Wu F, 2010），如图10-1所示。在分布曲线上，越靠近中间部分的评论越可能是正常评论，越靠近两边的评论越可能是虚假评论。①

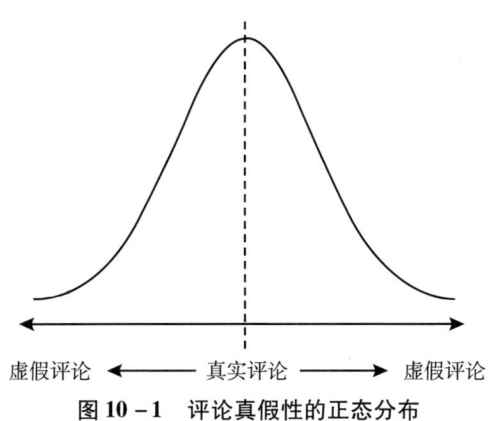

图10-1 评论真假性的正态分布

基于这个思想，美国纽约州立大学石溪分校（State University of New York

---

① 当然，如前所述，也有学者对此持不同态度，认为分布是倒"L"型和"J"型，其原因在于研究者所研究的电商平台上存在大量的虚假评论，特别是大量的过分褒扬的评论，造成评论分布的异常情况。在正常情况下，评论还是应该呈现正态分布的。

at Stony Brook，SUNYSB）的研究人员设计了一种算法，该算法利用了正态分布来检测酒店的虚假评论：将对酒店的所有评论映射为正态分布函数，当某条评论不符合酒店评分的标准统计分布值时，就可以判定该评论为疑似的虚假评论。如果某条评论导致某家酒店的星级评分无法形成标准的统计分布值，那电脑就会标记这家酒店。研究者宣称，他们检测到虚假评论的准确度能达到 72%。

此外，虚假评论在词汇上还有一个特征：多次提及完整的产品或者服务的名称。由于虚假评论具有很强的目的性和针对性，评论的重心在产品和服务，因此，在进行评论时，会不自觉地重复提起其所评价的产品或者服务的完整名称；而对于真实评论者而言，其所要表达的重心是自己的感受，而非产品或者服务，因此，较少或者根本不会提及产品或者服务的名称，更别说全称了。

10.2 虚假评论的句法风格

对虚假评论文本特征的研究最早是从浅层次词汇特征入手的，大部分都基于词典使用 LIWC 进行特征词汇的计数研究（Pennebaker et al., 2007；Hancock et al., 2007；Vrij et al., 2007）。后来，人们又开始探索使用简单的"词汇—句法模式"（Lexico-syntactic Patterns）进行分析，比如 n 元语法（n-grams）和词性标注（Part of Speech, POS）等方法。后来，研究者又发现"词袋"（Bag of Words）在检测特定领域的虚假文本中是有效的（Mihalcea & Strapparava, 2009；Ott, et al., 2011）。奥特等（2011）通过研究酒店虚假评论发现，虚假评论者倾向于使用动词和人称代词，例如："I""my"等。而真实评论者倾向于使用更多的名词、形容词和介词。宋峰等（Song Feng, et al., 2012）认为仅从词汇层面进行虚假评论特征研究太肤浅，他们试图从句法风格的角度研究虚假评论的特征，利用一元模型（Unigram）、二元模型（Bigram）以及两者的综合模型作为文本特征，并利用词性标签对浅层句法信息进行编码。虽然词性标签在虚假信息监测中是有效的，但效果还是没有词语好（Ott, et al., 2011）。因此，宋峰等加强了词汇标注特征和一元模型特征，基于概率上下文无关语法（Probabilistic Context Free Grammar, PCFG）解析树对四种不同的产生式规则编码进行了实验，发现从上下文无关文法（Context Free Grammar, CFG）解析树中抽取的虚假评论特征对虚假评论的检测准确率高于仅通过词汇特征进行检测的准确率。

每位作者都有其特定的句法风格，这也是我们进行作者归属的技术基础（Y Zhao，2007）。因此，对于在网络上撰写评论的用户，如果样本量足够大，可以为每一位作者构建其句法特征模型，从而可以用计算机识别出文章的作者。另一方面，即便是不同的作者，在做有同样特征（比如对产品进行夸大其词的评论）的描述时，他们的句法又会表现出某些共同的特征。这些，都可以作为虚假评论检测的依据。

当前，大部分计算机文本欺骗性检测都是基于浅层句法模式（Shallow Lexico-syntactic Patterns）。浅层句法模式的实现方法主要是词性频率统计，奥特（2011）等已经通过实验证实词性频率统计在虚假评论检测中的有效性。

冯和班纳吉（Feng S & Banerjee R，2012）等从另一个不同的角度研究了文本欺骗检测：将测谎中的语法分析应用于虚假评论的文本句法分析，主要通过对虚假评论和真实评论在句法风格上的差异来进行虚假评论检测。基于评论文本的上下文无关文法，研究者通过斯坦福句法分析器（Stanford Parser）定义了四种不同的产生式规则来作为该文本的深层句法特征。在四个从产品评论到散文生成的不同的数据集上，研究者证明从上下文无关文法解析树抽取出来的特征总是优于多个基于浅层次词汇—语法特征分析的结果。研究者利用该算法，在奥特（2011）等公布当前最好的酒店评论金标数据集上进行测试，结果显示，该方法比奥特（2011）等的识别准确率提高了14个百分点，达到91.2%。

但是，仅仅采用浅层句法特征还是不够的，如果能采用一元语法特性（Unigram）、二元语法特性（Bigram）以及两者的混合特性对评论文本进行建模，将能大幅度提高建模效果和虚假评论识别率（任亚峰，2015）。可以采用词性频率统计来表示评论文本的浅层句法特性，但词性评论特征在虚假评论识别中的效果不如文本的词汇特征好，因此，再将浅层次句法特征与词汇特征相结合，构成词法和句法的混合特征。在深层次句法的特征表达方面，可以利用斯坦福句法分析器产生评论文本中句子的概率上下文无关文法分析树。有实验表明，将浅层句法特性与深层句法特性相结合进行虚假评论分析，效果比单纯用浅层句法特征更有效。

从20世纪90年代初开始，潘尼贝克（Pennebaker，1993）及其同事就着手开发可以用于文本特性分析的计算机工具。基于"最简单的事实就是最直接的证据"的理念，潘尼贝克认为，书写中最基本的单位——字与词最能表达文本的意思，因此，潘尼贝克的早期研究就是针对文本中所使用的词类来计算其出现的频率，诸如代名词、情绪词及认知词等的相对使用百分比。潘尼贝克（1993）及其同事将此工具命名为 LIWC（Linguistic Inquiry and Word Count）①。后来，此软件经过了至少 3 次修订：LIWC（Francis, Pennebaker, Booth, 1993）②、LIWC2001（Pennebaker, Francis, Booth, 2001）③、LIWC2007（Pennebaker, Booth, Francis, 2007）④。该软件从不同的心理和语言层面将 4500 个特征词分为 80 个维度，反映评论者不同的心理状态、思维状态和人格特质。经过不断改进，此软件工具已经具有相当丰富的功能、良好的信度和效度。目前，该软件在社会化文本分析研究中得到广泛应用。

有研究者认为，句子的结构在某种意义上表现了作者的流派，他们采用两种方法来描述句子的结构（Q Xu & H Zhao, 2012）：

$$BIPOS(POS_{-1} + POS)$$
$$DEP(DEP\_label + form + head\_form)$$

文本中词性（Part of Speech，POS）标签出现的频率分布通常取决于文本的类型（Newman et al., 2003），词性二元语法结构（BIPOS）不仅会显示 POS 的频率信息，还会显示句子的结构，因此，研究人员假设：词性二元语法结构比纯 POS 有更好的功能表现。通过计算句子不同结构特征的频率，得到隐藏的文本信息，这些特征也提供了一个与其他句子结构特征进行对比的基线。研究人员从斯坦福分析器（Stanford Parser）（De Marneffe, et al., 2006）的输出中提取相应的特征，整合了三种相互关联的句法特征：依赖标签（DEP_label），当前单词的单词形式（form）和头文字（head_form）。这些特征被作为分类器中句子结构特征集的一部分。

评论的长度也常常作为评论真实性的一个度量标准。在不同的领域，评论的长短对评论真实性判断结果的影响是不同的，有时甚至是相反的。对于产品（如手机、钱包、家电等）评论和书评来说，太短，意味着对产品表现和性能描述不充分，是虚假评论的可能性就比较大；对于酒店、餐厅等的评论更是如此，一般太短的酒店评论和餐厅评论基本上不是广告就是赚取积分的简单评论或随机字符，没有参考价值，都可以列为虚假评论（赵衍，2016）；但是，对于微博、新

---

① 软件说明和下载可参阅 www.erlbaum.com。
② Francis M E, Pennebaker J W, Booth R J. *Linguistic Inquiry and Word Count* [CP]. Technical Report, Dallas, TX: Southern Methodist University, 1993.
③ Pennebaker J W, Francis M E, Booth R J. *Linguistic Inquiry and Word Count* [CP]. Mahway: Lawrence Erlbaum Associates, 2001.
④ Pennebaker J W, Booth R J, Francis M E. Linguistic inquiry and word count [CP]. Austin, TX: liwc.net, 2007.

闻这类的评论来说，由于只是阐述评论者的一个态度，因此，常常都很短，反而太长的评论可能是一些软文或者广告（郭利强，2011）。因此，以评论的长度来判断评论的真实性要视具体情况而定，没有统一的标准。

此外，由于虚假评论者喜欢使用强烈的语气，比如感叹、惊奇、惊喜、反问、质问等，因此，在标点符号的使用上，虚假评论者为了突出表达其情感，喜欢在文中多处使用感叹号、疑问号，有时甚至连续使用多个感叹号和疑问号来表达其强烈的喜欢、厌恶、愤怒等情感。

第 11 章 虚假评论检测的主要方法

如前文所述，由于网络对除评论本身以外的非语言信息进行了天然的过滤，因此，识别网络虚假评论比识别现实生活中的虚假评论要困难许多。但从另一个角度来看，由于有了计算机及相关技术的支持，人们可以借助计算机强大的存储能力和计算能力，以及一定的算法程序对虚假评论进行自动识别（Zhou & Sung, 2008）。由于计算机能够处理的数据量和处理速度是人工识别方式所无法比拟的，这又是对网络虚假评论进行识别的一个优势。

从 2000 年开始，就有少数学者关注网络虚假评论检测方面的研究，但是，当时的互联网尚未普及，网络信息总量很少；而且，网络信息的审核和发布机制比较严格，网络评论的数量极少。因此，当时的研究非常零散，成果很少。但自 2004 年开始，随着 Web 2.0 的兴起，各种自媒体平台、社交网站、电子商务网站和点评网站层出不穷，网络评论数量也陡然增加，并逐渐形呈泛滥之势。海量的网络评论中夹杂着的大量虚假评论逐渐成为困扰消费者和商家的一大难题。因此，从 2007 开始，对网络虚假评论的研究逐渐呈现繁盛之势。

从现有的研究来看，对网络虚假评论的研究主要有两大类方法：基于统计学的方法和基于机器学习（Machine Learning）的方法。早期的一些研究采用了基于统计学的方法，但是，纯粹的基于统计学的方法仅考虑独立的词，没有考虑上下文关系和语义，因此，识别准确率并不乐观。近些年来，越来越多的研究采用基于机器学习的方法。而机器学习方法又可以分为三种：监督学习（Supervised Learning）、无监督学习（Unsupervised Learning）以及部分监督学习（Partially Supervised Learning）。其中，尤以监督学习法的研究最多，无监督学习法次之，此外还有少量研究采用部分监督学习法。

11.1 监督学习法

监督学习法首先需要从实例中抽取一些样本进行标注,构成"训练集"(Training Set),采用一定的算法,对这个训练集进行训练和学习,得到一个"模型"(Model),并用此模型检验其他实例。训练集是输入,一般是经过标注的文本向量。由于经过标注,因此,其中隐含着确定的因果函数关系。这些隐含的关系在模型训练阶段进行归纳和提炼(一般采用回归分析),得到一个模型输出。

监督学习的第一步是选取样本,样本的选择需要具有较强的代表性。对于虚假评论识别这个问题,要选取"真实的虚假评论"是一项不太容易的工作,因为虚假评论者一般不会承认自己撰写的评论是虚假的。而且,对于虚假性的判断,具有相当大的主观性,不同的标注者对于同一个评论的判断可能是相反的。因此,往往采用多人综合判断的方法。比如,选择 3 个人,先对他们进行培训,告知他们识别虚假评论的一些技巧和方法,然后,让他们对同一个评论数据集中的评论进行逐条判断,如果 3 个人都判断为虚假评论,则认为这条评论为"真实的虚假评论",作为训练样本采纳;否则,如果哪怕只有 1 人认为是真实评论也不采纳。

当然,这样做还是有问题的:因为判断标准依然是"主观"的,很有可能漏掉一些伪装的比较好的虚假评论。因此,有人就想到人工制造虚假评论:利用众包平台,召集写手,对他们根本没去过的酒店、没有购买和使用过的产品等撰写评论,从而得到"真实的虚假评论"。这种方法模拟了网上虚假评论的主要生成过程:通过金钱购买没有消费经历的人撰写评论,具有一定的科学性。但是,这些人撰写虚假评论的心理和环境与真正靠撰写大量虚假评论赚钱的写手依然存在差别,这样的差别最终也会体现在虚假评论中,所以,这种"模拟"存在一定的误差。而且,对于一些有过消费经历但却撰写了虚假评论的评论者及其所撰写的评论(比如商家在做"好评返现"活动中,消费者为得到返现,违心做了好评),就没有代表意义了。

监督学习的第二步是进行标注。对于虚假评论,可以从文本的词汇特征、行文风格、标点符号使用等角度,归纳出虚假评论的一些特征并进行标注。比如,第一人称的使用频率、语气词的使用频率、感叹号和问号的出现概率、文本极性及其程度等。当然,也可以对与虚假评论相关的虚假评论者及其相关特征进行标注,比如,对其所发布评论的总体时间分布、评论的平均星级、评论的总体情感极性等进行标注。标注后的数据集就可以作为"训练集"供机器学习算法进行模型训练。

训练集的标注质量对于后续的模型训练具有重要影响。为了获得高质量的训练集,必须对标注人员进行一定的培训,或者邀请领域专家进行标注,这些都需要耗费大量的人力和财力。而且,标注集越大,训练效果越好,因此,监督学习模型的质量和训练集的标注成本是正相关的。在实际工作中,需要在模型质量和标注成本之间取得平衡。

监督学习的第三步是对已经标注的训练集进行训练。由于监督学习事先已经将符合要求的特征进行了标注,即训练集中的"因—果"关系已经明确,因此,监督学习的训练集一般都表示为以下的函数形式:

$$\{(x^{(1)}, y^{(1)}), (x^{(2)}, y^{(2)}), (x^{(3)}, y^{(3)}), \cdots, (x^{(m)}, y^{(m)})\}$$

式中,x 是样本数据中被标记的变量,y 就是标记,训练的目的就是找出 x 与 y 之间的函数关系。训练需要训练算法的支持,训练算法的选择在很大程度上决定了最后得到的模型的好坏。监督学习算法的种类有很多,目前使用较多的有 K-近邻(K-Nearest Neighbors,KNN)算法、决策树(Decision Trees)算法、朴素贝叶斯(Naive Bayesian)算法、逻辑回归(Logistic Regression)算法、线性回归(Linear Regression)算法、高斯混合模型(Gaussian Mixture Model,GMM)、径向基函数(Radical Basis Function,RBF)算法和支持向量机(Support Vector Machine,SVM)等。这些算法一般都是单独使用,但有时为了找到最合适的模型,会进行交叉验证(Cross Validation),即采用几种训练算法分别训练,并对训练出来的模型分别进行检验和比较,选择最优解。也可以将两种或两种以上的训练算法进行综合,取长补短,从而得到比使用单一训练算法情况下更好的模型。

监督学习的第四步就是构建模型。在一般情况下,监督学习过程会产生一个"全域模型",将输入对应到预期输出。但也有些时候,会将这种对应限制在一定的范围内,得到一个区域模型,比如,最近邻居法(K-近邻算法)、案例推论法等一般最后得到的都是区域模型。

监督学习方法在自然语言处理和文本分析领域得到了广泛的应用,其中,主要是文本分类。目前,已经有一些成熟的分类器可供使用。但是,每种分类器都有自己的强项和弱项,有自己擅长处理的问题域和不擅长处理的问题域,即每种分类器都有其特定的使用环境。目前,业界还没有适用于所有或大部分问题域的通用分类器。很多研究都采用不同的分类器进行模型验证并比较优劣。

11.2 无监督学习法

监督学习的前提是有经过标注的数据集,即已经提前告诉系统什么是正确的"因—果"关系,让系统依照此关系进行模型的训练和构建。监督学习关系已知、结果可控,但需要耗费大量的人工标注成本,且模型具有很强的领域局限性。

无监督学习则不需要提前知道结果,只需把原始数据按照既定的格式和规则输入系统,系统会根据一定的算法,自动从这些输入数据中找出他们潜在的联系规则,自动将输入划归到不同的类别中。

无监督学习包括以下几个基本步骤。

第 1 步:随机选取 K 个点,作为初始的 K 个簇中心(Cluster Centroids);

第 2 步:计算每个样本点到各簇心的距离,并将其分配给离它最近的簇中心;

第 3 步:对于每一个簇,再次计算该簇中的所有样本点的距离平均值,移动簇中心到平均值处;

重复步骤 2 和 3,经过若干次迭代后,算法将会逐渐收敛,直到系统趋于稳定,或者达到事先设定的终止条件为止。

无监督学习主要有聚类(Clustering)、离散点(Scatter Points)检测和降维(Reducing Dimensionality)三种。在文本分析中,无监督学习主要就是文本聚类。文本聚类就是应用算法和计算机程序,将输入的文本(不需要事先标注)按照它们之间的相似性(规则在算法或规则库中设定),自动聚为几个类别,类别的个数可以是事先指定的,也可以是系统自己生成的。每个类别内部的各文本之间都有一个或几个相同或相似的特性。

聚类的目标是将数据集中的数据项分组,每组中各数据项的特征尽量相似,不同组之间数据项的特征尽量不相似。聚类算法有多种,最常见的是 K 均值(K-means)聚类。K 均值聚类就是将数据项聚为 K 类,K 值越小,每个分组就越大,反之亦然。每组都有一个"重心"(Centroid),每个数据项都会被归入离它距离最近的那个重心所属的类别中去,数据项和重心之间的"接近程度"一般都是用欧几里得距离(Euclidean Distance)来衡量。某个聚类的重心又是通过计算该聚类中所有数据项的相对平均位置得到的。

举个例子:给无监督学习系统输入大量的称赞文本和大量的批评文本,一个好的聚类算法应该能在未标注的情况下，自动将这些文本中的称赞文本和批评文本分别进行聚类。系统能够在未标注情况下进行聚类的原因是称赞文本和批评文本中都有各自类别内部相同或相似的特征，这些相同或相似的特征一般是通过相同或相似的词语和词语搭配等方式来体现的。比如，称赞文本中一般都包含"好""优秀""不错""了不起""令人满意"等词语（特征）；批评文本中一般都包含"糟糕""失望""不行""差劲"等词语（特征）。

在选择 K 值的时候，有些时候是有充分依据或由领域专家决定的；但也有些时候是主观和随机的。如果初始簇中心选择不当，K 均值算法可能会陷入局部最优甚至无法收敛。为了减少这些情况的发生，可以基于随机初始化，多次运行 K 均值算法，对结果进行多次比较和选择。

利用无监督学习（聚类）进行网络虚假评论识别是典型的"二值分类"问题。因为网络评论非真即假，不存在中间状态。所以，一个优秀的聚类算法对网络评论真假性进行聚类的结果应该是两类：真实评论和虚假评论。但是，对网络虚假评论的聚类比起对"称赞类文本"和"批评类文本"进行聚类的情况要复杂得多。因为虚假评论既有称赞的，也有批评的，还有将称赞和批评混在一起的，也有没有明显情感倾向的广告和为了赚积分的无明确意义的文本。因此，想仅仅通过一个无监督学习算法和一次运算就将虚假评论和真实评论实现分别聚类几乎是不可能的。

同样，利用无监督学习方法对网络虚假评论者的识别，也是近似"二值分类"问题——评论者非真即假。之所以说是"近似"，是因为存在一些评论者在商家的利益引诱或者潜在威胁下，违心地做了与其实际使用体验不符的评论。比如，有很多商家会搞"好评寄赠品"或者"好评返现金"等活动，这时，很多消费者即使购物和使用体验不是很满意，但是为了获得赠品或返还现金，也会给出好评；另外，还有些商家会对不给好评的消费者进行电话骚扰乃至威胁，消费者迫于压力或是基于"多一事不如少一事"的心理，也会违心给出好评。对虚假评论者的识别主要有以下两条路径。

第一条路径：先对评论文本进行无监督学习，识别出虚假评论，然后，将评论的发出者标记为虚假评论者。这种方法会产生一定数量的假阳性数据，原因在于一些真实评论者在利益引诱或潜在压力下，给出了违心的评论。

第二条路径：通过对与评论相关要素之间的逻辑关系进行分析来识别虚假评论者。比如，在产品评论中，如果一个评论者对产品的打分很高，但是却不是正面评论，或者反之，则可以认为该评论者存在欺骗行为；或者，对一群评论者进行分析,如果一群评论者都出现同样的行为规律,比如,都集中在某个时段对某个产品发表情感极性相同的评论,则可以认为这一群评论者是虚假评论者的可能性就很大。

在使用向量空间模型对评论文本进行表示的时候,不可避免地会出现文本特征向量的"高维稀疏"问题,这不仅会让文本特征的计算量呈指数级增加,而且会影响文本特征提取的准确性。因此,需要对文本向量进行降维处理。降维的原理类似于"数据压缩",在尽可能保存数据相关结构和信息的同时,降低数据的复杂度,以利于后续的数据计算和分析。在文本分析中,降维就是要去除文本向量空间中那些对主题表示不起作用或影响很小的词。在实际操作中,有两种最常用的降维方法:主成分分析(Principal Component Analysis,PCA)和奇异值分解(Singular Value Decomposition,SVD)。

主成分分析法利用"降维"的思想,把数据集中的各元组通过线性变换映射到一个新的坐标系中。同时,保证数据投影的第一大方差落于第一个坐标系中,第一坐标系中的数据集合叫"第一主成分";保证数据投影的第二大方差落于第二个坐标系中,第二坐标系中的数据集合叫"第二主成分";以此类推。主成分分析法在减少数据集向量维数的同时,能够保留数据集中最主要的特征。主成分分析的结果是将多个指标缩减为数量更少的几个指标或几个综合指标。

奇异值分解主要是利用降维思想,将一个大数据集转化为几个小数据集来表示,或者说将一个复杂的大矩阵用几个小而简单的子矩阵的相乘来表示,这些小矩阵可以描述大矩阵的主要和重要特性。奇异值分解被广泛应用于自然语言处理领域的语义层次检索(Latent Semantic Indexing,LSI)以及图像处理领域的图像压缩和检索等。

由于无监督学习的相关技术和方法仍处于发展阶段,加之网络虚假信息本身的复杂性,因此,基于无监督学习的网络虚假信息识别方面的研究也尚不完善。目前,相关的实证研究大部分也都是被限定在封闭的测试环境中,比较少有能够直接应用于生产环境的识别系统。

11.3 部分监督学习法

前面讲过,监督学习要利用标注过的数据集对分类器进行训练,且标注数据集的量越大、标注越精确,分类器就越精确。但是,数据集的标注工作是由人工实现的，有些标注还需要依靠专业人士的帮助，因此，标注数据集的获取费时、费力，成本高。而且，在自媒体环境下，虚假评论的内容和具体情况非常复杂，监督学习方法需要针对不同领域、不同主题的评论分别建立完备的标注数据集。再者，随着时间的推移，评论对象及其所属领域会发生变化，主题也会发生"漂移"，造成已有资源对新出现的虚假评论监督信息不足，最终造成系统识别能力下降甚至无法识别的情况。

无监督学习是依靠大量的无标注数据进行自动聚类，虽然省去了大量的人工劳动，但是，聚类效果的好坏高度依赖于算法、种子数据和文本数据集本身的收敛程度，效果常常不理想。相比较标注数据集而言，无标注数据集的获取要简单很多，特别是当前互联网上有大量的网络文本，通过爬虫程序，可以用很小的代价获取大规模数据集用于模型训练。

因此，有学者试图将监督学习和无监督学习的优点进行综合，即利用小规模的标注数据集和大规模的未标注数据集进行模型训练，在成本和效率之间取得一定的平衡，于是出现了部分监督学习（Partially Supervised Learning）方法。

早在20世纪80年代末，李普曼（Lippmann，1989）就已经利用标注和未标注语料进行模型训练。后来，汤姆·米切尔（Tom Mitchell，2000）等研究人员发现，将少量的标注文本与大量的未标注文本混合在一起进行训练，可以提高文本分类器的准确性；他们还提出了一种基于期望最大化（Expectation Maximization）和朴素贝叶斯分类器（Naive Bayes Classifier）的文本分类训练算法，用于对包含了标注和未标注混合文本的分类训练。在实验中，该方法将文本分类错误减少了30%（Tom Mitchell，et al.，2000）。

采用部分监督学习方法能够较好地应对监督信息不足的情况，利用有限的文本资源，通过反复迭代，逐步提升系统的识别性能。部分监督学习方法的工作过程如图11-1所示。

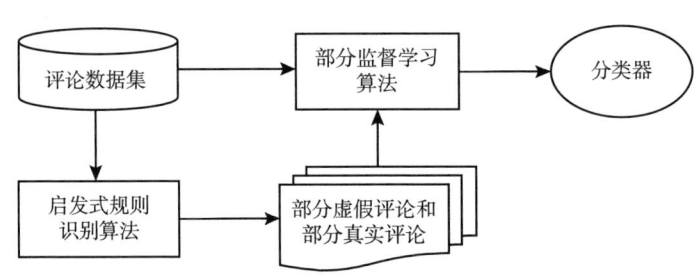

图11-1 部分监督学习方法工作过程

1. 部分监督学习的两种类型

既然部分监督学习依然要借助少量的标注数据,而标注本身又分为正例标注和反例标注两种,因此,部分监督学习又可分为两种类型(Liu B,2009)。

(1)第一种是从少量标注数据(Labeled Examples)和大量无标注数据(Unlabeled Examples)中进行学习,称为 LU 学习(Labeled & Unlabeled Learning,简称 LU Learning)。在 LU 学习中,无标注数据对数据分类也是有帮助的,因为它们可以提供关联信息,为提高分类准确性提供帮助。比如,在已经标注的数据集中,我们发现含有"酒店大堂"这个词的文档倾向于属于某个特定文本类别,如果使用这个事实对无标注的文档进行分类,可能会发现"酒店大堂"和"气派"这两个词在无标注文档中同时出现(共现)的频率很高。在已标注数据集很少的情况下,这种相互关联的关系为提高文本分类精度提供了很有帮助的信息。有不少研究表明,在某些条件下,同时使用已标注和无标注数据集的学习结果优于仅使用有标注数据集的情况。

(2)第二种是从正例(Positive Examples)和无标注数据(Unlabeled Examples)中进行学习,称为 PU 学习(Positive & Unlabeled Learning,简称 PU Learning)。在 PU 学习中,训练集由正例数据和未标注数据组成,其中不含反例数据。首先将已标注的正例的数据集进行分类,然后,利用分类算法对未标注数据集进行训练,最终得到所需的分类。在实际工作中,对于那些从事工作时间较长的人来说,由于他们手头积累了很多相关文档,正例文档很容易得到。因此,PU 学习在标注数据集的获取和处理上常常比 LU 学习更容易。

可以说,比起监督学习和无监督学习,部分监督学习法在某些条件下可以在成本和效率之间取得了一定的平衡,有时甚至还优于监督学习法。但需要注意的是,部分监督学习法依然是需要标注数据的,只是标注量大大减少;而且,在每一个分类中,都必须有标注过的数据,否则这个文本类别就无法进行特征建模。同时需要特别注意的是,在部分监督学习中,未标注的数据集并不一定总能为分类提供帮助。LU 学习算法的假设条件是未标注的数据集中存在与已标注数据相同或相似的特性,但事实上并非如此。当未标注数据集不满足假设条件时,其对分类的作用也许是反向的。

对于虚假评论识别来说,PU 数据集由已被标注的真实评论数据集和未标注的评论组成,其中不含已被标注为虚假评论的数据。建模和算法的目的就是在没有反例标注的情况下,将数据集中的评论分为虚假评论和真实评论两大类。很显然，思路就是将真实评论归入一类，剩下的就是虚假评论，自然归入另一类。

由于网络虚假评论识别问题是一个典型的二值分类问题，因此，很适合使用部分监督学习。不管训练集是已被标注的真实评论（正例）数据集还是已被标注的虚假评论（反例）数据集，算法的最终结果就是将未标注数据集分成虚假评论和真实评论两类。

2. 评论数据集的获取

前文已经提到，之所以采用部分监督学习，原因就在于监督学习需要大量的标注，不仅耗费人力财力，而且通用性也差；而无监督学习不仅计算量大，而且有时不收敛，聚类效果不理想。因此，人们结合上述两者的优点，利用少量的标注数据集和大量的未标注数据集进行分类。

网上海量的在线评论为部分监督学习训练数据集的获取提供了极大便利，利用网络爬虫程序，可以较为容易地获得大量的评论数据。虽然有些网站对爬虫采取了一些限制策略，但总的来说，利用爬虫获取在线评论数据依然是目前最容易、最经济，也是最可行的大规模数据采集方法。

采集到评论数据后，要进行初步的数据清洗。首先需要删除太短的评论，比如删除小于15个字的评论，因为太短的评论包含的信息量太少，难以确定主题，对文本分析没有太大的价值。当然，到底以多少字数为取舍的阈值要视具体情况而定。

然后，从数据集中选择一定数量的评论进行标注。在多数情况下，标注工作是个技术活，需要标注人员具有一定的领域专业知识，因此，最好找领域专家进行此项工作。但是，研究者并不总是能够找到合适的领域专家，或者就算找到了领域专家，但成本高昂，经济上不可行。因此，很多标注工作是由经过一定训练的志愿者来完成的，但这在一定程度上又影响了标注的准确性。对于虚假评论的标注工作来说，由于标注者并不知道某篇评论背后的真实情况，只是从语句、语法风格等方面进行定性的判断，因此，并不能百分之百确定所标注的评论就是虚假评论，存在一定的错误率；而且，对于虚假评论特征的标记也比较主观，标注者存在一定的离差（Deviation）。

标注数据集类别的个数取决于研究者需要对文本进行分类的类别个数。对于虚假评论识别来说，由于只需将数据集分为虚假评论和真实评论两类，因此，只需要标注虚假评论数据集和真实评论数据集两个集合即可。

每个标注数据集中的记录数受数据集的总体大小、标注难度、研究者的要求等多个因素的影响，从几百条到几千条不等。标注数据集之间的记录数也并没有固定的要求，但在虚假评论研究中，一般研究者都取相同记录数的真实评论和虚假评论数据集以便于计算和比较。

3. 启发式规则

随着社会发展速度的加快，人类面临的决策越来越复杂，人们在决策时常常无法获得充分信息，只能依靠有限的信息和过去的经验进行既有条件下的较优决策，因此，传统的精确算法（Exact Algorithm）局限性凸显。20 世纪 40 年代，数学家提出了启发式算法（Heuristic Algorithm）用于解决不完全信息条件下的决策问题；到了 50 年代，贪心算法（Greedy Approach）和局部搜索算法（Local Search Algorithm）成为启发式算法研究的主流；到了 60 年代，人们又开始反思之前的启发式算法虽然速度快，但质量不高，收敛速度慢，对大规模数据集的处理效率和效果不太理想；到了 70 年代，随着人们对自然语言处理问题研究热情的高涨，人们迫切需要一个既速度快，又能找到全局最优解的算法。霍兰德（Holland，1975）对巴格利（Bagley，1967）提出的遗传算法（Genetic Algorithm）进行了更加系统的研究，并受到广泛关注；进入 80 年代，随着算法研究的不断成熟，模拟退火算法（Simulated Annealing Algorithm）、人工神经网络（Artificial Neural Network）、禁忌搜索（Tabu Search）、演化算法（Evolutionary Algorithm）、蚁群算法（Ant Algorithms）、拟人拟物算法、量子算法等一大批效率高、效果好的启发式算法被不断提出来。

认知心理学领域的信息加工理论认为，"启发式"是人类思考和解决问题最重要的方法之一。"启发"一词的英文为 Heuristic，源自古希腊语的 ευρίσκω，也称为策略法、助发现法、启发力、捷思法等。普林斯顿大学教授丹尼尔·卡尼曼（Daniel Kahneman，1982）认为，所谓"启发"，就是"人们在不确定世界中的决策依赖于人们之前获得的有限经验，人们依靠这些经验进行逻辑推导"。卡尼曼因其在不确定条件下的决策制定的有关研究而获得 2002 年诺贝尔经济学奖。卡尼曼认为人类有 3 种最重要的启发模式：代表性模式、可得性模式以及锚定和调整模式。

（1）代表性启发式。人们估计事件发生的概率时，受该事件与其所属总体的基本特性相似度的影响，即人们喜欢根据样本是否可以代表总体来判断其出现的概率，越能够代表总体的样本其出现的概率也越高。

（2）可得性启发式。指人们倾向于根据事件或者现象在记忆中获得的难易程度来评估其概率的现象，即根据事件或现象在记忆中是否容易提取来做判断和决策。因为越常出现的事情给人们留下的印象越深刻，因此，人们总是把最容易回忆起的事情当成以往最常出现的事情。

（3）锚定和调整启发式。人们在决策过程中，常常会"锚定"在最初获得的信息上，并以之为参照来调整对事件的估计。人们在根据给定的信息作出最初的估计后，会根据当前的问题对最初的估计作出调整，但调整的幅度不大。

典型的启发法有试错法和排除法两种。启发式算法常常被称为"试探法"，所谓试探，就是"摸着石头过河"，方法本身并不知道自己最终会找到什么。这种方法只说明如何去找，但并不说明具体要找什么，即它并不说明如何从 A 点到达 B 点，它甚至可能连 A 点和 B 点在哪里都不知道。

比如，对于网络虚假评论识别这个问题，传统的识别算法是首先确定虚假评论的几种类型，对每种类型的虚假评论建立特征模型，识别时，用这些特征模型去"套"每个评论，如果符合某个特征模型设定的条件，就将其归为虚假评论。但是，虚假评论的情况千差万别，想要对每种虚假评论都事先进行完善的建模是有相当大的难度的。一种可以参考的方法是：先对其中的某些虚假评论进行特征标记，然后，以这些评论为"种子"，通过计算机程序"启发"系统去"思考"还有哪些特征也可能是虚假评论，这样，一步一步地逼近最优解。

启发式规则得到了广泛的应用，并被很快应用到机器学习领域。在机器学习领域，启发式规则是指在总结已标注数据集特征的基础上，对未标注数据集进行启发式计算。将所有的启发式规则合并在一起，成为启发式规则集。

所有的启发式算法都是从随机的可行初始解出发，采用迭代改进的策略，逐步逼近问题的最优解。其优点在于：在信息不充分的情况下，它比盲目型的搜索法效率要高。如果能够设计出一个科学的启发函数，启发式算法有望在很短的时间内就得到一个最优解。对于自然语言处理问题，也可在多项式时间内得到一个较优的解。

启发式算法的难点在于建立符合真实情况的一系列启发式规则（规则集）。到目前为止，启发式算法依然缺乏一个完整且统一的理论体系，其主要原因在于算法本身——启发式算法是根据经验提出的。启发式算法本质上遵循的是一种贪心策略，只能求得近似的最优解，而无法保证一定能得到全局最优解，甚至还会错过不符合贪心规则的更优解。有时，启发式算法甚至会得到很差的结果。由于需要不断地计算下一步的最优解，因此，启发式算法的计算量都比较大。不过，随着计算机硬件水平的提高、分布式计算和云计算的发展，目前，计算资源已经不成为启发式算法发展的主要阻碍（当然，前提条件是有足够的经济投入）。

近些年来，随着人工智能研究的再次兴起，启发式算法再次得到科学家们的重视，再一次成为算法研究的热点。当前，防止早熟收敛也是启发式算法研究的热点之一。

4. 部分监督学习算法

部分监督学习算法主要有自训练算法（Self-training）、生成模型（Generative Models）、部分监督支持向量机（SVMs）、多视角算法（Multi-View Learning）等。其中，多视角算法中的视角来自多个源或者多个特征子集，多视角算法主要有协同训练（Co-training）、多核学习（Multi-kernel Learning）等。这些内容本书不做赘述，有兴趣的读者可以参考有关文献。

虽然部分监督学习可以减少一定量的人工标注工作，而且，可以利用丰富的知识库信息，在网络文本分析中具有天然的优势。但是，部分监督学习对初始给定的种子集非常敏感，过于依赖于种子信息，如果引入的未标注文本中存在种子信息中未标注的关系，则会产生大量的噪声；而且，相对于实体名，实体间的关系要复杂得多，如果在未标注文本中出现太多的种子信息中未标注的关系，则模型计算结果很容易产生语义漂移现象；最后，相比较于监督学习，部分监督学习的结果准确率较低。

第12章 虚假评论文本检测

对虚假评论的研究最早开始于对虚假评论文本的研究，且多采用监督学习方法。这一类研究一般都先通过人工选择或制造一定量的虚假评论；然后，从文字和语义层面入手，分析、归纳网络虚假评论的用词、句法、搭配等方面的字面特征，并对这些特征进行标注；接着，采用机器学习算法，对这些标注过的数据集进行训练，从而构建虚假评论的特征模型；最后，利用特征模型对评论数据集进行虚假评论识别。涉及的主要算法有K近邻（K-Nearest Neighbor，KNN）分类算法、贝叶斯（Bayes）分类算法、支持向量机（Support Vector Machine，SVM）、Logistic回归（Logistic Regression，LR）算法等。

由于虚假评论样本量非常大，情况很复杂，训练集的标注具有很强的主观性，而且，不同类型的评论所用的模型不尽相同，模型通用性差，所以，监督学习方法具有很大的局限性。因此，陆续有学者尝试采用无监督学习的方法来检测虚假评论文本。但无监督学习也涉及复杂的自然语言处理问题，目前，无监督学习方法在文本处理中的应用依然存在特征高纬稀疏、维数灾难、不收敛、计算量大等问题，效果也不是很理想。继而，又有学者尝试采用部分监督学习方法，即先标注和训练少量的数据，然后再进行大规模数据集的训练获得模型，最后将模型应用于评论数据集的虚假评论识别，但从目前的研究来看，这种方法也仅在小范围内和实验环境下获得了较高的识别准确率。

近两年来，人工智能技术取得爆发式发展，在图像识别、围棋对弈、自动驾驶、语音识别等领域取得了突破性进展。基于多层神经网络的深度机器学习也被应用于文本分析，比如语义分析（Semantic Analysis）。在自然语言处理的实践中，大量的研究证明，循环神经网络（Recurrent Neural Networks，RNNs）在自然语言处理方面效果更好。其中，又以长短时记忆模型（LongShort-Term Memory，LSTMs）使用最多，效果也最好。LSTMs在词向量表达、语句合法性检查、词性标注等工作中均有很好的表现。目前，有很多研究关注人工智能在文本分析中的应用，但很少有将深度神经网络专门应用于网络虚假评论识别方面的实证研究。

12.1　黄金标准数据集的建立

　　利用监督学习方法进行虚假评论识别的第一个重要步骤是构建虚假评论训练集以便用于训练；同时，还须构建一个真实评论的数据集用于测试分类结果以便对比各算法的优劣。训练数据集的质量对虚假评论检测的准确性有直接、重要的影响。在监督机器学习中，高质量的训练数据集被称为"黄金标准数据集"（Gold-standard Data Set），简称"金标数据集"。但是，在虚假评论识别中，如何确定哪些评论才是"真的虚假评论"或"假的虚假评论"，或者是"真的真实评论"或"假的真实评论"，换句话说，对于抽取出来的评论，研究者如何才能确定这些评论的"真正身份"呢？

　　传统的做法是在网站评论中抓取一定数量的评论，通过人工的方式主观判断评论的真假性，并对这些评论进行人工标注，从而得到训练集。比如，李（Li，2011）通过抓取网络上的有关酒店的评论，建立了一个包含约 3 万条评论的数据集，将所有评论按其有用性程度，分为高度有用评论集（Top-helpful Set）、中等有用评论集（Middle-helpful Set）和低有用性评论集（Low-helpful Set），依次分别抽取了 1000 条、1000 条和 4000 条评论；雇了 10 名学生，对他们进行真假评论辨别技巧的培训后，让他们独立地对这些评论进行识别和标注，最终得到 1398 个虚假评论。但他在论文中并未告知数据集的来源和具体的评价标准，也未公布标注过的数据集。

　　武汉大学的任亚峰（2015）在其博士学位论文《基于标注和未标注数据的虚假评论识别研究》中基本沿用了李（Li，2011）的做法，从 TripAdvisor[①] 上抓取了美国芝加哥地区的相关酒店的 9 万条评论以及评论者的相关信息，将这些评论分为高有用性评论、中有用性评论和低有用性评论三种类型，从中分别抽取了 500 条高有用性评论、500 条中有用性评论和 2000 条低有用性评论，构建了包含 3000 条评论的标注数据集，采用李（Li，2011）提出的数据标注方式，邀请 5 名计算机专业的本科生，经过培训后，对该数据集进行标注。为了得到较为准确的

---

① https://www.tripadvisor.com。

结果，采用大多数投票策略，即每个评论至少被两人标注，如果标注不一致，再由第三个人标注，标注结果取两人一致的结果。最终，在3000条评论中，得到了一个包含712条虚假评论的数据集。

以上做法都是通过抓取评论后由人工根据自己对虚假评论的认识来识别评论的真假，然后对其进行标注、训练和建模，具有很强的主观性和不可预知、不可测量的离差。如果在人工识别的环节就出现误差，那么，对这个标准数据集的标注和训练，以及基于此构建的虚假评论识别模型就存在结构性的误差。如何获得"真实的虚假评论"作为训练集和"真实的真实评论"作为测试集，是研究人员不得不关注的重要问题。

在有些虚假评论识别的研究中利用众包平台获取虚假评论数据。所谓众包平台，就是交易人力的一个网络平台，对于一些计算机很难处理，但人类可以轻轻松松解决的数字任务，例如识别物体、转录视频、执行重复数据删除、标记图像和研究数据详细信息等，需求方在平台上发布任务，给予一定的酬劳，平台上注册的"工人"接受并完成任务。全球做得最好的众包平台是亚马逊土耳其机器人（Amazon Mechanical Turk），该服务于2005年正式推出，目前注册"工人"（被称为Turkers）数量超过50万，Amazon Mechanical Turk成为很多自然语言处理研究人员获得评论数据集的来源，斯诺和奥康纳（Snow R & O'Connor B，2008）也通过实验证明由该平台获得的评论数据集的有效性。

米哈尔西亚和斯特拉伐瓦（R Mihalcea & C Strapparava，2009）为了获得高质量的虚假评论数据集，通过亚马逊的Mechanical Turk众包平台发布注释任务。他们定义了三个不同的主题：关于堕胎的意见、关于死刑的意见以及关于最好的朋友的感受。对于前两个话题（堕胎和死刑），他们要求评论撰写者想象他们正在参加辩论，并有10~15分钟的时间来表达他们对这个话题的意见。首先，他们被要求准备一个简短的发言，表达他们对这个话题的真实意见；然后，他们被要求准备第二次简短的发言，表达他们的相反意见，从而获得他们对这个话题的真实评论和虚假评论。研究者要求每个评论至少须包含4~5个句子，并阐述尽可能多的细节。对于第三个话题（最好的朋友），评论撰写者首先被要求想象他们最好的朋友，并描述他们之间的友谊（包括他们之间的相处的一些轶事）和他们对最好的朋友的感受；然后，他们被要求想象一个他们无法忍受的人，但形容他/她是他们最好的朋友。在这第二种情况下，他们不得不通过说谎来表达他们对这无法忍受的人的好感。同样，评论撰写者被要求每篇评论至少包含4~5个详细的句子。这样，研究者为每个主题收集了100篇真实评论和100篇虚假评论,平均每个评论有 85 个字。研究者还对收集到的评论进行了手工验证,除两个评论外,其他评论都被认为是高质量的。

康奈尔大学的奥特等(2011)认为,获取虚假评论的传统方法具有很大的局限性和主观性,他们通过实验证明,人们无法通过先验知识和启发式规则获得手工标注的虚假评论训练集,但是,人们却可以"创造"出虚假评论数据集。他们也通过亚马逊的众包平台土耳其机器人发布任务,征集虚假评论。针对芝加哥的 20 个酒店,他们定义了 400 项子任务,每个任务 1 美元,要求是"如果你是某个酒店市场部工作人员,现在要求你写一篇本酒店的正面评论,以促进酒店的发展",但实际上,所有撰写酒店正面评论的人都不是该酒店的员工。研究者要求 Truker 必须是本土美国人,每人只能选择一项任务,且每项任务的完成时间不能超过 30 分钟。通过这种方式,在 14 天的时间里,研究者征集到了 400 篇"真实的虚假评论"。同时,他们利用基于启发式规则的网络爬虫程序从著名的旅游点评网站 TripAdvisor.com 抓取了芝加哥同样的 20 家酒店的 6977 条用户评论,对这些评论进行初步筛选,只保留符合以下特征的评论:评论字符数多于 75,对服务评级为最高的五星,评论语言为英语,并且评论者非首次发表评论。通过这样的过滤后,还剩 2124 条评论。再利用人工的方式对这些评论进一步反复评价和筛选,最终选择了 400 篇他们认为是"真实的评论"。这样,就而构建了包括 400 篇虚假评论和 400 篇真实评论的酒店在线评论"黄金标准数据集"[①]。研究人员还选择了三名康奈尔大学的本科生作为志愿者,对这些评论进行逐个检验,以保证其准确性。这两个数据集不仅可以作为虚假评论的训练数据集,而且,还可以作为比较各种不同算法优劣等后续研究的测试数据集。奥特所建立的金标数据集被包括徐(Xu,2012)、李静(2016)在内的很多学者作为训练集和测试集直接采用。

但是,奥特等(2011)研究人员采用的这种通过众包平台获取金标数据集的方法也受到了质疑,质疑的焦点在于这些虚假评论是被募集者在设定的场景和条件下撰写的虚假评论,这种设定的场景和条件与网络上"真正"的虚假评论所处的真实场景和条件还是存在差异的,因此,还无法完全模拟"真实"的虚假评论。慕克吉和维卡塔拉曼(Mukherjee & Venkataraman,2013)等在对美国最大的商业点评网站 Yelp 上的评论进行真假性检验的研究时,就发现奥特构建的金

---

① Gokhman S, Hancock J, Prabhu P, et al. *In Search of a Gold Standard in Studies of Deception* [C]// The Workshop on Computational Approaches To Deception Detection. Association for Computational Linguistics, 2012: 23–30.

标数据并不能完全模拟真实情况下的数据。

由于在实验环境下无法从根本上获得100%的真实或虚假评论，因此，有些学者在测试数据集建立后，再通过人工抽样的方法检验测试集的准确性。有研究者从中国蜂鸟摄影论坛①上采集了两万余条评论，请了两位资深的摄影师对所有评论进行了真假性标注，最终选择了其中被标注为真实评论和虚假评论的各900条评论，共计1800条。为了评价这个非金标数据集的准确性，研究人员随机抽取了800条评论并进行了二次标注，计算其Kappa系数（k值），以评价标注的效果（即标注的准确性）。Kappa系数的计算公式为

$$\kappa = \frac{Pr(a) - Pr(e)}{1 - Pr(e)}$$

式中，$Pr(a)$表示两次标注一致的比例，$Pr(e)$表示两次标注期望的偶然一致比例（Carletta，1996）。在这1800条评论中，Kappa系数达到了0.97，说明两次标注的一致性是比较高的，即该数据集具有较高的可信度（Qiongkai Xu & Hai Zhao，2012）。

总之，对于金标数据集的建立问题，焦点在于如何获得"真实的虚假评论"和"真实的真实评论"。"真实的真实评论"比较容易获取，但"真实的虚假评论"的获取就比较困难，因为无论是采集现有的评论然后再人工判断，还是通过众包平台征集真实或虚假评论，都存在一定的误差。最好的方法应该就是让虚假评论者承认自己的评论是虚假评论，但这在现实中又不太可能。

也正是难以获得"真实的虚假评论"数据集，所以，越来越多的研究者开始探索利用无监督学习、部分监督学习等无须标注数据集或少量标注数据集的方法来识别虚假评论。

12.2 虚假评论的特征提取与特征选择

从操作流程和操作方法角度来看，对虚假评论的特征提取和特征选择与一般文本处理中的操作并无二致。一般的思路都是先从评论数据集中抽取频繁出现的、且具备虚假评论特征的词作为候选特征词，然后，再利用设定的修剪规则对候选的虚假评论特征词进行过滤处理。这种做法非常普遍，也能够获得比较高的

---

① http://bbs.fengniao.com/forum/.

召回率，但准确率就比较低。当然，也可以抽取虚假评论中频繁出现的名词或者名词短语作为候选特征词，然后，再计算候选特征词与被评论对象所属类别的互信息，依据互信息来决定候选特征词的取舍。这种方法可以获得更高的准确率，但召回率又会有所下降。

在评论中，主要涉及三类对象和特征：被评论对象、对象属性、对属性的判断。为了便于理解，在这里，我们引入关系模型（Relational Model）（E. F. Codd, 1970）理论和关系型数据库（Relational Database）（Peter P. S Chen, 1976）理论中的一些概念来分别对应上述的三类特征：实体（Entity）、属性（Attribute）和属性值（Attribute Value）。被评论对象就是实体，被评论对象的属性就是属性，对属性的判断就是属性值。

1. 被评论对象特征

被评论对象即实体（Entity），在自然语言处理中一般被称为"命名实体"（Named Entity，NE），命名实体就是人们感兴趣的专有名词和特定的数量词（MUC，1995），包括地名、人名、机构名等。从广义上来看，命名实体还包含时间、数量等。

在 1995 年 9 月举行的全球讯息理解会议[①]（Message Understanding Conference，MUC）上，引入了命名实体的测评任务，并规定命名实体包含三项任务：实体名（Entity Name），包括人名、地名、机构名；时间表达式（Temporal Expressions），包括日期、时间和持续时间；数字表达式（Number Expressions），包括钱、度量衡、百分比以及基数等（MUC，1995）。中国 863NE 测评（2004）中也规定了和 MUC 基本一致的命名实体的三项任务。

在网络评论中，由于评论对象的不同，涉及的命名实体也差别很大。比如，对景点评价中涉及的地名、景点名等以及时间表达和数字表达；对酒店评价中涉及的酒店名、街道名、酒店所属的集团名等以及时间表达和数字表达；对产品评价中涉及的产品名、品牌名、型号等以及时间表达和数字表达。命名实体识别（Named Entity Recognition，NER）一直是自然语言处理中的一个经典问题。命名实体识别的任务就是判断一个字符串是否代表一个命名实体，并确定它所属的命名实体的类别。

[①] 讯息理解系列会议（Message Understanding Conference，MUC）由美国国防部高级研究计划署（The Defense Advanced Research Projects Agency，DARPA）资助，从 1987 年开始到 1998 年，该会议共举行了七届。

命名实体识别常用的两种主要方法是基于规则的方法和基于统计的方法。从目前实验结果来看，基于规则的方法性能要优于基于统计的方法约2%左右（Chinchor，1995）。其主要原因在于基于规则的方法有大量的专家参与，能够发现其中隐含的实体名。

基于统计的方法主要有最大熵（Maximum Entropy，ME）、支持向量机（Support Vector Method，SVM）、条件随机域（Conditional Random Fields，CRF）和隐马尔可夫模型（Hidden Markov Model，HMM）等。传统的公认的效果比较好的处理算法是条件随机域，它是一种判别式的概率模型，用于描述在给定一组输入序列条件下另一组输出序列的条件概率分布，常用于标注或分析序列资料。

命名实体识别最大的困难是未登录词（Out Of Vocabulary，OOV），未登录词就是在命名实体表中未列出的词，出现未登录词的原因有很多，比如新出现的词汇未收录、同义词未收录、缩略词未收录、同义英文未收录等。在网络评论中，由于评论具有极强的随意性，加之网络用语出现和消失的快速性，因此，未登录词出现的概率远高于权威发布的文本。比如，"魔都""躺枪""秒杀""李刚""表哥"等，都具有非常强烈的时代特征，如果词汇表来不及收集这些词汇，系统就无法识别。

未登录词识别是自然语言处理领域的一个研究分支，有时，可以通过上下文概率来识别未登录词。比如，在"教授"这个词的前面的词，很有可能是人名；同样，在"我们欢迎"的后面，也可能是人名。由于中文句子具有很严格的规则，因此，也可以采用匹配规则来识别未登录词。比如"动词+姓+名+标点符号"是一个典型的中文搭配，具体如"我是李向阳！"可以根据这个规则来识别："是（动词）+李（姓）+向阳（名）+！（标点符号）"。随着研究的深入，现在，也有研究者利用人工智能的有关技术来识别命名实体和未登录词。有研究者提出利用深度主动学习（Deep Active Learning）识别命名实体，并在亚马逊平台上获得了较好的实证检验结果。（Shen Y，et al.，2017）

2. 对象属性

被评论对象的属性是指被评论对象的特征项，在关系模型中对应的概念是"属性"（Attribute）。举例来说，"智能手机"就是一个"实体"，对智能手机的评价是多方面的，有美观、音量、手感、屏幕、速度、清晰度等，这些就是手机的"属性"。由于现实世界的多样性和变化的快速性，有时确定一个实体的属性集是一项比较复杂的工作。有些实体的属性集在业界已经有成熟参考模型，但还有一些实体的属性集则需要研究者自己去构建。此外，有一些实体的属性集虽然有可参照的模型，但应用在不同的领域时，还需要研究者再进一步修改和完善。

实体属性集内部的各属性项之间并不总是平行关系，常常还存在更复杂的从属和包含关系。比如，对于手机"外观"这个属性，有"形状""颜色""大小"等多个子属性，在"颜色"这个子属性中，又有"整体色调"和"具体颜色"这两个子子属性。这些属性组合在一起构成了一种"树状"的数据关系集。

为了更科学、规范地表述实体的属性集，研究人员常用"本体"（Ontology）来描述。Ontology 一词是 17 世纪的德国学者郭克兰纽斯（Goclenius，1547—1628）提出的，由于本体论是对概念化的精确描述（Gruber，1995），因此，本体论被用于描述事物的本质。在信息科学中，本体论给出构成相关领域词汇的基本术语和关系，以及利用这些术语和关系构成的规定这些词汇外延规则的定义（Neches，1991）。

比如，有学者通过查阅智能手机的设计资料和前人的研究成果，构建了智能手机本体模型。该模型共包含智能手机的 19 个属性，分别为屏幕、摄像头、外壳、电池、信号、速度、信号强度、无线网络、手感、美学、话筒、听筒、扬声器、闪光灯、按键、操作系统、质量、快递和其他，并对每个属性定义了子属性（赵衍，2015）。

3. 属性值

对于被评论对象的每个属性的具体评价可以被视为"属性值"。评价表明的是评论者的一种态度，这在自然语言处理和舆情分析中被称为"情感极性"。对带有感情色彩的评论文本和评论者态度的分析就是"情感分析"（Sentiment Analysis，SA），这个过程包含分析、处理、归纳和推理的一系列行为。目前，对情感极性的分析和分类方法主要有两种：基于词典的方法和基于机器学习的方法。

态度有正面、负面和中性三种，因此，对应的情感极性也有正面、负面和中性三种，相应的属性值有正值、负值和中间值三类。如果简单处理，我们可以将正面态度的值设为 +1，将负面态度的值设为 -1，将中性态度的值设为 0。但是，同样是正面或负面态度，评论者所要表达的情感程度是不同的，用同一个值来表达不同程度的正面或负面情感是不科学的，也有悖我们的常识。比如，"还可以""好""很好""非常好""好的简直无法用语言表达"这几个词和短语都是表达正面评价，但它们所要表达的评论者的认可程度明显有深有浅，如果对它们都赋值为 +1 显然不合理。因此，需要对表达不同程度的评价的词赋予不同的权值，比如，可以对上述的几个正面评价的词和短语分别赋值为+1、+2、+3、+4、+5，就可以区分出评论者情感的强度，这对后续的情感分析和判断有重要价值。对于负面评论亦然。

但是，仅做这样的划分还是远远不够的，中文是博大精深的，同一个词在不同的语境下，表达的情感极性是不同的，甚至是相反的。比如，"历史上曾发生过多次惨绝人寰的屠杀事件"和"我父母对我的关心简直可以用惨绝人寰来形容啊！"很明显，第一个"惨绝人寰"是负面极性，第二个"惨绝人寰"则是评论者使用的一种夸张的反语，明贬实褒，想要表达的其实是对父母关心的认可。

有时候，同一个词可以有多种意思，它们在不同的语境下，极性是不同的。比如"这个产品真垃圾"和"垃圾不能随便乱丢"这两个句子中，都有"垃圾"一词，但很明显，第一个"垃圾"是形容词，表达负面极性；第二个"垃圾"是名词，是中性的。

有时候，在极性词前面加否定词，词义就会反转；如果加两个否定词，词义又会被加强。常用的否定词有不、没、无、非、莫、弗、勿、毋、未、否、别、休等。

也有一些时候使用反问来进行否定和语气及观点强化，反问常用"难道""难道不是"等表示。比如"难道还有比这个手机更适合拍照的吗？""长城难道不是世界上最伟大的工程之一吗？"等。

因此，对于属性值的权值设定和情感极性的判断是一项非常复杂的工作，也是目前自然语言处理、舆情分析等领域的难点，这也是网络虚假评论识别工作中绕不过去的一个问题。

12.3　重复评论检测

重复评论（Duplicate Reviews）是虚假评论中常见的一种类型，重复评论有明显的"水军"的痕迹，也是比较容易检测的一种虚假评论。在之前的针对重复内容的垃圾邮件检测的相关研究中，重复内容的文本检测技术已经相对比较成熟。

重复评论检测的核心技术是文本相似度分析，主要方法有字符串相似度和统计相似度（李真，2009）。基于字符串相似度的算法也叫模式匹配算法，基本思想是在主字符串中查找与子字符串相匹配的字符串。与字符串模式匹配有关的算法有 BF（Brute Force）算法（蛮力算法）、KMP（Knuth－Morris－Pratt）算法、Boyer－Moore 算法、Horspool 算法、Sunday 算法、KR（Karp－Rabin）算法、Aho－Corasick 算法（AC 自动机）等。但早期的模式匹配算法都存在效率低、系统开销大等问题，难以应付海量网络文本。亚利桑那大学的曼巴（Manber，1993）提出的近似指纹（Approximate Fingerprints）算法虽然对传统算法进行了改进，但基本思想仍然是字符串匹配。在近似指纹算法的基础上，布罗德等（Broder, et al., 1997）提出了改进的 DSC（Digital Syntactic Clusfing）算法。该算法虽然提高了匹配效率，但对短文本的支持不好，在以短文本为主要特征的网络评论文本处理中效果很差。近些年流行的 I－Match 算法（Chowdbury，2002）及其改进算法获得了广泛应用，但该（类）算法需要语料库的支持，且受限于领域知识，成本高，可移植性差。

字符串匹配的有关算法原理简单，易于理解，在计算机上实现起来（编程）比较容易，但系统开销大，且对经过处理（比如调换一个句子中词的位置）的重复文本识别率低。

Hash 算法以其抗碰撞性好、映射分布均匀、单项性等优点，在自然语言处理中获得广泛应用，也常被用在重复文本检测中。李真等（2009）以词和句子为单位，对文本进行分块，提取文本"指纹"（Fingerprint），将文本指纹映射到 Hash 表中，每个指纹都有对应的一个 Hash 值。最后，采用安全散列算法1（Secure Hash Algorithm 1，SHA－1）计算 Hash 表中相同的指纹数目及比率，作为文本相似度的依据。

基于统计的方法主要思想是利用统计学模型，根据文本的统计信息来计算文本相似度。基于统计的方法从整篇文档的全局出发，统计两篇文档中相同的词出现的情况，能够解决字符串匹配方法所不能解决的词序调换、句顺调换等问题。目前主流的方法是基于向量空间模型的 TF－IDF 方法。

金达尔和刘兵（Jindal N & Liu B，2008）利用亚马逊网站（amazon.com）上的真实数据进行了重复评论检测。研究人员抓取了亚马逊网站上 210 万评论者发出的针对 120 万件商品的 580 万条评论，将每条评论分为 8 个部分：< Product ID > < Reviewer ID > < Rating > < Date > < Review Title > < Review Body > < Number of Helpful feedbacks > < Number of Feedbacks > < Number of Helpful Feedbacks >。通过分析，发现 68% 的评论者只撰写了一条评论，只有 8% 的评论者撰写了 5 条或 5 条以上的评论；有一半的产品只有一条评论，只有 19% 的产品有 5 条或 5 条以上的评论；评论和评论反馈严格服从幂次分布（Power Law），如图 12－1 所示。

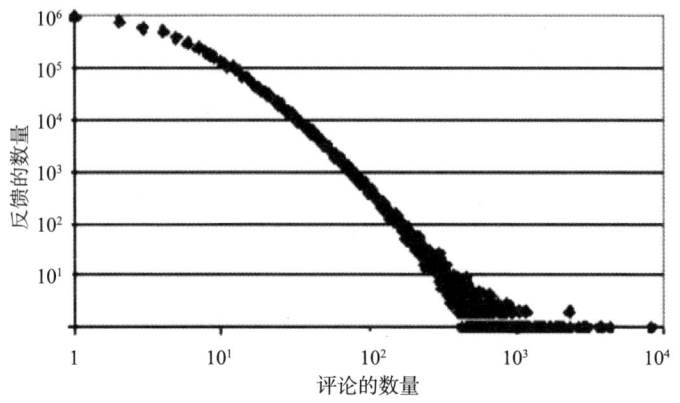

图 12-1　评论和反馈的分布情况

资料来源：Jindal N, Liu B. *Opinion Spam and Analysis* [C]//Proceedings of the 2008 International Conference on Web Search and Data Mining. ACM, 2008：219-230.

研究者发现，在撰写了超过一条评论的评论者中，有约 10% 的评论者撰写重复评论，其中，办公电子（Office Electronics）、戏剧光碟（Drama DVDs）、世界文化书籍（Word Literature Books）和进步音乐（Progressive Music）四种产品的重复评论比例最高，且遵循基本一致的分布，如图 12-2 所示。

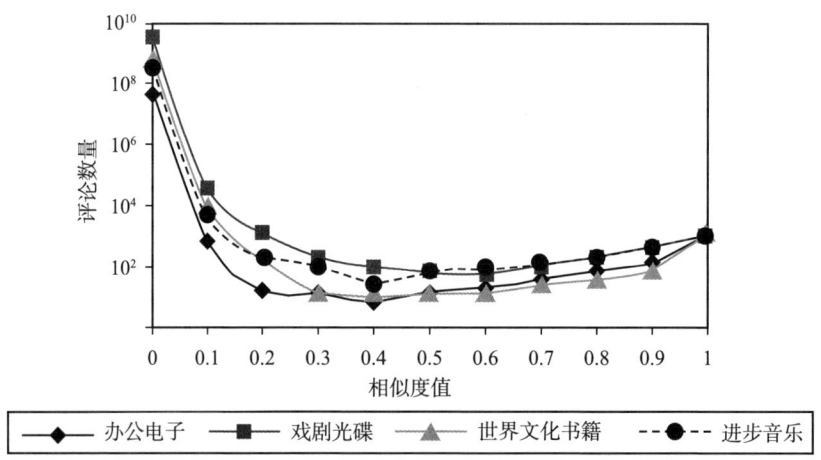

图 12-2　四种产品重复评论的分布情况

资料来源：Jindal N, Liu B. *Opinion Spam and Analysis* [C]//Proceedings of the 2008 International Conference on Web Search and Data Mining. ACM, 2008：219-230.

网站上的重复评论被归纳为四种主要类型：同样用户账号，同样的产品；不同用户账号，同样的产品；同样用户账号，不同产品；不同用户账号，不同产品。

重复虚假评论可以分为三种类型：虚假观点、仅针对品牌的评论、不是评论的评论（Non-reviews）。对于第二和第三种评论，可以采用监督学习的方法，先对评论、评论者和产品三个对象，归纳评论相关、反馈相关、文本相关和其他四个大类共32个特征项，运用概率统计的相关思想，对每篇评论赋予一定的权重并对他们进行排列，运用逻辑回归的方法进行二元分类（Binary Classification）。

对于第一种评论，由于人工标注非常困难，因此，可以先将这一类评论分为鼓吹性评论（Hype Spam）和诋毁性评论（Defaming Spam）两类，然后采用重复和近似重复的检测方法进行检测。研究发现，级别高的评论者撰写了大量的评论，但这些评论对产品的评价与产品所获得的平均评价之间偏离程度很大，因此，为虚假评论的可能性更高。

12.4 基于监督学习的虚假评论文本识别

由于监督学习方法相对比较成熟，特别是在解决特定领域的问题时，过程和结果都相对可控，因此，也被用于网络虚假评论识别的相关研究中。目前，网络虚假评论的文本识别研究大部分都采用了监督学习的方法。

采用监督学习方法，首先需要获得虚假评论数据集，并进行标注，用于后续的训练。为获得"真实的虚假评论"，目前，研究人员主要采取两种方法。

第一种方法：研究人员首先通过网络爬虫或人工的方法从网上抓取一定数量的评论，然后，招募若干志愿者，并对其进行虚假评论识别方面的培训，然后，让他们从抓取的评论中标记虚假评论，将所有人或者超过一定比例的志愿者都标记为虚假评论的评论抽取出来，用于后续的进一步标注。比如，何海江等（2009）通过爬虫随机摘取网络评论、博客文章和BBS文档，分别选择其中一部分进行人工标注，建立训练集。

第二种方法：在一些众包平台上招募志愿者，用金钱去购买虚假评论。具体做法是让一些志愿者去撰写他们根本没有住过的酒店、根本没有买过和用过的产品等的正面或者负面评论，给每篇符合要求的评论一定的报酬。比如，前面提到的奥特（2011）等利用亚马逊土耳其机器人（Amazon Mechanical Turk）获得的400篇虚假评论。

获得虚假评论集后，就需要对评论进行标注。对标注人员需要进行一定的培训，并采取尽量统一的标注标准。对文本的标注主要是对词、句、标点符号等进行标注（详细做法请见12.1节）。

标注完毕后采用算法对标注数据集进行训练，常用的算法包括Shingle算法、回归算法、朴素贝叶斯算法、主成成分分析法、支持向量机等。在目前的研究中，这些算法都有不少人采用，实验效果也是各有千秋。比如，何海江等（2009）通过爬虫随机摘取网络评论、博客文章和BBS文档，分别选择其中一部分进行人工标注，建立训练集，采用Logistic识别垃圾评论，并将其与支持向量机（Support Vector Machine，SVM）的性能进行对比；奥特等（2011）先利用亚马逊土耳其机器人（Amazon Mechanical Turk）获得了800篇评论，然后采用二元分类法，从文本风格的识别和基于心理学的欺骗检测等角度，深入分析从字面上不易识别的虚假评论特征，经检验，准确度达到90%。金达尔和刘兵（2007，2008）从amazon.com网站上抓取了近600万条评论，并建立虚假评论样本进行训练，采用Shingle和Logic Linear Regression两种算法识别重复评论；也有研究者利用基于概率的上下文无关文法规则，对虚假评论特征进行分析，并采用支持向量机分类器，对真实评论和虚假评论进行分类（Song Feng, et al.，2012）。

网络虚假评论的具体情况非常复杂，仅通过字面分析的识别效果有较大的局限，因此，有学者将虚假评论、虚假评论者、虚假评论对象等要素结合起来进行分析，以提高虚假评论识别的效率和准确性。

一些点评网站为了保证其网站信息的真实性和网站的权威性，对用户点评进行了过滤，将他们认为虚假的评论不予显示或标记为"不推荐"。这些网站的过滤算法和过滤效果也成为研究人员感兴趣的话题。慕克吉和维卡塔拉曼等（2013）在此方面最早展开了研究，他们注意到，美国最大的商业点评网站Yelp对评论进行了虚假评论过滤，但处于商业利益考虑，Yelp并未公布其过滤算法。为了研究Yelp网站过滤算法的有效性，慕克吉等（2013）利用全监督学习算法，分别从语言特征和行为特征两个角度，对Yelp网站的虚假评论过滤规则进行了检测。结果表明，虽然基于语言特征的方法在奥特（2011）和宋峰（2012）等的研究中能达到90%的准确性，但是，在Yelp这样的真实商业环境中进行虚假评论的检测效果却并不明显。而在Yelp网站的评论中利用基于行为特征的虚假评论检测方法，达到了86%的准确度。因此，研究者判断，Yelp网站的虚假评论检测可能没有采用基于语言特征的方法，而是采用了基于行为特征的方法。这一点也比较容易理解：因为网站很容易获取评论者的IP地址、所用设备的MAC地址、发表评论的准确时间等信息，而这些信息是判断虚假评论和虚假评论者非常重要的参考依据。

此外，研究人员还对奥特等（2011）利用亚马逊众包平台 Amazon Mechanical Turk（AMT）获得虚假评论，并用 n 元语法模型（n-grams）进行检测的研究方法进行了深入研究，他们利用与奥特等（2011）所采用的一样的 n-grams 算法对 Yelp 网站的虚假评论进行检验，但发现效果并不理想。研究人员推测，原因在于通过众包平台获得的虚假评论由于评论发出者有既定的场景限制和身份限制，因此，他们撰写的"虚假评论"并不能代表真正意义上的虚假评论。这也验证了作者在前面所提出的"真实的虚假评论难以获得"这一推断。

虽然监督学习方法在虚假评论检测中应用比较广泛，研究者也进行了一些较为成功的虚假评论识别的实验。但是，监督学习需要人工标注训练集，训练集的选择对训练结果质量具有重要的影响，如果训练集的选择缺乏代表性，识别效果就会很差；而且，对训练集的标注是依赖人工进行的，不同的人标注的结果是不一样的，具有很强的主观性和离差，这也会对训练结果的质量造成很大的影响。现有的研究已经表明，人工标注的数据集存在误差，这些误差会影响分类器的生成和评价。最后，用这种方法提取的评论特征严重依赖评论数据所属的领域，模型使用的范围非常局限，缺乏通用性，造成实际应用中的成本居高不下。因此，有一些学者采用无监督学习和部分监督学习的方法研究虚假评论问题。

12.5 基于无监督学习的虚假评论文本识别

监督学习法虽然效果较好，但需要大量的人工标注，训练集的选择和标注的质量对识别的结果影响很大，且成本较高，存在领域局限性。因此，有学者尝试用无监督学习法进行虚假评论识别。因为虚假评论识别是一个二值分类问题（评论非真即假），因此，无监督的聚类学习方法在虚假评论识别中具有一定优势——所有评论自然分为"真"和"假"两类，但问题的关键在于确定分类的标准。

前文已经论及，凡是与被评论的产品或服务无关的评论（即主题无关评论）都可以被视为虚假评论，因此，可以用主题相关度作为分类的标准：设定一个阈值，高于阈值的就是主题相关评论，低于阈值的就是主题无关评论，是虚假评论。

一种方法是通过预设的主题模型或词典，对真实评论的主题进行界定，利用向量空间模型和概率统计方法，计算评论文本与主题模型的相关度。这种方法虽然思路简单，实现起来也比较容易，但是，它把文本表述这件复杂的事情太过简单化处理，造成在实际识别效果并不好。

如果把虚假评论作为小概率事件，即如果我们假设网络评论大部分是真实评论，那么，所有的评论的中心值应该更接近真实评论的中心值，远离虚假评论的中心值。依据这个思想，有研究将整个评论视为电阻网络，将虚假评论作为该网络上的语义离群点，采用无监督学习的方法，设计了一种基于电阻网络的虚假评论识别方法，该方法计算各节点（各条评论）对整个电阻网络（所有评论）的平均电能消耗的影响，通过"电离群因子"来度量节点的离群度（谭文堂，2012），从而识别主题无关评论。

文本层面的无监督学习检测对重复评论的识别比较有效，对非重复虚假评论的识别效果不理想。原因在于无监督学习采用的是基于文本相似度的文本聚类，而文本的表述千差万别，变化多样，很多人工很容易判断的内容，计算机却很难识别。比如，有以下三句话：

（1）这手机像素很高、运行流畅、声音悦耳！
（2）手机屏幕分辨率很高，速度快，音质好！
（3）说好的分辨率高、速度快、音质好呢？

从语义上，我们很容易分辨出（1）和（2）是一类，都是肯定的正面情绪，（3）是否定的负面情绪，应该归入另外一类。但是，如果通过文本相似度度量，很容易将（2）和（3）归入一类，（1）归入另外一类。因此，在文本聚类上，无监督学习具有先天不足。

由于基于纯文本的无监督学习具有局限性，因此，有学者将评论文本与评论对象、评论时间、评论者账号等信息相结合，对虚假评论的相关变量进行综合研究。这种研究一般先根据一定的规则，对评论、评论者、产品等进行分组（Group），然后分析组之间的相似性和相关性，进而判断虚假评论和虚假评论者。

比如，尼丁·金达尔等（Nitin Jindal et al.，2010）分析了amazon.com上的用户评论，将用户评论的对象细化为产品、品牌、类别，将用户评论分为正面、负面和中性，对于用户的评论欺骗行为提出了3种假设，分别设计了这3种情况下识别虚假评论的方法。

评论者的打分行为在虚假评论的无监督学习研究中也得到了关注。为了方便用户评价，很多电子商务网站和点评网站都设置打分功能，比如电子商务网站的"产品与描述的一致程度""物流速度""服务态度"等，餐厅点评网站的"环境""口味""价格""服务态度"等。这些网站设置打分功能的本意是给用户一个标准化的衡量办法，以便后续的购买者参考。一个典型的产品打分页面如图 12-3 所示。

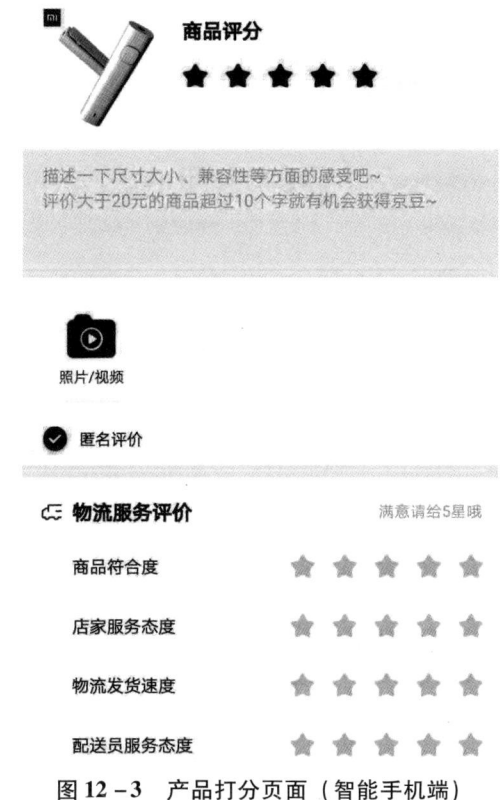

图 12-3　产品打分页面（智能手机端）

资料来源：京东 APP 某蓝牙接收器产品的评论页面.

如图 12-3 所示，这是一个典型的产品打分页面（智能手机端的评价页面），商家既要求购买者对商品的整体进行评分，也要求购买者对商品符合度、店家服务态度、物流发货速度以及配送员服务态度等进行评分。不同的电子商务平台，评分项不尽相同；同一个电商平台，不同的商品评分项也不尽相同；同一件商品，在电脑端和移动端的评分项也不一样。图 12-4 显示了上述的这个产品在电脑端的评分项。

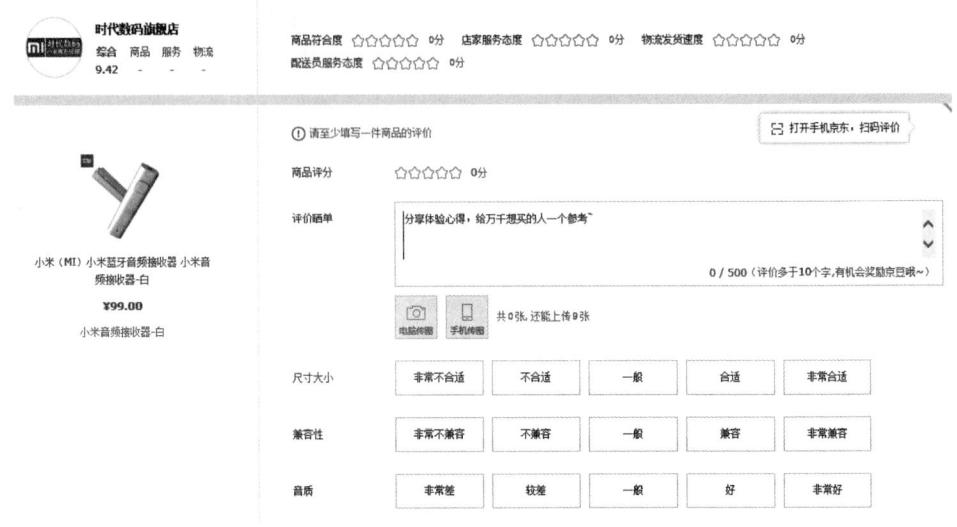

图 12-4　产品打分页面（桌面电脑端）

资料来源：京东桌面电脑端某蓝牙接收器产品的评论页面．

除了打分功能，评分页面也提供有限字数（如图 12-4 中要求小于 500 字）的评论和少量图片（如图 12-4 中要求最多 9 张）上传功能。打分功能简单直接，让买家在很短的时间内给出商品的简要评价，为后续的潜在购买者提供直观的参考。但是，该打分功能也被很多虚假评论者利用。有研究对餐厅点评网站的用户的打分行为进行了分析，采用分裂聚类算法（Macnaughton-Smith et al.，1964）分析发现，信誉等级低的评论发表者所发表的虚假评论比例较高（Dellarocas，2000）。

围绕产品评论，有很多特征可供分析，这些特征可分为两大类：评论自身特征以及与其他评论之间关联特征（宋海霞等，2013）。其中，评论自身基本特征包括某条评论的总评分、对一条评论的回应情况、总鲜花数、评论文本的长度、评论者的信誉度、一条评论的评分与其本身评论内容的一致性等；评论与其他评论之间的关联特征包括某条评论与同一产品其他评论的连贯性、某条评论与同一产品其他评论的相似性等。对上述这些特征进行度量，由于各特征项数据的量纲不同，因此，需对它们进行归一化处理。由于虚假评论者在评论中"统一行动"，因此，可以按时间、打分、回复等不同的维度，采用聚类的方法，将具有"统一行动"特征的虚假评论者进行聚类。在宋海霞等（2013）研究中，采用了基于自适应 K 均值聚类的方法，算法初始阶段，在评论集中选择距离最大的两个评论数据点作为初始的聚类中心点，然后，依次计算其他评论与这两个中心点之间的距离，并重新计算中心点。在此过程中，通过计算 F 统计量来判断聚类结果的优化程度，直到 F 统计量不再增加时，得到最佳聚类结果。

对虚假评论者行为进行分组研究大都基于这样的假设：虚假评论者总是一起行动，即他们会针对相同的产品撰写多篇评论。但是，有研究表明，有将近 70%（Jindal，2008），甚至高达 90%（Sihong Xie，2012）的评论者只撰写过一篇评论。可以想象，应该是虚假评论者为了掩饰自己的行动，采用了不同的用户名发表评论（但这一点很难验证）。这样一来，上述的平均评分、检测标准差等方法就失效了。虽然如此，还是有方法来检测只发表单次评论的虚假评论者。

与正常的评论不同，这些虚假评论者的评论行为是有计划、有组织的，因此，虽然采用了不同的用户名，但是，他们之间依然存在一定的行动规律，这个规律主要通过用户购买时间、评论发出时间和评论的情感极性进行判断。一般来说，一个产品的用户购买和发表评论的"到达时间"应该是服从泊松分布（Poisson Distribution）的，但是，虚假评论在"到达时间"的分布上会产生异常。比如，为了推高某个产品的评分，虚假评论者会在短时间内用不同的用户名先后购买这个产品，并发表大量的正面评论。为了在短时间内取得显著效果，这些评论者会集中发表正面评论，通过调整时间窗口进行观察，如果一篇正面的评论发出时间落在某商品或者服务的评分快速高涨的时区内，则这篇评论是虚假评论的可能性就很大。而且，虚假评论者为了尽快完成工作，拿到佣金，会在产品购买后很短的时间内撰写评论，因此，虚假评论者的购买时间和撰写评论时间之间的间隔均值会小于真实的评论者的时间间隔均值。

正常的产品或者服务的评论应该是服从正态分布的，极端正面和极端负面的评论所占的比例应该很小；这些评论经过求平均运算后，对总体评论均值的影响也是很小的。但是，由于虚假评论者采取了集体、集中的行动，所以，如果一个产品或者服务的评论的数量在短时间内急剧增加，同时产品或者服务评级显著增加或减少，那么，在这段时间里发出的与产品或服务评级具有相同改变趋势的评论有极大的可能是虚假评论。

有研究者将虚假评论者的评论行为视为一种对产品或服务的"攻击"行为，把虚假评论者的识别问题转化为时间模式的发现问题，设置了评分的突然增加、单个评论者评论的比例以及评论的数量三个来指示这种虚假评论"攻击"的总的统计信息，然后，使用这些统计信息构造了一个多维时间序列，设计了一种基于曲线拟合的多维时间序列、多尺度异常检测的算法来识别虚假评论者（Sihong

Xie et al., 2012)。

总之，无监督学习的主要思想是通过特征进行聚类分析。由于虚假评论文本变化多样，无监督学习法对重复评论的检测更加有效，而对于非重复的虚假评论检测效果不佳。如果在评论文本之外，结合评论者的打分、评论者ID、被评论对象的品牌型号、评论时间等数据进行综合分析，对虚假评论者群组进行识别，效果要明显优于单纯的文本分析。

12.6　基于部分监督学习的虚假评论文本识别

由于网络评论的海量性和部分监督学习的灵活性，一些研究者将部分监督学习方法应用于网络虚假评论的检测中，利用少量已标注的评论数据集和大量无标注评论数据集进行虚假评论识别，取得了一些有效的成果。比如，有学者对博客中的垃圾文本进行专门的统计分析，并归纳主题相关度、超链接数目、词组重复率、句子长度和内容淫秽度五个特征指标，设计一种基于部分监督学习的博客垃圾评论检测方法（郭利强，2011）。

为了激励评论者尽量多发有价值的评论，一些网站会让其他评论者对某评论进行有用性评价。按照常识，评论有用性的高低与评论的真实程度成正比，即用户认为的高有用性评论真实性高，用户认为的低有用性评论真实性低。基于这个假设，研究者通过网络爬虫从网上抓取了大量评论，从中抽取了1000条高有用性评论、1000条中有用性评论和4000条低有用性评论，然后，招募了10名大学生，对他们进行训练后，让他们对这6000条评论进行真假性标注，最后，从高有用性评论中识别出30条虚假评论，从中有用性评论中识别出112条虚假评论，从低有用性评论中识别出1256条虚假评论，从而验证了之前的假设，并构造了虚假评论样本库。研究人员还假设：虚假评论者所撰写的评论绝大部分都是虚假评论。为了验证这个假设，研究人员从数据集中抽取了40个虚假评论者，并抽取每个虚假评论者撰写的10条评论，通过人工方式识别这些评论，结果发现，这些作者所撰写的评论中有85%的评论都是假的，从而证实了之前的假设。基于上述的假设，研究人员提出采用部分监督学习算法，利用两个"视图"来识别虚假评论，并利用大量未标注的数据来提高识别算法的性能。第一个"视图"是从文本分析的角度，对评论文本进行基于文本特征的建模，进而判断该评论的真实性；第二个"视图"是从评论者的角度，识别评论者的有关特征，判断该评论者是否为虚假评论者，如果某人被判断为虚假评论者，则可以认为此人所发的评论是虚假评论的可能性极大。基于以上的分析，研究者设计了两视图（Co - Training）机器学习算法，并将机器学习的结果应用于对其他评论的检测，在实验中取得了较好的效果（Fangtao Li，2011）。

在之前的研究基础上，任亚峰（2015）对基于部分监督学习的虚假评论识别进行了更加全面、系统的研究。该研究综合了计算语言学和心理语言学等领域的知识，对评论文本进行特征建模。研究人员先使用监督学习的方法对各模型的性能进行比较，然后，分别采用两种部分监督学习算法，利用未标注的评论数据集，对模型进行训练，提高模型的虚假评论识别能力：第一种依然是两视图的Co-training算法，利用评论文本和评论者两个视图建立分类器；第二种是采用三个视图的Tri-training算法，综合利用评论文本的词汇特征、句法特征和心理语言学特征等来提高模型的识别性能。研究者还通过实验证明，这两种部分监督算法能有效利用未标注数据集提高模型的虚假评论识别性能，减少人工标注的工作量；而且，这两种算法还具有较好的性能。

任亚峰在 PU 学习算法（Liu B，2002）（Liu B，2009）的基础上进行了创新，提出混合种群和个体适应性 PU 学习算法（Mixing Population and Individual Nature PU Learning，MPINPUL）①。该算法具有以下基本思想。

第一步：抽取可信的虚假评论数据。从未标注的数据集中抽取少量可信度较高的虚假评论和真实评论。

第二步：计算有代表性的评论样例。根据少量可信度高的真实评论和少量可信度高的虚假评论，分别计算多个能代表真实评论和虚假评论的代表性样例。

第三步：确定 U 中间谍样例的类别标签。确定间谍样例的类别标签时，采用非参数贝叶斯模型（Bayesian Nonparametric）中的狄利克雷过程混合模型（Dirichlet Process Mixture Model，DPMM）进行聚类，然后混合训练最终的分类器。

第四步：建立最终分类器。

分类过程结束后，研究人员还利用"十折交叉验证法"对分类结果进行验证，证实了研究人员提出的"PU 学习算法"在网络虚假评论识别研究中的有效性。

上述步骤中，在采用混合种群性和个体性策略设定间谍样例的类别标签时，

---

① Ren Y，Ji D，Zhang H. *Positive Unlabeled Learning for Deceptive Reviews Detection* [C]//EMNLP. 2014：488 - 498.

难免会对一些间谍样例进行错误标注，这就会影响分类器的准确性。为了规避这个问题，研究人员分别赋予间谍样例属于两个类别的概率，并基于改进的支持向量机，构造性能更好的分类器。分类器性能的改进可归结为两个原因：①研究中采用的隐含狄利克雷分布（Latent Dirichlet Allocation，LDA）模型能捕捉各评论在主题分布上的深层次信息；②混合种群性和个体性策略为间谍样例提供分别属于两个类别的概率权重，并将概率权重融于支持向量机的优化函数中，可训练出更为准确的分类器。

考虑到基于手工标注的评论数据集有误标注的情况，误标注的数据集会影响分类器的准确性，因此，对于训练集中某个给定的样例，研究者用"错误统计变量"来记录该样例被错误标注的行为。然后，通过 Majority 和 Non-objection 策略确认样例是否确实为错误标注，如果确定为误标，则进行纠正，从而获得更高质量的数据集，进而学习出更高质量的分类器。实验结果表明，该方法能有效识别虚假评论，获得了与部分监督学习方法接近的性能。

进一步地，考虑到虚假评论的隐藏性和多样性，以及手工标注的误例影响分类器的准确性等问题，研究者提出基于自适应遗传算法的多核支持向量机（Multi-kernel Support Vector Machines）识别虚假评论。采用多个核函数来增强支持向量机的理解能力，将特征映射到更广阔的空间进行区分，从而提高识别性能。具体地，设计遗传算法来求解核函数参数及其权系数，根据问题的特性，设计特定的编码方式和遗传算子，使用自适应的交叉和变异概率加速种群收敛，防止算法陷入局部最优。实验也验证了该方法的有效性。（任亚峰，2015）

为了持续推动中文倾向性分析技术的发展和应用，中文信息学会信息检索专业委员会举办了多届中文倾向性分析评测（COAE）竞赛。在2015年举办的第七届中文倾向性分析评测（COAE 2015）竞赛中，组织者在任务4中设置了4种类型的垃圾评论，要求参赛者进行识别。COAE 2015 的任务 4 提供了 3 个不同领域的评论数据集，分别为753条手机评论、713条餐馆评论和724条旅馆评论，数据集中包含了被评价的对象、评论的内容以及评论时间等信息。张鹏和王素格等（2017）针对任务中设置的非产品评论、评价对象错误、广告和无关文本4种类型的垃圾评论，设定了5种启发式规则。

规则1：设置垃圾评论关键词集合 K，如果某评论中的关键词落在了 K 集合中，数量越多越可能是垃圾评论；

规则2：评论字符数越多，是真实评论的可能性就越大，反之亦然；

规则3：正常评论是评价词和情感词的组合，如果评论中情感词太多，评价

词太少或没有,则为垃圾评论的可能性越大;

规则4:正常评论中的英文字符、标点符号、数字是间杂在中文字符串中出现的,而垃圾评论常用连续的英文字符、标点符号和数字的组合;

规则5:如果评论中出现其他产品的内容,可能是垃圾评论,越多可能性越大。

利用部分监督学习算法,选择任务4中提供的评价对象和评论内容两类信息,采用LibSVM(A Library for Support Vector Machines)(Chih – Jen Lin,2001)作为分类器;使用线性核函数,其他参数使用默认值;部分监督学习过程中的增长量a设为5,迭代次数l设为40;考虑到评论集中大部分数据都是短评论,因此,将启发式规则的阈值w_N设为3,将w_V设为1;采用布尔值作为启发式规则满足要求的权重,满足为1,不满足为0。基于启发式规则的部分监督学习思路如图12 – 5所示。(张鹏,王素格,2017)

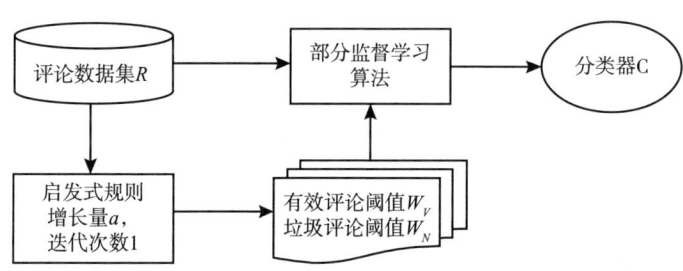

图12 – 5 基于启发式规则的部分监督学习思路

(1)初始化有效评论种子集$V = \varnothing$和垃圾评论种子集$N = \varnothing$;
(2)For each $x \in R$;
(3)若$F(x, H) < w_V$,则$V = V \cup \{x\}$;
(4)若$F(x, H) > w_N$,则$N = N \cup \{x\}$;
(5)平衡化V和N;
(6)用V和N初始化分类器C;
(7)重复以下步骤:
①利用分类器C对R中的每个评论进行分类,并以分类置信度降序排序;
②$V = V \cup \{前a个有效评论\}$;
③$N = N \cup \{前a个垃圾评论\}$;
④用V和N更新分类器C;

（8）直到达到迭代次数 l 或者 V 和 N 无更新；

（9）输出分类器 C。

启发式规则集 H 为设置的 5 种启发式规则，$F(\cdot,\cdot)$ 为打分函数，$F(x, H)$ 的值为 x 满足 H 中启发式规则的个数。平衡过程中，根据启发式规则 1、2、4，对垃圾评论和有效评论进行排序。在部分监督学习过程中，需要对每个评论的分类置信度进行度量。分类器可以给出评论属于有效评论和垃圾评论的分类概率 P_V 和 P_N，且满足

$$P_V + P_N = 1$$

利用分类概率 P_V 和 P_N，定义置信度为

$$cfd = |P_V - P_N|$$

置信度 $cfd \in [0, 1]$，评论的分类置信度值越大，其被正确分类的概率就越高。将分类置信度最高的评论加入种子集中，可以扩展分类器性能。通过设置增长量和迭代次数可以控制种子集扩展规模，从而调整分类器性能得到最优的分类器。

经验证，此研究提交结果的整体准确率在 3 个不同领域均达到 0.85 以上，而且，各项指标标准差均取得最优，验证了研究者所提出的该方法能够稳定扩展评论的背景信息，还可以兼容多种不同领域背景的评论的假设。

李等（Li et al., 2015）曾基于中国大众点评网（www.dianping.com）的用户评论进行分析，发现经过网站甄别算法筛选过后留下的"真实"评论中，依然有很多评论的真实性是存在疑问的。研究人员采用"PU – Learing"（Positive and Unlabeled Examples）部分监督机器学习方法，使用少量的标注数据集和大量的无标注数据集来识别虚假评论。通过分析评论、用户和 IP 地址之间复杂的隐含关系，提出一种"多型异构集合分类算法"（Multi-typed Heterogeneous Collective Classification，MHCC）。研究团队选择了在上海的 500 家餐厅进行评论测试，结果显示该方法能显出提高 F1 的水平。此外，研究团队认为，由于该模型要素都是与语言无关的特性，因此，具有一定的跨语种的通用性，但并未进行实际检验。

12.7 基于人工智能的虚假评论文本识别

将人工智能应用于网络虚假评论识别与传统的网络虚假评论识别的根本不同在于：传统的网络虚假评论识别要么是利用监督学习，通过人工标注的训练集训

练出一种或若干种虚假评论模型，然后将海量评论与这些模型对照，如果评论与这些模型相似度超过某个阈值，就认为是虚假评论；或者，利用无监督学习，通过聚类算法，按照一定的规则，对海量的网络评论进行自动聚类，但这种方法的效果还有待进一步提高；或者将监督学习和无监督学习进行结合，采用少量标注数据集和大量无标注数据集进行模型训练。而人工智能的方法是通过多层神经网络，将标注或未标注文本"喂"给机器学习系统，让系统自动"学习"虚假评论的特征，从而不断提升系统识别的准确率。由于虚假评论识别是个二值分类问题，在无法获得"真实的虚假评论"作为黄金标准数据集的情况下，可以利用比较容易获得的"真实的真实评论"① 来训练，识别出真实评论后，剩下的就是虚假评论。

人工智能非常适用于网络虚假评论识别这样的应用场景，其中有两个原因：一是因为网络虚假评论的量特别巨大，用传统的处理方式将耗费大量的计算资源；二是因为网络评论容易抓取，训练系统可以比较容易地获得网络评论样本进行训练。但是，由于人工智能技术尚处于发展初期，在网络虚假评论识别领域的应用还不广泛，也不深入。由于目前成熟的人工智能研究基本都是基于多层神经网络的深度机器学习，因此，从极少量的公开出版的文献来看，当前将人工智能应用到网络虚假评论识别的研究也基本上都是基于深度机器学习的方法。

用机器学习的方法来识别网络虚假评论，第一步依然是对网络评论文本进行特征提取，将非结构化的网络评论转化为计算机可以识别的结构化符号，采用的方法依然是将句子和段落转化为词向量。按照目前较为普遍的做法，可以采用卷积神经网络（CNN）进行文本的特征提取，使用 TF-IDF、Word2Vec 等的输出词向量作为池化层的输入。Word2Vec 是谷歌公司提出的一种词向量训练工具（Tomas Mikolov, 2013），该工具根据给定的语料库进行训练，可以迅速将一个词语最终表达为向量的形式。与 TF-IDF 相比，Word2Vec 更强调词与词之间的关联性，也更符合自然语言中主题依赖于上下文这样的语义设定。在前文已经介绍过，卷积神经网络本质上是一个多层神经网络，每一层的输出作为下一层神经元的输入，通过多层卷积运算，对每一层卷积运算的结果进行非线性转换（Kalchbrenner N, 2014）。

在完成特征提取后，就可以获得文本的特征函数，从而进入第二步：卷积层。但是，计算复杂度是卷积神经网络面临的一个主要困难。举例来说：假设需

---

① 相比较于虚假评论，真实评论更容易获取。

要分析 N 个句子，平均每个句子中有 M 个词语，每个词向量有 D 个维度，卷积窗口数为 W，卷积核个数为 P，输出通道数为 C（C 由卷积核个数 P 决定，且 $P=C$）。则当 $N=1000$，$M=10$，$D=100$，$W=3$，$P=100$ 时，卷积运算的乘法运算将有 $N*M*D*W*W*P=9000$ 万；叠加运算将有 $N*M*(W-1)*P=200$ 万。因此，在处理大规模语料的时候，采用卷积神经网络的计算量非常之大。事实上，当前成功的机器学习应用也都是依赖于超强的计算能力实现的。

在经过卷积层和池化层之后，进入了第三步：全连接层（Fully Connected Layers，FCL）。对网络虚假评论的高级推理通过这一层完成。在全连接层中，每个节点神经元与前一层中的所有的特征进行连接，从而实现对虚假评论特征的归纳和总结。前文已经提到，全连接层运算量大，将耗费大量系统资源。为了提升性能，全连接层中神经元的激励函数一般采用 ReLU 函数，最后一层可以采用 softmax 逻辑回归（Softmax Regression）进行分类，因此，该层也被称为 softmax 层（Softmax Layer）。

最后一步是损失层（Loss Layer）。"损失"是对人工假设模型与真实情况之间差异的度量。在"损失层"，通过设定损失函数（Loss Function）来对神经网络的输出值和目标值进行比较，通过损失最小化来驱动神经网络的训练过程。在此环节，可针对不同类型的任务，使用不同的损失函数进行度量。

同样，对与虚假评论有关的非文本数据，即与虚假评论和虚假评论者有关的特征、行为等数据，也一样可以采用神经网络的方法进行分析。

当然，最完善的方法还是将虚假评论文本、虚假评论者、评论对象以及评论时间、评论等级等信息进行综合分析，但这需要大量的数据采集、清洗、建模、算法设计、训练、模型调整、解释等工作，模型也比较复杂，常见的情况是有选择地只抽取几种特征进行关联和综合分析。

皮琪和王文杰等（2016）在这个方面做了一些尝试。他们将与网络评论相关的数据分为两类：评论的内容数据和评论的行为数据。对评论的内容数据，用连续的实数值向量表示单词，得到词向量，即每条评论都可以用一个二维的词向量矩阵来表示，并将该二维词向量输入卷积神经网络（CNN）模型中，用 $3 \times \dim$（卷积的宽为 3，长为 dim）的卷积层对输入的评论向量进行卷积，通过机器学习，得到一个稠密的评论内容的向量表示。对于行为数据，研究者抽取了 10 个行为特征，并对其进行编码。然后，将评论的内容特征向量和评论的行为特征向量进行结合，输入逻辑回归模型中，来评估评论是虚假评论的概率。在实验环节，研究者利用爬虫从 Yelp 网站上抓取了 274 个商家页面上显示的正常评论和不推荐的评论，分别将它们标记为真实评论和虚假评论，由于真实评论和虚假评论数目严重不均衡（真实评论远多于虚假评论），因此，选取了和虚假评论一样数量的真实评论，并按照80/20的比例，将数据集中的评论分为训练数据和测试数据。在实验环节，采用Keras开发框架①，每一轮用64个样本平均梯度更新参数，词向量的维数是200，在卷积神经网络中，卷积层宽度是3，一共有250个特征图。通过实验，证实基于深度学习的网络虚假评论识别模型具有较高的准确率（87.73%）、精确率（84.81%）、召回率（91.93%）和F1值（88.23%），各项指标均优于用于对照实验的其他四个模型。

目前，人类对于人工智能的研究只是开始，人工智能在自然语言处理领域的应用研究也还处于非常初级的阶段。随着计算机计算能力的不断提升和网络文本信息的不断增长，人工智能在网络文本分析和网络虚假评论识别领域的应用研究还有着非常广阔的空间。

---

① Keras是基于Theano的一个深度学习框架，其设计参考了Torch，用Python语言编写，是一个高度模块化的神经网络库，共包括14个模块包，支持GPU和CPU。

第13章 虚假评论者检测

网络虚假评论由虚假评论者撰写，而且，虚假评论者为了达到目的，不会只撰写一篇评论，因此，虚假评论者和虚假评论之间应该是一对多（$1:n$）的关系。既然一个虚假评论者会撰写多篇虚假评论，那么，这些虚假评论之间应该存在一些相同或相似的特征。而且，虚假评论者为了达到目的，必须制造一定的影响。单篇评论是无法产生显著影响的，因此，一群虚假评论者往往会集体行动，在短时间内撰写大量的虚假评论，这样的一种集体行为在评论发表的时间分布、评论的情感极性、评论的主题和内容等方面，也会存在一定的相关和相似特性。此外，绝大部分的虚假评论者发表虚假评论是为了商业利益，因此，他（们）不会只对一种商品发表虚假评论，为了多赚钱，他们会经常共同行动，对不同的商品发表各种虚假评论，因此，虚假评论者群组与被评论对象、评论时间分布等特征之间也会存在一定的联系。通过对这些信息的综合分析，可以识别虚假评论者，从而发现其发表的虚假评论。

13.1 基于标注的虚假评论者识别

一般我们认为，虚假评论者发出的评论全部或大部分是虚假评论。如果这个假设成立，就可以从发现虚假评论者入手来检测虚假评论，这样，只要找到虚假评论者，就找到了他们所发出的所有虚假评论。那么，问题的关键就在于如何识别虚假评论者的特征从而找到虚假评论者。

目前，有一些基于监督学习的虚假评论者识别的研究都是采用先标注，后训练的方法来识别虚假评论，进而识别虚假评论者。但这种方法有个很大的局限：如果虚假评论的样本不够大，或者覆盖面不够广，那么，查全率是不高的。因为如果虚假评论样本抽取不当，对虚假评论特征的归纳就不够全面，进而对虚假评论的识别率也就不够高,并最终影响虚假评论者的查全率。

由于真实评论者和虚假评论者的角色不同,他们在作出评论时存在情绪上的差异,这种差异最终会反映在评论文本的表达中,这也是识别虚假评论者的一种线索。一种研究思路是将评论内容的情感信息与评论相关的其他信息相结合,进行评论情感信息建模,识别虚假评论者(Hu & Tang, 2014)。

除了对虚假评论进行识别从而识别虚假评论者之外,评论者的打分行为也是研究虚假评论者的一个重要线索(Nitin Jindal, 2010)。由于虚假评论者一般都是集体行动,并且针对特定的产品或产品族,以使得他们对产品评论的影响最大化。而且,他们对同一个产品的评级具有高度一致性,这样,他们的评级就会显著偏离其他评论者对该产品的评级,从而达到"拉高"或"拉低"评级平均值的目的。因此,可以采用评分法来衡量每个评论者是虚假评论者的程度,然后,选择一个或若干个高度可疑的评论者子集,按可疑程度对评论者子集进行排序,采用监督学习的方法发现虚假评论者。

13.2 虚假评论者群组识别

基于标注数据集的监督学习方法在虚假评论者识别上似乎查准率很高(虽然查全率不一定很理想),但实际上存在以下两个问题。

(1)有些评论虽然不是评论者刻意误导消费者的评论,但这些评论也可能存在随意、夸张、主题无关等问题,在对消费者的影响效果上,与虚假评论是一致的,因此,也应该归入虚假评论一类。

(2)如果在虚假评论者识别阶段有误,评论样本中恰好有真实评论者发出的部分随意、夸张或主题无关评论(即此评论者也有另外一些评论是有价值的真实评论),但系统会将这些评论者也错误地识别为虚假评论者,进而,这些评论者所作出的所有评论都会被认为是虚假评论,显然,这是不科学的。

由于虚假评论者很容易撰写出类似于真实评论的虚假评论,因此,很难通过手工标记的方式来获得用于构建虚假评论模型的训练数据集(Jindal, 2010)(Mukherjee, 2011)。而且,仅依据文本来检测虚假评论,所能获得的特征很有限,而通过对虚假评论者的特征进行分析,从而找出虚假评论者和其所发表的评论(虚假评论),则相对更容易一些;此外,虚假评论与虚假评论者是一对一($1:1$)关系,但虚假评论者和虚假评论则是一对多($1:n$)的关系,因此,对虚假评论者的检测比对虚假评论的检测会有更多的有用信息，也会更加有效（Lim & Nguyen，2010）。

因此，有学者认为，识别虚假评论者的方法就是识别真实评论者和虚假评论者之间的整体差别，然后，对真实评论者和虚假评论者分别进行聚类。由于网络评论者非真即假，因此，虚假评论者的识别问题也就等同于真实评论者的识别问题。也就是说，识别出虚假评论者后，剩下的就都是真实评论者了；或者说，识别出真实评论者后，剩下的也就都是虚假评论者了；不存在中间状态。因此，虚假评论者识别是一个典型的"二值分类"问题。利用无监督学习，可以将评论者自动分为两类：真实评论者和虚假评论者。按照这样的思路，问题的关键就在于确定分类的依据。由于虚假评论者和真实评论者的差别是多方面、多角度的，因此，分类的依据有很多。比如，如果一个评论者写了关于一个品牌产品的所有负面评论，但却撰写了关于一个竞争品牌产品的所有正面评论，那么，这个评论者显然是虚假评论的嫌疑人，他撰写的评论也就有很大的嫌疑是虚假评论。

商家为了达到鼓吹自己或者贬低竞争对手的目的，一般不会只请一两个写手撰写虚假评论，而是会请一群写手共同行动。实际上，有专门的"广告公司"或"公关公司"负责招募和管理"写手"，统一对外提供撰写评论的服务。如果一群虚假评论者只合作过一次来鼓吹或贬低一个产品，是很难发现他们的。然而，虚假评论者（特别是那些通过撰写虚假评论获得报酬的评论者）为了赚钱，不会仅仅为一个产品撰写一篇评论。相反，他们会针对很多产品撰写多篇评论，即他们会在很多个产品的评论上协同工作。因此，通过发掘一组（Group）评论者共同的行为特征，特别是一些异常的行为特征，就可以从中获得线索，从而发现虚假评论者和虚假评论（Jindal，2010）（Mukherjee，2011）。

多个虚假评论者会在多个产品评论上协同工作，有学者提出利用"频繁模式挖掘"（Frequent Pattern Mining）（Mukherjee，2011）识别虚假评论者。该方法分三个步骤。

步骤1：通过频繁模式挖掘发现候选组。通过抽取评论中的数据项形成交易集，每个交易集包含一个产品和所有与其相关的评论者（评论者的ID号），这些评论者都是撰写过该产品的评论者。对所有的交易集执行频繁模式挖掘，所得到的模式（也称为频繁项集）就是候选虚假评论集。

步骤2：计算虚假评论指标值。很多候选组可能都不是真的虚假评论者，此步骤试图通过对一系列反常行为的评价来发现这些组是否存在反常行为。有以下8个评价标准。

①时间窗口（Time Window，TW）：虚假评论者组中成员可能会一起工作，在短时间间隔内发布针对目标产品的虚假评论。

②群组偏差（Group Deviation，GD）：当群组成员一起工作发布虚假评论时，他们通常给产品非常高的或非常低的评级，同样的产品通常也被其他真实的评论者评论。群组行动的虚假评论者对目标产品的评价通常与其他评论者对同样产品的总体评价有很大差异。所以，组内评论间的偏差越大，这个组就越有可能是虚假评论者组。

③群组内容相似性（Group Content Similarity，GCS）：群组内的虚假评论者甚至可能彼此认识，组内成员之间也可能会互相复制评论。因此，此类群体作弊的受害者（产品）会有很多内容类似的评论。

④成员内容相似度（Member Content Similarity，MCS）：一个组的成员也可能互相不了解，他们只是复制或者修改自己之前的评论。如果组中多个成员这么做，则该组很有可能是虚假评论组。

⑤早期时间框架（Early Time Frame，ETF）：一个有破坏性的群体评价行为应该是在某产品刚刚发布或者是刚刚开放评论功能的时候很快就出现，其目的是抢占先机，在一开始就产生比较大的影响并控制该产品的口碑。

⑥群组大小比率（Ratio of Group Size，RGS）：群组规模与产品总的评论者人数之间的比率也是一个很好的指标。在极端（最坏）情况下，组内成员是产品仅有的评论者。

⑦群组大小（Group Size，GS）：如果组很大，那么虚假评论者偶然出现在该组中的概率就小。

⑧支持计数（Support Count，SC）：支持计数是组内评论者一起评论的产品的数量，如果一个组有很高的支持计数，很显然，要引起警觉。即，如果组内成员所评论的产品高度重合，则这些人群体作弊的可能性就很大。

步骤3：使用支持向量机（SVM）进行排序。根据上述的指标和特性，对候选组进行分析，并按照虚假评论的可能性大小进行排序。有两种方法可供选择：第一种方法是将指标和特性整合到一个公式中，这需要大量的试验和试错；第二种方法是使用机器学习进行排序，这需要大量的手动排序好的数据作为训练集。研究者没有使用人工的方法获得排序训练集数据，而是利用公式进行了自动排序。

由于群体作弊行为具有很多一致性的特征，可以基于这些特征设计评价函数。可以使用三种评价函数来捕捉异常行为，这些函数基于候选组的最终计算分值来生成对这些候选组的行为表现评价。三个函数表示如下（G 代表 Group，即分组）：

$h1(G): G \to R+$，$h1(G) = GCS(G) + MCS(G)$

$h2(G): G \to R+$，$h2(G) = GS(G) + SC(G) + TW(G)$

$h3(G): G \to R+$，$h3(G) = RGS(G) + ETF(G) + GD(G)$

$h1(\cdot)$ 基于产品和评论者之间的内容相似度对组进行评价。

$h2(\cdot)$ 基于组特征的计算分值进行评价，这些特征包括组的规模、组成员之间的相互支持和时间窗口。很明显，得分高的组是虚假评论组的嫌疑大。

$h3(\cdot)$ 找到产品刚刚发布时就发表评论以便对产品声誉产生较大影响的组。

然后，运用 SVM 评价法（Joachims，2002）对这三个函数的评价结果进行学习，并最终产生对这些候选组的总体评价。

由于通过分组的方式查找作弊者和虚假评论是基于固有的分布模式和既有的规则，不需要用户进行手工标记，度量的标准被设计成测量规则和规则组的意外特性（Jindal et al.，2010），因此，该技术是领域无关的，即该规则具有较广泛的适用性，从这个角度来看，此方法优于基于标注数据集的方法。

但是，有研究表明，amazon.com 网站上有约 70% 的用户只发表过一篇评论（Jindal，2008），而 resellerratings.com 网站上有高达 90% 的用户只发表过一篇评论（Xie，2012），虽然不排除虚假评论者为了隐蔽自己，同一个人使用了不同的用户名发表评论的情况，但是，在无法证明哪些用户名的背后是同一个人的情况下，只能将不同的用户名视为不同的评论者。这时，部分研究及类似研究的假设条件就部分不成立，研究结果的科学性和可信度也就大打折扣。（Lim & Nguyen，2010）

换个角度来看，共同行动的虚假评论者可以被视为共谋者（Xu & Zhang，2013）。虚假评论者一定要共同行动才能产生影响，这些人就是"共谋者"。虚假评论的共谋者是一个客观存在的群体，而且，这个群体结构很难伪造，因为他们必须对分配给他们的产品发表虚假评论才能获利。一旦多个共谋者一起对一个或多个产品发表了评论，他们就会形成一个"组"。因此，可以从发表虚假评论的共谋者的群体结构角度入手，用 K - 近邻算法（K - Nearest Neighbor，KNN）计算、测量组与组之间的相似性来发现潜在的共谋者。

但是，基于 K - 近邻的方法对于组的依赖性太大，当共谋者的组规模很小的时候，参数的设置是个难题：如果参数设置过于严格，识别结果的假阴性会增加；如果参数设置过于宽松，识别结果的假阳性又会增长。此外，在某些数据集中，组与组之间的关系信息可能会非常稀疏，给组与组之间的相关性分析造成很大障碍。

13.3 虚假评论者行为特征识别

虚假评论者发布虚假评论是一种反常行为，反常行为具有区别于正常行为的特征，对这些行为特征进行识别有助于发现虚假评论者。评论者的行为包括发布评论的时间、频率、评论者对其他评论的回复（互动）情况等，这些行为体现了评论者的特定目的，是暴露虚假评论者的重要线索，对虚假评论者的检测尤为重要（宋海霞，2013）。

与评论者行为有关的信息包括：被评论对象、评论时间、评论的频率、第一个发出评论的人、打分的分值、评论的情感极性、评论发出的IP地址、甚至评论者所在的地理位置等。当然，出于保护隐私的考虑，各类网站并没有开放与评论和评论者有关的所有信息，因此，有些信息是不可获取的。虽然如此，可获得的与评论者行为有关的信息依然多于评论的文本本身，因此，从这个角度来看，对评论者行为分析比对评论文本的分析更具可行性（Lim，2010；孙升芸，2012）。

以下几个方面是虚假评论者典型的行为特征。

（1）打分分值与平均值的偏离程度。虚假评论者为了贬低或者鼓吹一个产品，会竭力给这个产品要么打很低的分，要么打很高的分，以便对产品的总体评分产生影响。虚假评论者一般不会打中间分值，因为中间分值对产品的总体分值影响不明显。而事实上，由于一个产品的评分服从"正态分布"，因此，总评分不会是极高值，也不会是极低值。因此，虚假评论者群体的打分分值会与这个产品的总体评分分值产生明显的偏差；但虚假评论者群组内部的打分分值又具有高度的一致性——要么都打高分，要么都打低分。

（2）情感极性的一致性程度。虚假评论者一般集体行动，发表情感极性一致的评论，以产生较大的影响，从而左右消费者决策。因此，如果一群人总是发表情感极性相同或相似的评论（比如一群人总是对某一个或某几个品牌或商品/服务发表情感极性相同的评论），那么，这群人就极有可能是虚假评论者群组；相反，如果评论者发布的评论不仅涉及的产品类别很多，且评论的情感极性也比较分散，这些评论者是虚假评论者的嫌疑就很低。

（3）虚假评论者群组受雇于雇主，雇主往往有完成任务的时间要求，而受雇者也希望尽快完成雇主交代的任务，拿到酬金。因此，虚假评论者群组在发表评论的事件上具有更高的一致性，往往体现在总是在一个比较短的时间窗口内的共同行动。在具体分析时，时间窗口的选择很重要，如果时间窗口太宽，会产生误判，即将一些真实的评论者误认为虚假评论者；如果时间窗口太窄，又会漏掉一些虚假评论者。

（4）很多虚假评论者借助计算机程序（机器人），实现评论发布行为的自动化。程序可以在一台计算机上，模拟多个账号，发表多篇评论。虽然账号不同，但是，同一台计算的介质访问控制地址（Media Access Control Address，MAC地址）是不会改变的，在一个相对短的时间里，计算机的IP地址也是不会改变的，因此，可以通过对发表评论的计算机的MAC地址和IP地址（Internet Protocol Address）进行分析，如果大量的评论来自同一个MAC地址或IP地址，或者同一个IP地址或MAC地址对应着多个账号，则这些账号和MAC地址（计算机）就有非常大的可能是被虚假评论者掌握的。但是，由于大部分电子商务平台不会公开评论者的IP、MAC地址等信息，因此，研究人员很难开展此类研究。比如，谢（Xie，2012）在对resellerratings.com网站的评论进行分析后发现，将近90%的用户只发表过一次评论，通过对这些评论的分析，发现其中多数是虚假评论，但由于这些评论所对应的评论者的相关信息的缺乏，无法对这些评论者的行为进行深入的分析。

总之，虚假评论者所从事的行为因为在动机上是欺骗性质的，所以，在行为模式上就会有别于真实评论者。这种区别也许无法从单个评论者的单次行为中看出来，但是，如果综合一个评论者的多次评论行为，或者归纳多个评论者的共同行为，就可以发现其中的异常。虚假评论者有其特殊的行为模式，如果一个评论者多次重复发表评论，就可以归纳出他的行为模式，并与虚假评论者行为模式比对，从而确定其身份；如果虚假评论者以不同的账号发表评论，则须通过虚假评论者的群组行为特征分析，识别虚假评论者（群组）。

13.4　虚假评论者综合特征识别

在电子商务网站的社区中，虚假评论者通过虚假评论误导读者，以往的研究使用的评论者行为、文本相似性、语言学特征与评价模式等方法只能发现某些特定的虚假评论者，比如针对特定的目标实体发表了大量相似评论的人。但是，在现实中，有些评论者能够伪装的像真实评论者一样，用既有方法很难发现他们。

在虚假评论的识别中，离不开对评论者、评论以及商家之间关系的研究，他们之间的关系就像"图"中节点与节点之间的关系一样。因此，可以将"图"的有关理论和方法引入虚假评论者识别研究中，利用节点之间的相互影响和相互作用来识别虚假评论、虚假评论者和幕后操控的商家。

可以假设：虚假评论者撰写虚假评论的目的是赚钱，因此，他们与商家之间有一种密切的关系；优质商家（拥有良好信誉和稳定顾客的商店）一般不敢也不需要雇用写手撰写虚假评论，但劣质商家由于在品牌知名度和口碑等方面都不占优势，因此，需要雇人撰写虚假评论来提高其名声和销量；越是劣质商家，其网店中的评论是虚假评论的可能性就越大；由于评论者发布虚假评论的目的就是混淆视听，影响消费者的判断，因此，虚假评论要么就是对好的商品发表负面评论，要么就是对差的商品发表正面评论；由于不同的消费者对同样的产品或服务有不同的使用体验，每人发表不同的评论是正常现象，因此，并不是所有偏离主流观点的评论就是虚假评论。（Wang G & Xie S，2012）

基于以上假设，王和谢（Wang G & Xie S，2012）提出了一种创新的异构评论图模型，将评论者、评论和商家视为图中的节点，分析节点的相互作用和影响，其大致关系如图 13-1 所示。

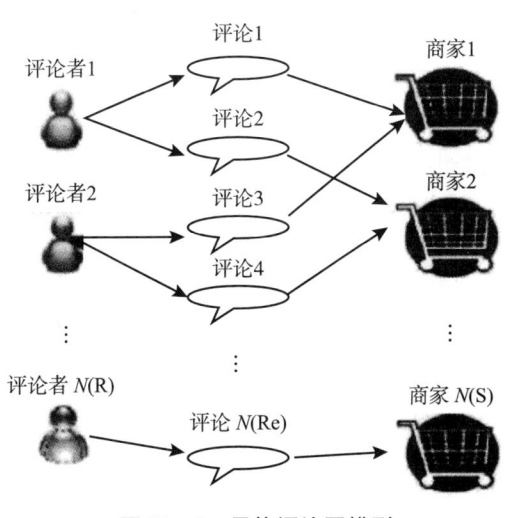

图 13-1　异构评论图模型

资料来源：Wang G，Xie S，Liu B，et al. Identify Online Store Review Spammers via Social Review Graph [J]. *ACM Transactions on Intelligent Systems & Technology*，2012，3（4）：61.

在该图中,有三种类型的节点:评论者(Reviewer)、评论(Review)和商家(Store),节点之间的相关关系用边表示,评论者和评论、评论和商家之间存在直接关系,而评论者和商家之间则通过评论建立关系。

可以采用类似 Google PageRank 的算法来定义节点和性质:一个评论者撰写的真实评论越多,则该评论者的真实性越强;一个商家包含越多的来自真实评论者的评论,则该商家的可信度越高;某条评论的可信度会影响该评论所属的评论者和该评论所对应的商家。王和谢(2012)将评论者、评论和商家的信息进行了综合分析,采用迭代算法,计算三种类型结点的不同行为,证明此方法甚至可以检测到细微的虚假评论行为。

李霄和丁晟春(2013)从评论、评论者和被评论的商品三个对象中选择了 11 个特征,使用 SVM 模型中 4 种常用的核函数对垃圾评论进行识别,并对识别效果较好的 RBF 核函数中 C 和 γ 两个参数进行优化,使得商品评论中的垃圾评论识别的准确率提高到 78.16%,召回率提高到 72.18%。

余传明等(2017)从网络评论的内容和利益相关者的行为特征的角度,设计了一种基于个人、群体和商户的"主体关系模型"(Indivual – Group – Merchant Relation Model,IGMRM)。选择 93 家网络店铺中 9558 个不同 IP 的 97804 条评论作为样本数据进行实验,结果表明,IGMRM 在识别虚假评论者、存在信用操纵的商铺以及虚假评论者群体的 F1 值分别达到 82.62%、59.26% 和 95.12%。

相比于虚假评论者个体,虚假评论者群体的危害性更大,因为这个群体不仅人多,而且集体行动,影响力大,甚至可以完全主导对某个产品的评论(Mukherjee,2012)。慕克吉(Mukher Jee,2012)研究虚假评论者的行为特征,建立虚假评论者、虚假评论群组和被评论对象(产品或服务)之间的两两关系模型。然后,根据每个模型中的两者关系,使用基于无监督学习的"频繁项集挖掘方法"(Frequent Itemset Mining Method)进行反复迭代,获得一组稳定的标识评论群组虚假程度的数据,并据此进一步识别虚假评论者,最后再识别出虚假评论。慕克吉(2012)还发现,比起标注虚假评论,标注虚假评论者要容易得多。后来,慕克吉等(2013)又深入分析了虚假评论发布者和真实评论发布者在行为上的差异,利用聚类算法,区分虚假评论者和真实评论者,进而识别出虚假评论(该研究将虚假评论者发出的所有评论均为虚假评论)。

阿克格鲁等(Akoglu,et al.,2013)从网络结构特征入手,开发了一个"FRAUDEAGLE"框架用于识别虚假评论和虚假评论者,该方法具有 4 个方面的优势:①与主流的聚焦于评论文本和评论者行为的研究不同,该方法利用评论者和产品之间的网络关系开展研究；②该方法使用两个互补的步骤——对用户和评论进行评分以便识别其虚假与否，为方便可视化和解释而进行分组；③该方法是一种完全的无监督学习方法，不需要任何标注数据；④该方法可以处理大数据集，计算时间随着数据集的增长呈线性增长。阿克格鲁（2013）还利用一个真实的在线 APP 的大数据集进行了测试，证实了该方法的有效性。

总的来看，基于虚假评论者综合特征识别的方法比起单纯依靠虚假评论文本进行识别的方法有更多的可得信息，也更加科学、更具可行性。但存在两点困难：其一，由于各平台不对外开放所有的与评论有关的数据，因此，有一些非常重要的数据（比如 IP 地址、MAC 地址等）难以获取；其二，就算获取到了数据，如何设计合适的模型、正确地组织和分析这些数据也是一个需要深入研究的问题。

13.5 基于社交网络分析的虚假评论识别

社交网络也叫社交图谱，社交网络分析法来源于图论（Graph Theory）。图论是一门比较古老的数学分支，有关图论的正式表述最早出现在 1736 年欧拉论述的哥尼斯堡七桥问题。图论方法（Graph – Based Methods）主要研究通过某种方式联系起来的若干事物之间的二元或多元关系。经过多年的研究，由于研究方法和内容的不同，图论发展出了多个分支，主要有代数图论、随机图论、拓扑图论、应用图论、拟阵图论、超图理论、极图理论等。

进入 20 世纪后，随着生产需求的增加和计算机技术的发展，图论进入快速发展阶段，基于图论的算法也得到了长足进步。科学家们不断改进既有的图论算法，同时发明新的图论算法，并将这些算法成功地应用于物理、化学、经济学、管理学、社会科学等诸多领域，极大地促进了生产的发展和社会的进步。正如著名数学家洛瓦斯（Lovász L, 2011）教授所述："在过去的十年里，图论已经变得越来越重要，无论是它的应用还是它跟数学其他分支的紧密联系方面。"

网络虚假评论情况蔓延的主要原因之一就是网站提供的评论、追评、互评等社交网络功能。造假的商家为了达到既定效果，他们和他们的代理人所作出的虚假评论不会只有几条，从事此项活动的虚假评论者也不会只有少数几个人。造假的商家会发动大量的虚假评论者，在特定的时间段内，对某个或某几个商家或产品（服务）进行大量的、观点一致的评论，并且，这些评论者之间可能还会存在某些互动（对评论的评论以及再评论）。这样，就会在虚假评论者之间形成一个

"虚假评论者社交网络"（Fake Reviewers Social Network），对这个社交网络的分析有助于发现虚假评论和虚假评论者。

利用社交网络模型进行虚假评论或虚假评论者识别基本都沿用了监督学习和无监督学习的有关思路和技术，不同在于：在图模型中，对各个节点赋予了不同的权重。这样做的原因是与网络虚假评论和虚假评论者相关的各要素，对识别结果的贡献是不平衡的。如果将评论者视为图模型中的节点，将评论者之间社会关系视为有向边，则评论者之间的互动关系可以用边的权重来表示，即互动的越多，权重越高。通过这样的一种识别，可以找到强相关的评论者。如果评论者之间（互）为好评，则极大似然认为他们是一类人，因为他们互相认同；如果是差评，则极大似然他们不是一类人，因为双方观点不一致（李雨桥、符红光，2014）。然后，通过监督学习的方法训练分类器，对数据集进行分类。

徐等（Xu, et al., 2013）通过对评论者和评论者组打标签（Tag）的方法来识别虚假评论者。研究者假设评论者的组标签只能从本组成员标签和直接相邻的组标签那里获得，最终给每个评论者赋予一个适当的类标签。采用 Markov 网络（Taskar, et al., 2002）定义了共谋图模型（Colluder Graph Model），并定义：如果两个评论者在时间窗口 t 内审阅了 $K(K\geq 1)$ 个共同的产品，那么，在类标签之间就会形成一个边。先设置 K 为 1，以便计算评论者之间所有可能存在的潜在的边。将时间窗口 t 设置为 7~119 天，之间的间隔为 1 周。对于每个参数设置，图的最大连通分量被视为共谋图的一个实例。研究者抓取了国内某电子商务网站的用户评论，使用共谋图模型进行虚假评论者识别，验证了虚假评论者群体的存在。

但是，由于虚假评论者之间不一定知道同伙的账号，也就无从对同伙的评论进行评论；而且，"对评论的评论"所造成的宣传（或诋毁）效果不如直接的评论，且这样的互动容易暴露评论者之间的相互关系，因此，在具体实践中，通过互评来制造虚假评论的情况相对比较少见。

13.6 综合方法

13.6.1 分析基本思路

基于以上分析，可以对网络虚假评论的识别过程进行梳理，该识别过程主要涉及文本重复性检测、文本主题抽取与主题分析等技术。识别顺序为：先进行文本的重复性检测，再进行主题相关性检测，进行虚假评论的识别，识别过程如图 13-2 所示。

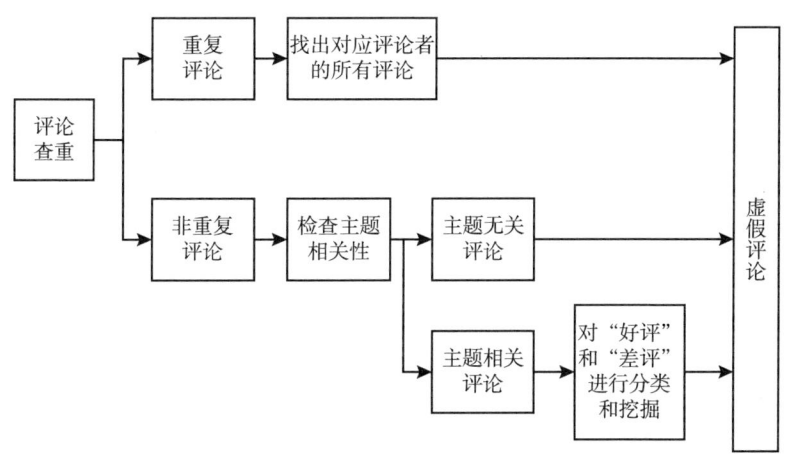

图 13-2　虚假评论的识别过程

（1）首先，进行网络评论进行文本重复性检查（语句重复），如果为重复评论，说明这些评论为复制或是采用了统一模板的评论，但不管如何，都可以说明评论者的诚信是存在问题的。因此，找出这些评论者所撰写的所有评论，并将其标记为虚假评论，同时标记这些评论者为虚假评论者；虽然这样的规则会在一定程度上降低虚假评论检测的准确性，但是可以提高召回率，在后期结合一定的人工判断后依然可以保证其准确性。

（2）对于非重复评论，通过构建评论对象的主题"词袋"，采用 shingle 算法，判别评论与被评论对象之间的主题相关性，如为主题无关评论，说明评论没有参考价值，将这些评论标记为虚假评论。

（3）如为主题相关评论，则结合评论者、被评论对象和评论极性进行聚类分析，如一个（类）评论者总是对相同的评论对象发表情感相同（同为正面或同为负面）的评论，则标记为虚假评论。

以上的识别过程会产生一定的误差，比如，重复评论的撰写者也许曾经撰写过几百条评论，但偶然的机会（比如偷懒等），他发出了两条重复评论，那么，他撰写的所有评论都被标记为虚假评论。不过，这种情况出现的概率是很小的（因为在后续实验中，发现重复评论者所发出的重复评论数均值为 15 左右）。而且,信息检索的"查全"和"查准"两个指标本来就是负相关的。在海量的网络评论环境下,用一定的"查准率"来换取更高"召回率"是值得的,只要保证"查准率"的误差是可以忍受的即可。而且,在后期加入适当的人工干预后,可大幅度提高查准率。

13.6.2 数据采集

为了便于聚类和分析,选取国内某 B2C 网站的手机评论作为数据源,研究团队利用网络爬虫程序,抓取该网站上华为、联想、中兴和酷派 4 个智能手机品牌中评论数量最多的前两个手机型号的所有评论。

手机型号及其对应的评论数见表 13-1 (2014 年 9 月 22 日 14:50 数据)。

表 13-1 选取的研究对象及其评论列表

型号	好评	中评	差评	总评论数
酷派大神 F1 (8297)	95251	2746	1470	99467
酷派 8750	18599	1679	951	21229
华为荣耀 6	18729	554	330	19613
华为荣耀 3X Pro	16498	899	460	17857
中兴 U817	22262	1730	831	24823
中兴红牛 V5	13480	914	568	14962
联想黄金斗士 S8	14882	681	354	15917
联想 MA388	13508	736	263	14507
总计	213209	9939	5227	228375

为便于分析,只从评论中摘取研究所需的信息,包括评论的内容(使用心得)、评论者名、评论者级别、评论极性,每条评论为一条记录,字段间以制表符为间隔标志,存放在 review.txt 文件中。

13.6.3 虚假评论识别

1. 识别重复评论及评论者

(1) 首先进行文本重复性检测。去掉评论中的所有标点符号,采用 C++ 编程，计算评论文本向量间的夹角余弦，对文本进行重复性检测，文本内容超过95%的相似度即判断为重复评论，并将内容重复的记录完整地取出，存放于文件copiedreview.txt中，共得到重复评论3736条。

（2）找出 copiedreview.txt 文件中所有重复评论的评论者，去重后，得到一个重复评论发出者的列表，存放于文件 copiedreviewer.txt 中，共有885人。

（3）找出 review.txt 文件中所有评论者存在于 copiedreviewer.txt 文件中的评论记录，标记为虚假评论，共得6682条评论。完整地取出这些评论，存放于文件 copiedreviewerreview.txt 中。

去除（1）和（3）中找到的虚假评论，review.txt 文件中还剩217957条评论。

2. 识别主题无关评论

通过构造智能手机特征"词袋"，采用"shingle 算法"，并采用 C++ 编程，在计算机上实现该算法，识别主题无关评论。

通过查阅智能手机的设计资料，并结合具体使用情况，共构建了与智能手机相关的19个主题，分别为屏幕、摄像头、外壳、电池、信号、速度、信号强度、无线网络、手感、美学、话筒、听筒、扬声器、闪光灯、按键、操作系统、质量、快递以及其他等，并对每个主题构建相应的"词袋"。部分"词袋"见表13-2。

表13-2 主题与词袋间的对应关系（部分）

主题	词袋
屏幕	屏幕/触摸/分辨率/成像/黑屏/字体/蓝屏/花屏/白屏/显示效果/细腻/模糊/清晰/触屏/看不清/耐磨/刮花……
摄像头	暗色效果/自拍/拍照/摄像头/清晰/清晰度/灵敏度/反应时间/像素/画面质量/光线暗/昏暗环境/照相/摄像/拍摄/全景/照相……
扬声器	喇叭/声音/噪声/杂音/破音/低音/高音/音质/放音乐/播放……
电池	电池/发热/续航/待机/寿命/安全性/容量/耗电太快/待机时间/电池/发热/发烫/可以用很久/没电/电量/毫安/锂电池……
其他	手机/价格/性价比/超值/包装/快递/不孬/功能/很好用/速度/贵/大品牌/结实/质感/性价比/质量/性能/反应/速度/外观/系统/边框/厚度/重量/有点儿重/不轻/工艺/灵敏/流畅/实用/物超所值/不错/很好/称手/满意/结实/高大上……

采用 C++ 编写 shingle 算法，检测评论中语句落在"词袋"中的概率，如概率为零，则认为该评论为主题无关评论。共找到主题无关评论49488条，取出

后,存放于文件 irrelevantreview. txt 中。review. txt 文件中剩余评论 168469 条。

3. 评论分类与挖掘

考虑到有经济目的的虚假评论者只会给"好评"或者"差评",而不会给出"中评",因此,首先将 review. txt 中的"中评"(由于前面两步中已经去掉了"中评"1214 条,故"中评"还剩 8725 条)去除,剩余评论 159744 条。

对负面评论和正面评论进行归类,分别存放于 positivereview. txt 和 negativereview. txt 文件中。考虑到虚假评论者的目标是褒扬或者诋毁某个或某几个品牌,因此,他(们)一定给这个(这些)品牌一致的评价;或者是在给某些品牌一致正面评价的同时,给其他品牌一致的负面评价。为简化起见,我们只考虑一种品牌。因此,识别规则为:如一组评论者对其中的某一种品牌的评论持一致的正面态度或者负面态度,则认为这个群组是虚假评论者群组,然后找出该(这些)虚假评论者的所有评论,标记为虚假评论。

应用 C++ 编写聚类程序,共识别虚假评论者 683 人,虚假评论 7320 条。取出这些评论存放于文件 fakereview. txt 中,review. txt 文件中剩余评论 152424 条,加上剩余的 8725 条"中评",共剩余"真实"评论 161149 条。

通过较为科学的分类,本研究分步骤地对网络虚假评论进行了层层的过滤和识别,步骤见表 13-3。

表 13-3　　　　　　　　智能手机虚假评论识别具体步骤

初始状态	共获得评论 228375 条,其中好评 213209 条,中评 9939 条,差评 5227 条
第一阶段	去除重复评论 3736 条和重复评论者发出的其他评论 6682 条,还剩余评论 217957 条
第二阶段	去除主题无关评论 49488 条,剩余评论 168469 条
第三阶段	通过数据挖掘,去除虚假评论 7320 条,剩余"真实"评论 161149 条

经过三个阶段的识别后,共识别出虚假评论 67226 条,剩余"真实"评论 161149 条,虚假评论率为 29.44%。抽取 500 条被识别出的虚假评论进行逐条分析,发现 473 余条可确定为虚假评论,但尚有 27 余条存在模糊性,如,有评论为"合脚……",按照本文的规则,为虚假评论,但按照语义来理解,此评论意为"称手";再比如,有评论为"第二次购买了",因为在"词袋"中没有此类主题词,因此,该评论看似与主题无关,但亦可理解为主题相关的正面评论。

参 考 文 献

[1] A Mukherjee, V Venkataraman, B Liu, N Glance. *What Yelp Fake Review Filter might be Doing? A Case Study on Commercial vs. Crowdsourced Fake Reviews* [C]//Proceedings of the 7th International AAAI Conference on Weblogs and Social Media, 2013.

[2] Agirre E, Rigau G. A Proposal for Word Sense Disambiguation using Conceptual Distance [J]. *Computer Science*, 1995.

[3] Agrawal R, Gehrke J, Gunopulos D, et al. *Automatic Subspace Clustering of High Dimensional Data for Data Mining Applications* [C]//Acm Sigmod International Conference on Management of Data. Kluwer Academic Publishers, 1998: 94 – 105.

[4] Agrawal R, Stolorz P. *Proceedings of the Fourth International Conference on Knowledge Discovery and Data Mining* [M]. AAAI Press, 1998.

[5] Aizerman A, Braverman E M, Rozoner L I. Theoretical Foundations of the Potential Function Method in Pattern Recognition Learning [J]. *Automation and Remote Control*, 1964, 25 (5): 821 – 837.

[6] Akoglu L, Chandy R, Faloutsos C. *Opinion Fraud Detection in Online Reviews by Network Effects* [C]//Proceedings of the 7th International Conference on Weblogs and Social Media. Ann Arbor, MI, USA. 2013: 2 – 11.

[7] Alexandros N, Yannis T, Yannis M. *C2P: Clustering Based on Closest Pairs* [C]//Apers PMG, Atzeni P, Ceri S, Paraboschi S, Ramamohanarao K, Snodgrass RT, eds. Proceedings of the 27th International Conference on Very Large Data Bases. Roma: Morgan Kaufmann Publishers, 2001: 331 – 340.

[8] Allauzen C, Crochemore M, Raffinot M. *Factor oracle: A New Structure for Pattern Matching* [C]//International Conference on Current Trends in Theory and Practice of Computer Science. Springer Berlin Heidelberg, 1999: 295 – 310.

[9] Anderson M, Magruder J. Learning from the Crowd: Regression Discontinuity Estimates of the Effects of an Online Review Database [J]. *Economic Journal*, 2012, 122 (563): 957-989.

[10] Andi Wu and Zhixin Jiang. *Word Segmentation in Sentence Analysis* [C]// Proceedings of 1998 International Conference on Chinese Information Processing. Beijing, China. 1998, 6: 169-180.

[11] Ankerst M, Breunig M M, Kriegel H P, et al. OPTICS: Ordering Points to Identify the Clustering Structure [J]. *ACM Sigmod Record*, 1999, 28 (2): 49-60.

[12] Ankerst M, Keim D A, Kriegel H P. *Circle Segments: A Technique for Visually Exploring Large Multidimensional Data Sets* [C]//Proc. IEEE Symp. on Visualization, 1996.

[13] Arjun Mukherjee, Bing Liu, and Natalie Glance. *Spotting Fake Reviewer Groups in Consumer Reviews* [C]. International World Wide Web Conference (WWW-2012), Lyon, France, April 16-20, 2012.

[14] Arjun Mukherjee, Bing Liu, Junhui Wang, Natalie Glance, Nitin Jindal. *Detecting Group Review Spam* [C]. WWW-2011 Poster Paper, 2011: 1123-1126.

[15] Aronszajn N. Theory of Reproducing Kernels [J]. *Transactions of the American Mathematical Society*, 1950, 68 (3): 337-404.

[16] Bach F R, Jordan M I. Kernel Independent Component Analysis [J]. *The Journal of Machine Learning Research*, 2002, 3 (2): 1-48.

[17] Bahdanau D, Cho K, Bengio Y. Neural Machine Translation by Jointly Learning to Align and Translate [J]. *Computer Science*, 2014.

[18] Ball G H, Hall D J. *ISODATA, A Novel Method of Data Analysis and Pattern Classification* [R]. Stanford research inst Menlo Park CA, 1965.

[19] Barber B M, Odean T. All That Glitters: The Effect of Attention and News on Buying Behavior of Individual and Institutional Investors [J]. *Review of Financial Studies*, 2008, 21 (2): 785-818.

[20] Bassiou N, Kotropoulos C. Long Distance Bigram Models Applied to Word Clustering [J]. *Pattern Recognition*, 2011, 44 (1): 145-158.

[21] Baudat G, Anouar F. Generalized Discriminant Analysis Using a Kernel Approach [J]. *Neural Computation*, 2000, 12 (10): 2385-2404.

[22] Bengio Y, Lamblin P, Dan P, et al. Greedy Layer-wise Training of Deep

Networks [J]. *Advances in Neural Information Processing Systems*, 2007, 19: 153 – 160.

[23] Berchtold S, Bohm C, Kriegel H – P. *The Pyramid – Technique: Towards Breaking the Curse of Dimensionality* [C]//Haas LM, Tiwary A, eds. Proceedings of the ACM SIGMOD International Conference on Management of Data. Seattle: ACM Press, 1998: 142 – 153.

[24] Bernard Merialdo. Tagging English Text with a Probalistic Model [J]. *Computational Linguistics*, 1994, 20 (2): 1 – 29.

[25] Bill Steele. *Some Online Reviews Are Too Good to Be True; Cornell Computers Spot "Opinion Spam"* [EB/OL]. http://news.cornell.edu/stories/2011/07/cornell-computers-spot-opinion-spam-online-reviews, July 25, 2011.

[26] [美] Bing Liu. Web 数据挖掘 [M]. 俞勇, 等译. 北京: 清华大学出版社, 2009.

[27] Boser B E, Guyon I M, Vapnik V N. *A Training Algorithm for Optimal Margin Classifiers* [C]//Proceedings of the 5th Annual Workshop on Computational Learning Theory. Pittsburgh, USA: ACM, 1992: 144 – 152.

[28] Bourlard H, Kamp Y. Auto-association by Multilayer Perceptrons and Singular Value Decomposition [J]. *Biological Cybernetics*, 1988, 59 (4 – 5): 291 – 294.

[29] Boyer R S, Moore J S. *A Lemma Driven Automatic Theorem Prover for Recursive Function Theory* [C]//International Joint Conference on Artificial Intelligence. DBLP, 1977: 511 – 519.

[30] Breiman L, Friedman J, Olshen R, et al. *Classification and Regresssion trees* [M]//Classification and regression trees /. Chapman & Hall/CRC, 1984: 17 – 23.

[31] Brill E, Magerman D, Marcus M, et al. *Deducing Linguistic Structure from the Statistics of Large Corpora* [C]//Information Technology, 1990. Next Decade in Information Technology, Proceedings of the Jerusalem Conference on IEEE Xplore, 1990: 380 – 389.

[32] Brill E. Transformation – Based Error – Driven Learning and Natural Language Processing: A Case Study in Part-of – Speech Tagging [J]. *Computational Linguistics*, 2002, 21 (4): 543 – 565.

[33] Broomhead D S, Lowe D. Multivariable Functional Interpolation and Adaptive Networks [J]. *Complex Systems*, 1988, 2 (3): 321 – 355.

[34] Brown P F, Desouza P V, Mercer R L, et al. Class – Based n-gram Mod-

els of Natural Language [J]. *Computational Linguistics*, 1992, 18 (4): 467-479.

[35] Brown P F, Pietra S A D, Pietra V J D, et al. Word-Sense Disambiguation Using Statistical Methods [J]. *University of California Berkeley*, 2002, 5 (4): 264-270.

[36] Buller D B, Burgoon J K. Interpersonal Deception Theory [J]. *Communication Theory*, 1996, 6 (3): 203-242.

[37] Burges C J C. A Tutorial on Support Vector Machines for Pattern Recognition [J]. *Data Mining and Knowledge Discovery*, 1998, 2 (2): 121-167.

[38] Cambria E, Huang G B, Kasun L L C, et al. Extreme Learning Machines [J]. *IEEE Intelligent Systems*, 2013, 28 (6): 30-59.

[39] Chatterjee P. Online Reviews: Do Consumers Use Them? [J]. *Advances in consumer research*, 2001, 28 (1): 129-133.

[40] Cheng C-H, Wai-Chee A, Zhang F Y. *Entropy-based Subspace Clustering for Mining Numerical Data* [C]//ACM Sigkdd International Conference on Knowledge, 1999.

[41] Cheung C M K, Lee M K O, Rabjohn N. The Impact of Electronic Word-of-Mouth [J]. *Internet Research*, 2008, 18 (3): 229-247.

[42] Chevalier J, Mayzlin D. The Effect of Word of Mouth on Sales: Online Book Reviews [J]. *Journal of Marketing Research*, 2006, 43 (3): 345-354.

[43] Chevalier J, Goolsbee A. Measuring Prices and Price Competition Online: Amazon. com and Barnesand Noble. com [J]. *Quantitative Marketing and Economics*, 2003, 1 (2): 203-222.

[44] Chew P A, Bader B W, Rozovskaya A. *Using DEDICOM for Completely Unsupervised Part-of-Speech Tagging* [C]//Workshop on Unsupervised & Minimally Superrised Learning of Lexical Semantics, 2009.

[45] Chinchor N. *Statistical significance of MUC-6 results* [C]//Conference on Message Understanding. Association for Computational Linguistics, 1995: 39-43.

[46] Cho K, Van Merrienboer B, Gulcehre C, et al. Learning Phrase Representations Using RNN Encoder-Decoder for Statistical Machine Translation [J]. *Computer Science*, 2014.

[47] Church K W, Gale W A. A Comparison of the Enhanced Good-Turing and Deleted Estimation Methods for Estimating Probabilities of English Bigrams [J]. *Computer

Speech & Language, 1991, 5 (1): 19 - 54.

[48] Codd E F. *Proceedings of the 1970 ACM SIGFIDET (now SIGMOD) Workshop on Data Description, Access and Control* [C]//ACM Sigfidet. ACM, 1970.

[49] Collobert R, Weston J. *A unified architecture for natural language processing: deep neural networks with multitask learning* [C]//Proceedings of the 25th International Conference on Machine Learning. ACM, 2008: 160 - 167.

[50] Collobert Ronan, Weston Jason, Bottou Leon, Karlen Michael, Kavukcuoglu Koray, Kuksa Pavel. Natural Language Processing (almost) from Scratch [J]. *Journal of Machine Learning Research*, 2011, 7.

[51] Croft W B, Turtle H R. *Retrieval of Complex Objects* [C]//International Conference on Extending Database Technology: Advances in Database Technology. Springer - Verlag, 1992: 217 - 229.

[52] Cucerzan S. *Large - Scale Named Entity Disambiguation Based on Wikipedia Data* [C]//EMNLP - CoNLL 2007, Proceedings of the 2007 Joint Conference on Empirical Methods in Natural Language Processing and Computational Natural Language Learning, June 28 - 30, 2007, Prague, Czech Republic. DBLP, 2007: 708 - 716.

[53] Das D, Petrov S. *Unsupervised Part-of-Speech Tagging with Bilingual Graph-based Projections* [C]// Meeting of the Association for Computational Linguistics: Human Language Technologies. Association for Computational Linguistics, 2011.

[54] Davies S, Russl S. *Np-completeness of Searehes for Smallest Pos Sible Feature sets* [C]//Proc. of the AAAI Fall 94 Symposium on Relevanee, 1994: 37 - 39.

[55] Dellarocas C. *Immunizing Online Reputation Reporting Systems Against Unfair Ratings and Discriminatory Behavior* [C]//Proceedings of the 2nd ACM conference on Electronic commerce. ACM, 2000: 150 - 157.

[56] Dellarocas C. Strategic Manipulation of Internet Opinion Forums: Implications for Consumers and Firms [J]. *Management Science*, 2006, 52 (10): 1577 - 1593.

[57] Dellarocas C. The Digitization of Word-of - Mouth: Promise and Challenges of Online Reputation Systems [J]. *Social Science Electronic Publishing*, 2004, 49 (10): 1407 - 1424.

[58] Dempster AP, Laird NM and Rubin DB. Maximum-likelihood from Incomplete Data via the EM Algorithm [J]. *Journal of the Royal Statistical Society*, Series B. 1977.

［59］ DeRose S G. Grammtical Category Disambiguation by Statistical Optimization ［J］. *Computational Linguistics*, 1988, 14: 31 - 39.

［60］ Díaz - Negrillo A, Valera S, Meurers D, et al. Towards Interlanguage POS Annotation for Effective Learner Corpora in SLA and FLT ［J］. *Language Forum*, 2010, 36 (1 - 2): 139 - 154.

［61］ Ee - Peng Lim, Viet - An Nguyen, Nitin Jindal, Bing Liu and Hady Lauw. *Detecting Product Review Spammers Using Rating Behaviors* ［C］//The 19th ACM International Conference on Information and Knowledge Management (CIKM - 2010, full paper), Toronto, Canada, Oct 26 - 30, 2010.

［62］ Ester M, Kriegel HP, Sander J, Xu X. *A Density Based Algorithm for Discovering Clusters in Large Spatial Databases with Noise* ［C］//Simoudis E, Han JW, Fayyad UM, eds. Proceedings of the 2nd International Conference on Knowledge Discovery and Data Mining. Portland: AAAI Press, 1996: 226 - 231.

［63］ Estivill - Castro V, Lee I. *AUTOCLUST: Automatic Clustering via Boundary Extraction for Mining Massive Point - Data Sets* ［C］//International Conference on Geocomputation, 2000: 23 - 25.

［64］ Fangtao Li, Minlie Huang, Yi Yang and Xiaoyan Zhu. *Learning to Identify Review Spam* ［C］. Proceedings of the Twenty - Second International Joint Conference on Artificial Intelligence, Barcelona, Catalonia, Spain, 16 - 22 July 2011: 2488 - 2493.

［65］ Feng S, Banerjee R, Choi Y. *Syntactic Stylometry for Deception Detection* ［C］//Meeting of the Association for Computational Linguistics: Short Papers. Association for Computational Linguistics, 2012: 171 - 175.

［66］ Francis M E, Pennebaker J W, Booth R J. *Linguistic Inquiry and Word Count* ［CP］. Technical Report, Dallas, TX: Southern Methodist University, 1993.

［67］ Fukushima K. Neocognitron: A Self-organizing Neural Network Model for a Mechanism of Pattern Recognition Unaffected by Shift in Position ［J］. *Biological Cybernetics*, 1980, 36 (4): 193 - 202.

［68］ Gabrilovich E, Markovitch S. *Computing Semantic Relatedness Using Wikipedia - Based Explicit Semantic Analysis* ［C］//Proc. International Joint Conference on Artificial Intelligence, 2016: 1606 - 1611.

［69］ Gael J V, Vlachos A, Ghahramani Z. *The Infinite HMM for Unsupervised PoS Tagging* ［C］//Conference on Empirical Methods in Natural Language Processing,

EMNLP 2009, 6-7 August 2009, Singapore, A Meeting of Sigdat, A Special Interest Group of the ACL. 2009: 678-687.

[70] Gehrke J, Ramakrishnan R, Ganti V. *RainForest - A Framework for Fast Decision Tree Construction of Large Datasets* [C]//International Conference on Very Large Data Bases. Morgan Kaufmann Publishers Inc. 1998: 416-427.

[71] Gelbard R, Spiegler I. Hempel's Raven Paradox: a Positive Approach to Cluster Analysis [J]. *Computers & Operations Research*, 2000, 27 (4): 305-320.

[72] Gers F A, Schmidhuber J. *Recurrent Nets that Time and Count* [M]. Istituto Dalle Molle Di Studi Sull Intelligenza Artificiale, 2000.

[73] Gilbert E, Karahalios K. *Understanding deja reviewers* [C]//Proceedings of the 2010 ACM Conference on Computer Supported Cooperative Work. ACM, 2010: 225-228.

[74] http://www.nielsen.com/us/en/insights/report/2013/global-trust-in-advertising-and-brand-messages/.

[75] Godes D, Mayzlin D. Using Online Conversations to Study Word-of-Mouth Communication [J]. *Marketing Science*, 2004, 23 (4): 545-560.

[76] Gokhman S, Hancock J, Prabhu P, et al. *In Search of a Gold Standard in Studies of Deception* [C]//The Workshop on Computational Approaches To Deception Detection. Association for Computational Linguistics, 2012: 23-30.

[77] Goodfellow I J, Pouget-Abadie J, Mirza M, et al. *Generative Adversarial nets* [C]//International Conference on Neural Information Processing Systems. MIT Press, 2014: 2672-2680.

[78] Grefenstette E, Blunsom P, Freitas N D, et al. A Deep Architecture for Semantic Parsing [J]. *Computer Science*, 2014, 30 (5): 1-15.

[79] Greff K, Srivastava R K, Koutník J, et al. LSTM: A Search Space Odyssey [J]. *IEEE Transactions on Neural Networks & Learning Systems*, 2016, 28 (10): 2222-2232.

[80] Guan Wang, Sihong Xie, Bing Liu, Philip S. Yu. Identify Online Store Review Spammers via Social Review Graph [J]. *ACM Transactions on Intelligent Systems and Technology (TIST) archive*, Volume 3 Issue 4, September 2012.

[81] Guha S, Rastogi R, Shim K. *CURE: An Efficient Clustering Algorithm for Large Databases* [C]//Haas LM, Tiwary A, eds. Proceedings of the ACM SIGMOD International Conference on Management of Data. Seattle: ACM Press, 1998: 73-84.

[82] Halkidi M, Batistakis Y, Vazirgiannis M. On Clustering Validation Techniques [J]. *Journal of intelligent information systems*, 2001, 17 (2): 107 – 145.

[83] Hammond K. Principles of Internet Marketing [J]. *Australasian Marketing Journal*, 2001, 9 (2): 88 – 89.

[84] Han JW, Kambr M. *Data Mining Concepts and Techniques* [M]. Beijing: Higher Education Press, 2001. 145 – 176.

[85] Hansen P, Ngai E, Cheung B K, et al. Analysis of Global K-means, An Incremental Heuristic for Minimum Sum-of – Squares Clustering [J]. *Journal of classification*, 2005, 22 (2): 287 – 310.

[86] Harel D, Koren Y. *Clustering Spatial Data Using Random Walks* [C]// Proc. of the 7th ACM SIGKDD Int'l Conf. Knowledge Discovery and Data Mining. New York: ACM Press, 2001: 281 – 286. http://www.sigkdd.org/kdd2001/

[87] Hayes B. First Links in the Markov Chain [J]. *American Scientist*, 2013, 101 (2): 92 – 97.

[88] Hayes P J, Weinstein S P. *CONSTRUE – TIS: A System for Content – Based Indexing of a Database of News Stories* [C]//IAAI. 1990, 90: 49 – 64.

[89] He K, Zhang X, Ren S, et al. *Deep Residual Learning for Image Recognition* [C]//Proceedings of the IEEE Conference on Computer Vision and Pattern Recognition, 2016: 770 – 778.

[90] Hennig – Thurau T, Gwinner K P, Walsh G, et al. Electronic Word-of – Mouth via Consumer – Opinion Platforms: What Motivates Consumers to Articulate Themselves on the Internet? [J]. *Journal of Interactive Marketing*, 2004, 18 (1): 38 – 52.

[91] Hinton G E, Salakhutdinov R R. Reducing the Dimensionality of Data with Neural Networks [J]. *Science*, 2006, 313 (5786): 504 – 507.

[92] Ho C I, Lee Y L. The Development of an E-travel Service Quality Scale [J]. *Tourism Management*, 2007, 28 (6): 1434 – 1449.

[93] Hochreiter S, Schmidhuber J. Long Short – Term Memory [J]. *Neural Computation*, 1997, 9 (8): 1735 – 1780.

[94] Hong L, Davison B D. *Empirical Study of Topic Modeling in Twitter* [C]// SIGKDD Workshop on Social Media Analytics, 2010: 80 – 88.

[95] Hopfield J J. Neural Networks and Physical Systems with Emergent Collective Computational Abilities [J]. *Proceedings of the National Academy of Sciences of the Unit-*

ed States of America, 1982, 79 (8): 2554 - 2558.

[96] Horspool R N. Practical Fast Searching in Strings [J]. *Software Practice & Experience*, 1980, 10 (6): 501 - 506.

[97] Hsu Chih - Ming, Chen Ming - Syan. *Subspace Clustering of High Dimensional Spatial Data with Noises* [C]//Advances in knowledge & Data Mining, Pacific - Asia Conference, Pakdd, Sydney, Australia, May. DBLP, 2004: 31 - 40.

[98] Hu N, Pavlou P A, Zhang J. Why Do Online Product Reviews Have a J - Shaped Distribution? Overcoming Biases in Online Word-of - Mouth Communication [J]. *Social Science Electronic Publishing*, 2014.

[99] Hu Nan, Liu Ling, Sambamurthy Vallabh. Fraud Detection in Online Consumer Reviews [J]. *Decision Support Systems*, 2011, 50 (3): 614 - 626.

[100] Hu X, Tang J, Gao H, et al. *Social Spammer Detection with Sentiment Information* [C]//IEEE International Conference on Data Mining. IEEE Computer Society, 2014: 180 - 189.

[101] Hubel D H, Wiesel T N. Receptive Fields and Functional Architecture of Monkey Striate Cortex [J]. *Journal of Physiology*, 1968, 195 (1): 215 - 243.

[102] Ide N, Ronis J. Introduction to the Special Issue on Word Sense Disambiguation: the State of the Art [J]. *Computer Speech & Language*, 2004, 18 (3): 201 - 207.

[103] Iii J G M, Netemeyer R G. Modeling Customer Perceptions of Complaint Handling Over Time: the Effects of Perceived Justice on Satisfaction and Intent [J]. *Journal of Retailing*, 2002, 78 (4): 239 - 252.

[104] Iwasaki H. D. E. Knuth, J. H. Morris, V. R. Pratt: Fast Pattern Matching in Strings (Prominent Books and Articles in the 20th Century) [J]. *Journal De Radiologie Délectrologie Et De Médecine Nucléaire*, 1968, 49 (5): 378 - 81.

[105] Jaeger H, Haas H. Harnessing Nonlinearity: Predicting Chaotic Systems and Saving Energy in Wireless Communication [J]. *Science*, 2004, 304 (5667): 78 - 80.

[106] Jain A K, Murty M N, Flynn P J. Data Clustering: a Review [J]. *ACM Computing Surveys (CSUR)*, 1999, 31 (3): 264 - 323.

[107] Jeffrey T. Hancock, Lauren E. Curry, Saurabh Goorha, et al. On Lying and Being Lied to: A Linguistic Analysis of Deception in Computer - Mediated Communication [J]. *Discourse Processes*, 2007, 45 (1): 1 - 23.

[108] Jiawei H, Kamber M. *Data Mining: Concepts and Techniques* [M]. San

Francisco: Morgan Kaufmann Publishers, 2001.

[109] Jindal N, Liu B, Lim EP. *Finding a Typical Review Patterns for Detecting Opinion Spammers* [R]. 2010.

[110] Jindal N, Liu B. *Opinion Spam and Analysis* [C]//Proceedings of the 2008 International Conference on Web Search and Data Mining. ACM, 2008: 219 - 230.

[111] Jindal N, Liu B. *Review Spam Detection* [C]//Proceedings of the 16th international conference on World Wide Web. ACM, 2007: 1189 - 1190.

[112] Jindal, Nitin. Review Spam and Reviewer Behavior Analysis [J]. *Computer Science*, 2010.

[113] Johnson R, Zhang T. Effective Use of Word Order for Text Categorization with Convolutional Neural Networks [J]. *Eprint Arxiv*, 2015.

[114] Johnson R, Zhang T. Semi - Supervised Convolutional Neural Networks for Text Categorization via Region Embedding [J]. *Adv Neural Inf Process Syst*, 2015, 28: 919 - 927.

[115] Jozefowicz R, Zaremba W, Sutskever I. *An Empirical Exploration of Recurrent Network Architectures* [C]//International Conference on International Conference on Machine Learning. JMLR. org, 2015: 2342 - 2350.

[116] Jurafsky D, Martin J H. *Speech and Language Processing: An Introduction to Natural Language Processing, Computational Linguistics, and Speech Recognition* [M]. Prentice Hall PTR, 2000.

[117] Kalchbrenner N, Grefenstette E, Blunsom P. A Convolutional Neural Network for Modelling Sentences [J]. *Eprint Arxiv*, 2014, 1.

[118] Karypis G, Han E H, Kumar V. Chameleon: Hierarchical Clustering Using Dynamic Modeling [J]. *Computer*, 1999, 32 (8): 68 - 75.

[119] Karypis G, Han EH, Kumar V. CHANELEON: A Hierarchical Clustering Algorithm Using Dynamic Modeling [J]. *IEEE Computer*, 1999, 2 (8): 68 - 75.

[120] Kaufan L, Rousseeuw P J. *Finding Groups in Data: an Introduction to Cluster Analysis* [M]. New York: John Wiley & Sons, 1990.

[121] Kaufman L, Warner D D. Algorithm 685: a Program for Solving Separable Elliptic Equations [J]. *Acm Transactions on Mathematical Software*, 1990, 16 (4): 325 - 351.

[122] Kerm P V. Adaptive Kernel Density Estimation [J]. *Stata Journal*, 2003,

3（2）：148 –156.

［123］ Kim Y. Convolutional Neural Networks for Sentence Classification ［J］. *Eprint Arxiv*, 2014.

［124］ Kirkpatrick S, Vecchi M P. Optimization by Simulated Annealing ［M］// Spin Glass Theory and Beyond: An Introduction to the Replica Method and Its Applications. 1987: 339 –348.

［125］ Kleinberg J, Papadimitriou C, Raghavan P. *Segmentation Problems* ［C］// Proceedings of the Thirtieth Annual ACM Symposium on Theory of Computing. ACM, 1998: 473 –482.

［126］ Kohonen T. Self-organized Formation of Topologically Correct Feature Maps ［J］. *Biological Cybernetics*, 1982, 43（1）：59 –69.

［127］ Koutník J, Greff K, Gomez F, et al. A Clockwork RNN ［J］. *Computer Science*, 2014: 1863 –1871.

［128］ Kulkarni T D, Whitney W F, Kohli P, et al. *Deep Convolutional Inverse Graphics Network* ［C］//International Conference on Neural Information Processing Systems. MIT Press, 2015: 2539 –2547.

［129］ Kullback S, Leibler R A. On Information and Sufficiency ［J］. *The Annals of Mathematical Statistics*, 1951, 22（1）：79 –86.

［130］ Lai P L, Fyfe C. Kernel and Nonlinear Canonical Correlation Analysis ［J］. *International Journal of Neural Systems*, 2000, 10（5）：365 –377.

［131］ Lakkaraju H, Bhattacharya I, Bhattacharyya C. *Dynamic Multi – Relational Chinese Restaurant Process for Analyzing Influences on Users in Social Media* ［C］// IEEE, International Conference on Data Mining. IEEE, 2012: 389 –398.

［132］ Lam W, Ruiz M, Srinivasan P. Automatic Text Categorization and Its Application to Text Retrieval ［J］. *IEEE Transactions on Knowledge & Data Engineering*, 1999, 11（6）：865 –879.

［133］ Lamar M, Maron Y, Johnson M, et al. *SVD and Clustering for Unsupervised POS Tagging* ［C］//ACL 2010, Proceedings of the Meeting of the Association for Computational Linguistics, July 11 –16, 2010, Uppsala, Sweden, Short Papers. 2010: 215 –219.

［134］ Lanckriet G R G, Cristianini N, Bartlett P, Ghaoui L E, Jordan M I. Learning the Kernel Matrix with Semidefinite Programming ［J］. *The Journal of Machine*

Learning Research, 2004, 5 (1): 27 – 72.

[135] Lecun Y, Bengio Y, Hinton G. Deep learning [J]. *Nature*, 2015, 521 (7553): 436 – 444.

[136] Lee W J, Verzakov S, Duin R P. *Kernel Combination Versus Classifier Combination* [C]//Proceedings of the 7th International Workshop on Multiple Classifier Systems. Prague, Czech Republic: Springer, 2007: 22 – 31.

[137] Lesk M. *Automatic Sense Disambiguation Using Machine Readable Dictionaries: How to Tell a Pine Cone from an Ice Cream Cone* [C]//Acm Special Interest Group for Design of Communication, 1986: 24 – 26.

[138] Li F, Huang M, Yang Y, et al. *Learning to Identify Review Spam* [C]// International Joint Conference on Artificial Intelligence. AAAI Press, 2011: 2488 – 2493.

[139] Li H, Chen Z, Liu B, et al. *Spotting Fake Reviews via Collective Positive – Unlabeled Learning* [C]//IEEE International Conference on Data Mining. IEEE, 2015: 899 – 904.

[140] Li J, Luong M T, Dan J. A Hierarchical Neural Autoencoder for Paragraphs and Documents [J]. *Computer Science*, 2015.

[141] Li L, Nie Y, Han W, et al. *A Multi-attention – Based Bidirectional Long Short – Term Memory Network for Relation Extraction* [C]//International Conference on Neural Information Processing. Springer, Cham, 2017: 216 – 227.

[142] Li YJ. A Clustering Algorithm Based on Maximal θ-distant Subtrees [J]. *Pattern Recognition*, 2007, 40 (5): 1425 – 1431.

[143] Lim E P, Nguyen V A, Jindal N, et al. *Detecting product review spammers using rating behaviors* [C]//Proceedings of the 19th ACM Conference on Information and Knowledge Management, CIKM 2010, Toronto, Ontario, Canada, October 26 – 30, 2010. ACM, 2010.

[144] Lippmann R P. Pattern Classification Using Neural Networks [J]. *IEEE Communications Magazine*, 1989, 27 (11): 47 – 50.

[145] Litvin S W, Goldsmith R E & Pan B. Electronic Word-of – Mouth in Hospitality and Tourism Management [J]. *Tourism Management*, 2008, 29 (3): 458 – 468.

[146] Liu B, Lee W S, Yu P S, et al. *Partially supervised classification of text documents* [C]//ICML. 2002, 2: 387 – 394.

[147] Lovász L. Graph Theory Over 45 Years [J]. *An Invitation to Mathematics*,

2011: 85 - 95.

[148] Luhn H P. A statistical approach to mechanized encoding and searching of literary information [J]. *IBM Journal of Research & Development*, 1957, 1 (4): 309 - 317.

[149] Maass W, Natschläger T, Markram H. Real-time computing without stable states: a new framework for neural computation based on perturbations [J]. *Neural Computation*, 2002, 14 (11): 2531 - 2560.

[150] Macqueen J. *Some methods for classification and analysis of multivariate observations* [C]//Proceedings of the fifth Berkeley symposium on mathematical statistics and probability. 1967, 1 (14): 281 - 297.

[151] Maheswaran D, Meyers - Levy J. The Influence of Message Framing and Issue Involvement [J]. *Journal of Marketing Research*, 1990, 27 (3): 361 - 367.

[152] Mamoshina P, Vieira A, Putin E, et al. Applications of deep learning in biomedicine [J]. *Molecular pharmaceutics*, 2016, 13 (5): 1445 - 1454.

[153] Mao J, Jain A K. A self-organizing network for hyperellipsoidal clustering (HEC) [J]. *IEEE Transactions on Neural Networks*, 1996, 7 (1): 16 - 29.

[154] Marcus, Mitchell P, Ann M, et al. Building a large annotated corpus of English: the penn treebank [J]. *Computational Linguistics*, 1993, 19 (2): 313 - 330.

[155] Maron M E, Kuhns J L. On relevance, probabilistic indexing and information retrieval [J]. *Journal of the* ACM, 1960, 7 (3): 216 - 244.

[156] Mayzlin D, Dover Y, Chevalier J A. Promotional Reviews: An Empirical Investigation of Online Review Manipulation [J]. *Social Science Electronic Publishing*, 2014, 104 (8): 583 - 590.

[157] Mayzlin D. Promotional Chat on the Internet [J]. *Marketing Science*, 2006, 25 (2): 155 - 163.

[158] Mcclelland J. *Information Processing in Dynamical Systems: Foundations of Harmony Theory* [C]//MIT Press, 1986: 194 - 281.

[159] Mckeown K R, Barzilay R, Evans D, et al. *Tracking and Summarizing News on a Daily Basis with Columbia's Newsblaster* [C]//International Conference on Human Language Technology Research. Morgan Kaufmann Publishers Inc. 2003: 280 - 285.

[160] Mehta M, Agrawal R, Rissanen J. *SLIQ: A Fast Scalable Classifier for Data Mining* [C]//International Conference on Extending Database Technology: Ad-

vances in Database Technology. Springer – Verlag, 1996: 18 – 32.

[161] Mercer J. Functions of Positive and Negative Type and Their Connection with the Theory of Integral Equations [J]. *Philosophical Transactions of the Royal Society of London*, 1909, A (209): 415 – 446.

[162] Merialdo B. Tagging English Text with a Probabilistic Model [J]. *Computational Linguistics*, 2002, 20 (2): 155 – 171.

[163] Metzler D, Dumais S, Meek C. *Similarity Measures for Short Segments of Text* [C]//AAAI Conference on Artificial Intelligence, July 22 – 26, 2007, Vancouver, British Columbia, Canada. 2007: 1489.

[164] Michael Luca, Georgios Zervas. Fake It Till You Make It: Reputation, Competition, and Yelp Review Fraud [J/OL]. *Harvard Business School Working Papers*, November 8, 2013. http://people.bu.edu/zg/publications/fakereviews.pdf.

[165] Mihalcea R, Strapparava C. *The Lie Detector: Explorations in the Automatic Recognition of Deceptive Language* [C]//ACL 2009, Proceedings of the Meeting of the Association for Computational Linguistics and the International Joint Conference on Natural Language Processing of the Afnlp, 2 – 7 August 2009, Singapore, Short Papers. DBLP, 2009: 309 – 312.

[166] Mika S, Ratsch G, Weston J, Scholkopf B, Mullers K R. *Fisher discriminant analysis with kernels* [C]//Proceedings of the Conference on Neural Networks for Signal Processing. Washington D. C., USA: IEEE, 1999: 41 – 48.

[167] Mukherjee A, Kumar A, Liu B, et al. *Spotting Opinion Spammers Using Behavioral Footprints* [C]//ACM SIGKDD International Conference on Knowledge Discovery and Data Mining. ACM, 2013: 632 – 640.

[168] Mukherjee A, Liu B, Glance N. *Spotting Fake Reviewer Groups in Consumer Reviews* [C]//International Conference on World Wide Web. ACM, 2012: 191 – 200.

[169] Mukherjee A, Liu B, Wang J, et al. *Detecting Group Review Spam* [C]//International Conference Companion on World Wide Web. ACM, 2011: 93 – 94.

[170] Nan Hu, Indranil Bose, Yunjun Gao, Ling Liu. Manipulation in Digital Word of Mouth: A reality Check for Book Reviews [J]. *Decision Support Systems*, 2011, 50 (3): 627 – 635.

[171] Navarro G, Raffinot M. *A Bit-parallel Approach to Suffix Automata: Fast Extended String Matching* [C]//Annual Symposium on Combinatorial Pattern Matc-

hing. Springer Berlin Heidelberg, 1998: 14 –33.

[172] Newman M L, Pennebaker J W, Berry D S, et al. Lying Words: Predicting Deception from Linguistic Styles [J]. *Personality & Social Psychology Bulletin*, 2003, 29 (5): 665.

[173] Ng R T, Han J. *Efficient and Effective Clustering Methods for Spatial Data Mining* [M]. University of British Columbia, 1994.

[174] Ng, Tou H, Lee, et al. Integrating Multiple Knowledge Sources to Disambiguate Word Sense: an Exemplar-based Approach [J]. *Proc Meeting of ACL*, 1996: 40 –47.

[175] Nitin Jindal, Bing Liu and Ee – Peng Lim. *Finding Unusual Review Patterns Using Unexpected Rules* [C]. The 19th ACM International Conference on Information and Knowledge Management (CIKM – 2010, short paper), Toronto, Canada, Oct 26 –30, 2010.

[176] North C L. Word Sense Disambiguation Using Statistical Methods [J]. *Proceedings of ACL*, 1991, 5 (4): 264 –270.

[177] Ott M, Choi Y, Cardie C, et al. *Finding Deceptive Opinion Spam by Any Stretch of the Imagination* [C]. Proceedings of the 49th Annual Meeting of the Association for Computational Linguistics: Human Language Technologies – Volume 1. Association for Computational Linguistics, 2011: 309 –319.

[178] Ott M, Choi Y, Cardie C, et al. Finding Deceptive Opinion Spam by Any Stretch of the Imagination [J]. *Computer Science*, 2011, 1: 309 –319.

[179] Page L, Brin S, Motwani R, et al. *The PageRank citation ranking: Bringing order to the web* [J]. *Stanford Digital Libraries Working Papers*, 1998.

[180] Palangi H, Deng L, Shen Y, et al. Deep Sentence Embedding Using the Long Short Term Memory Network: Analysis and Application to Information Retrieval [J]. *IEEE/ACM Transactions on Audio Speech & Language Processing*, 2015, 24 (4): 694 –707.

[181] Pamela M. Homer, Sun – Gil Yoon. Message Framing and the Interrelationships among Ad – Based Feelings, Affect, and Cognition [J]. *Journal of Advertising*, 1992, 21 (1): 19 –33.

[182] Pavlou P A, Dimoka A. The Nature and Role of Feedback Text Comments in Online Marketplaces: Implications for Trust Building, Price Premiums, and Seller

Differentiation [J]. *Informatiom Systems Research*, 2006, 17 (4): 392 – 414.

[183] Pearl J. Probabilistic reasoning in intelligent systems [J]. *Computer Science Artificial Intelligence*, 1988, 70 (14): 521 – 538.

[184] Pearson K. The problem of the random walk [J]. *Nature*, 1905, 72 (1865): 294.

[185] Pena J M, Lozano J A, Larranaga P. An Empirical Comparison of Four Initialization Methods for the K-means Algorithm [J]. *Pattern Recognition Letters*, 1999, 20 (10): 1027 – 1040.

[186] Pennebaker J W, Francis M E, Booth R J. *Linguistic Inquiry and Word Count* [CP]. Mahway: Lawrence Erlbaum Associates, 2001.

[187] Phan X H, Nguyen L M, Horiguchi S. *Learning to Classify Short and Sparse Text & Web with Hidden Topics from Large-scale Data Collections* [C]//Proceedings of the 17th International Conference on World Wide Web. ACM, 2008: 91 – 100.

[188] Pinto D, Mccallum A, Wei X, et al. *Table Extraction Using Conditional Random Fields* [C]//Proceedings of the 26th annual international ACM SIGIR Conference on Research and Development in Informaion Retrieval. ACM, 2003: 235 – 242.

[189] Piramuthu S, Kapoor G, Zhou W, et al. Input Online Review Data and Related Bias in Recommender Systems [J]. *Decision Support Systems*, 2012, 53 (3): 418 – 424.

[190] Polya G. On the Mean – Value Theorem Corresponding to a Given Linear Homogeneous Differential Equations [J]. *Transactions of the American Mathematical Society*, 1922, 24 (4): 312 – 324.

[191] Quinlan J R. Induction of Decision Trees [J]. *Machine Learning*, 1986, 1 (1): 81 – 106.

[192] R. Ng, J. Han. *Efficient and Effective Clustering Method for Spatial Data Mining* [C]. Proc. Int. Conf. Very Large Data Bases (VLDB'94), 1994: 144 – 155.

[193] Ravi S, Knight K. *Minimized Models for Unsupervised Part-of-speech Tagging* [C]//ACL 2009, Proceedings of the Meeting of the Association for Computational Linguistics and the International Joint Conference on Natural Language Processing of the Afnlp, 2 – 7 August 2009, Singapore. 2009: 504 – 512.

[194] Ren Y, Ji D, Zhang H. *Positive Unlabeled Learning for Deceptive Reviews Detection* [C]//EMNLP. 2014: 488 – 498.

[195] Rodriguez A, Laio A. Clustering by Fast Search and Find of Density Peaks [J]. *Science*, 2014, 344 (6191): 1492 – 1496.

[196] Rosenblatt. The Perception: a Probabilistic Model for Information Storage and Organization in the Brain [J]. *Psychological Review*, 1958, 65 (6): 386 – 408.

[197] Rosenfeld R. A Maximum Entropy Approach to Adaptive Statistical Language Modelling [J]. *Computer Speech & Language*, 1996, 10 (3): 187 – 228.

[198] Rumelhart, D, McClelland, J. *Learning and Relearning in Boltzmann Machines* [M]//Parallel Distributed Processing: Explorations in the Microstructure of Cognition, vol. 1. MIT Press, 1986: 45 – 76.

[199] Salton G, Buckley C. *Term-weighting Approaches in Automatic Text Retrieval* [M]. Pergamon Press, Inc. 1988.

[200] Salton G. *Some Experiments in the Generation of Word and Document Associations* [C]//December 4 – 6, 1962, Fall Joint Computer Conference. ACM, 1962: 234 – 250.

[201] Salton G. *The SMART Retrieval System* [M]. Springer US, 1971.

[202] Sambasivam S, Theodosopoulos N. Advanced Data Clustering Methods of Mining Web Documents [J]. *Issues in Informing Science & Information Technology*, 2006, 3.

[203] Schölkopf B, Platt J, Hofmann T. Efficient Learning of Sparse Representations with an Energy – Based Model [J]. *Advances in Neural Information Processing Systems*, 2007: 1137 – 1144.

[204] Schmitz P. Market and Individual Investors Reactions to Corporate News in the Media [J]. *Ssrn Electronic Journal*, 2007.

[205] Scholkopf B, Mika S, Smola A, Ratsch G, Muller K R. Kernel PCA Pattern Reconstruction via Approximation Preimages [C]//Proceedings of the International Conference on Artificial Neural Networks. Skovde, Sweden: IEEE, 1998: 147 – 152.

[206] Schuster M, Paliwal K K. *Bidirectional Recurrent Neural Networks* [M]. IEEE Press, 1997.

[207] Shafer J C, Agrawal R, Mehta M. *SPRINT: A Scalable Parallel Classifier for Data Mining* [C]//Proceedings of the 22th International Conference on Very Large Data Bases. Morgan Kaufmann Publishers Inc. 1996: 544 – 555.

[208] Shannon C E. A Mathematical Theory of Communication [J]. *Bell Labs*

Technical Journal, 1948, 27 (3): 379-423.

[209] Shen Y, He X, Gao J, et al. *Learning Semantic Representations Using Convolutional Neural Networks for Web Search* [C]//International Conference on World Wide Web. ACM, 2014: 373-374.

[210] Sihong Xie, Guan Wang, Shuyang Lin, Philip S. Yu. Review Spam Detection via Temporal Pattern Discovery [C]//KDD'12 Proceedings of the 18th ACM SIGKDD International Conference on Knowledge Discovery and Data Mining, NY, USA, 2012: 823-831.

[211] Silver D, Schrittwieser J, Simonyan K, et al. Mastering the Game of Go without Human Knowledge [J]. *Nature*, 2017, 550 (7676): 354.

[212] Siwei Lai, Liheng Xu, Kang Liu, Jun Zhao. *Recurrent Convolutional Neural Networks for Text Classification* [C]//Proceedings of the Twenty-Ninth AAAI Conference on Artificial Intelligence, 2015: 2267-2273.

[213] Skowronski J J, Carlston D E. Negativity and Extremity Biases in Impression Formation: A Review of Explanations [J]. *Psychological Bulletin*, 1989, 105 (105): 131.

[214] Smith D, Menon S, Sivakumar K. Online Peer and Editorial Recommendations, Trust, and Choice in Virtual Markets [J]. *Journal of Interactive Marketing*, 2005, 19 (3): 15-37.

[215] Smola A J, Scholkopf B. A Tutorial on Support Vector Regression [J]. *Statistics and Computing*, 2004, 14 (3): 199-222.

[216] Snow R, O'Connor B, Jurafsky D, et al. *Cheap and fast——but Is it Good?: Evaluating Non-expert Annotations for Natural Language Tasks* [C]//Proceedings of the Conference on Empirical Methods in Natural Language Processing. Association for Computational Linguistics, 2008: 254-263.

[217] Song Feng, Ritwik Banerjee, and Yejin Choi. Syntactic Stylometry for Deception Detection [C]//ACL'12 (2012) Proceedings of the 50th Annual Meeting of the Association for Computational Linguistics: Short Papers - Volume 2, Pages 171-175.

[218] Steinbrunn M, Moerkotte G, Kemper A. Heuristic and Ran2 Domized Optimization for the Join Ordering Problem [J]. *The VLDB Journal*, 1997, 6 (3): 8-17.

[219] Stolz W S, Tannenbaum P H, Carstensen F V. Stochastic approach to the grammatical coding of English [J]. *Communications of the Acm*, 1965, 8 (6): 399-405.

[220] Sun M, T'Sou B K. *Ambiguity Resolution in Chinese Word Segmentation* [C]//10 Th Pacific Asia Conference on Language. 1995: 384 – 389.

[221] Sunday D M. A very Fast Substring Search Algorithm [J]. *Communications of the ACM*, 1990, 33 (8): 132 – 142.

[222] Theodoros Lappas. Fake Reviews: The Malicious Perspective [J]. *Natural Language Processing and Information Systems*, *Lecture Notes in Computer Science*, 2012 (7337): 23 – 34.

[223] Toutanova K, Klein D, Manning C D, et al. *Feature-rich Part-of – Speech Tagging with a Cyclic Dependency Network* [C]//Conference of the North American Chapter of the Association for Computational Linguistics on Human Language Technology. Association for Computational Linguistics, 2004: 173 – 180.

[224] Turtle H R. *Concept Matching of Natural Language Queries with a Database of Document Concepts*: US, US 5418948 A [P]. 1995.

[225] Vincent P, Larochelle H, Bengio Y, et al. *Extracting and Composing Robust Features with Denoising Autoencoders* [C]//International Conference on Machine Learning. ACM, 2008: 1096 – 1103.

[226] Vinyals O, Kaiser L, Koo T, et al. Grammar as a Foreign Language [J]. *Eprint Arxiv*, 2015: 2773 – 2781.

[227] Wang G, Xie S, Liu B, et al. Identify Online Store Review Spammers via Social Review Graph [J]. *Acm Transactions on Intelligent Systems & Technology*, 2012, 3 (4): 61.

[228] Wang G, Xie S, Liu B, et al. *Review Graph Based Online Store Review Spammer Detection* [C]//IEEE, International Conference on Data Mining. IEEE, 2012: 1242 – 1247.

[229] Wang P, Xu J M, Xu B, et al. Semantic Expansion Using Word Embedding Clustering and Convolutional Neural Network for Short Text Classification [J]. *Neurocomputing*, 2016, 174 (PB): 806 – 814.

[230] Wang W, Yang J, Muntz R. STING: A Statistical Information Grid Approach to Spatial Data Mining [C]//VLDB. 1997, 97: 186 – 195.

[231] Wu F, Huberman B A. Opinion Formation Under Costly Expression [J]. *Acm Transactions on Intelligent Systems & Technology*, 2010, 1 (1): 1 – 13.

[232] WU G, Greene D, Smyth B, et al. *Distortion as a Validation Criterion in*

the Identification of Suspicious Reviews [C]//1st Workshop on Social Media Analytics. Washington, DC, USA, 2010.

[233] Wu S, Manber U. Fast Text Searching: Allowing Errors [J]. *Communications of the ACM*, 1992, 35 (10): 83 –91.

[234] Xu C, Zhang J, Long C, et al. *Uncovering Collusive Spammers in Chinese Review Websites* [C]//ACM International Conference on Conference on Information & Knowledge Management. ACM, 2013: 979 –988.

[235] Xu Q, Zhao H. *Using Deep Linguistic Features for Finding Deceptive Opinion Spam* [C]//COLING (Posters). 2012: 1341 –1350.

[236] Xue N. Chinese Word Segmentation as LMR Tagging [J]. *Sighan Workshop on Chinese Language Processing*, 2003, 8 (81): 29 –48.

[237] Yang S H, Kolcz A, Schlaikjer A, et al. *Large-scale High-precision Topic Modeling on Twitter* [C]//ACM SIGKDD International Conference on Knowledge Discovery and Data Mining. ACM, 2014: 1907 –1916.

[238] Yao X, Liu Y. A New Evolutionary System for Evolving Artificial Neural Networks [J]. *IEEE Transactions on Neural Networks*, 1997, 8 (3): 694 –713.

[239] Yao X. Evolving Artificial Neural Networks [J]. *Proceedings of the IEEE*, 1999, 87 (9): 1423 –1447.

[240] Yoo K H, Gretzel U. *Comparison of Deceptive and Truthful Travel Reviews* [M]//Information and Communication Technologies in Tourism 2009. Springer Vienna, 2009: 37 –47.

[241] Yoo K H, Lee Y, Gretzel U, et al. *Trust in Travel-related Consumer Generated Media* [M]//Information and Communication Technologies in Tourism 2009. Springer Vienna, 2009: 49 –59.

[242] Yu C, Ooi BC, Tan K – L, Jagadish HV. Indexing the Distance: an Efficient Method to KNN Processing [C]//Apers PMG, Atzeni P, Ceri S, Paraboschi S, Ramamohanarao K, Snodgrass RT, eds. Proceedings of the 27th International Conference on Very Large Data Bases. Roma: Morgan Kaufmann Publishers, 2001. 421 –430.

[243] Zeiler M D, Krishnan D, Taylor G W, et al. *Deconvolutional Networks* [C]//Computer Vision and Pattern Recognition. IEEE, 2010: 2528 –2535.

[244] Zhang B, Srihari S N. *Properties of Binary Vector Dissimilarity Measures* [C]//Proc. JCIS Int'l Conf. Computer Vision, Pattern Recognition, and Image Process-

ing. 2003,1.

[245] Zhang Ji, Hsu W, Lee Mong Li. *Clustering in Dynamic Spatial Databases* [J]. *Journal of Intelligent Information Systems*, 2005, 24 (1): 5 – 27.

[246] Zhang T, Ramakrishnan R, Livny M. *BIRCH*: *an Efficient Data Clustering Method for Very Large Databases* [C]//ACM Sigmod Record. ACM, 1996, 25 (2): 103 – 114.

[247] Zhao W X, Jiang J, Weng J, et al. *Comparing Twitter and Traditional Media Using Topic Models* [C]//European Conference on Advances in Information Retrieval. Springer – Verlag, 2011: 338 – 349.

[248] Zhao Y, Yang S, Narayan V, et al. Modeling Consumer Learning from Online Product Reviews [J]. *Marketing Science*, 2013, 32 (1): 153 – 169.

[249] Zhao Y, Zobel J. *Searching with style*: *Authorship Attribution in Classic Literature* [C]//Proceedings of the Thirtieth Australasian Conference on Computer Science – Volume 62. Australian Computer Society, Inc., 2007: 59 – 68.

[250] 阿尔法狗技术新用途：帮助谷歌降低电费. 新浪科技, http://tech.sina.com.cn/it/2016 – 07 – 20/doc-ifxuapvs8881715.shtml.

[251] [美] 奥尔波特. 谣言心理学 [M]. 刘水平, 等译. 沈阳: 辽宁教育出版社, 2003: 21.

[252] 百度贴吧被指花钱能承包 [N]. 北京青年报, 2016 – 01 – 12 (A09 版).

[253] 岑麒祥. 语言学史概要 [M]. 北京: 世界图书出版公司, 2008.

[254] 曾依灵, 许洪波, 白硕. 改进的 OPTICS 算法及其在文本聚类中的应用 [J]. 中文信息学报, 2008, 22 (1): 51 – 55, 60.

[255] 柴艳茹. 网络谣言对社会稳定的危害及其治理 [J]. 人民论坛, 2013 (20): 20 – 23.

[256] 陈东亮, 白清源. 基于词频向量的关联文本分类 [C]//中国数据库学术会议, 2009.

[257] 陈桂林, 王永成, 韩客松等. 一种改进的快速分词算法 [J]. 计算机研究与发展, 2000, 37 (4): 418 – 424.

[258] 陈隆升, 林瑞裕. 辨识科技产品操弄评论之研究 [EB/OL]. 2013 第七届资讯科技国际研讨会, http://www.inf.cyut.edu.tw/AIT2013/ft_103.pdf.

[259] 陈燕俐, 洪龙, 金达文等. 一种简单有效的基于密度的聚类分析算法 [J]. 南京邮电学院学报: 自然科学版, 2005, 25 (4): 24 – 29.

[260] 程学旗，兰艳艳. 网络大数据的文本内容分析 [J]. 大数据，2015，1（3）：62-71.

[261] [美] 戴维·迈尔斯. 社会心理学 [M]. 侯玉波，等译. 北京：人民邮电出版社，2006：111.

[262] [美] 丹尼尔·卡尼曼，保罗·斯洛维奇，阿莫斯·特沃斯基. 不确定状况下的判断：启发式和偏差 [M]. 方文，等译. 北京：中国人民大学出版社，2008.

[263] 中国互联网络信息中心. 第41次中国互联网络发展状况统计报告 [J]. 中国广播，2018（3）：96.

[264] 法国将铲除网络虚假评论 增加网站评论信可信度，https：//m.sohu.com/n/380643914.

[265] 冯志伟. 数理语言学 [M]. 北京：知识出版社，1985：149-151.

[266] 奉国和，郑伟. 国内中文自动分词技术研究综述 [J]. 图书情报工作，2011，55（2）：41-45.

[267] 郭利强. 网络博客空间中基于部分监督学习的垃圾评论检测 [J]. 图书情报工作，2011，56（4）：52-55.

[268] 郭庆光. 传播学教程 [M]. 2版. 北京：中国人民大学出版社，2011.

[269] 郭泗辉，樊兴华. 一种改进的贝叶斯网络短文本分类算法 [J]. 广西师范大学学报自然科学版，2010，28（3）：140-143.

[270] 何海江，凌云. 由Logistic回归识别Web社区的垃圾评论 [J]. 计算机工程与应用，2009，45（23）：140-143.

[271] 何克抗，徐辉，孙波. 书面汉语自动分词专家系统设计原理 [J]. 中文信息学报，1991，5（2）：1-14.

[272] 华却才让，刘群，赵海兴. 判别式藏语文本词性标注研究 [J]. 中文信息学报，2014，28（2）：56-60.

[273] 黄昌宁，赵海. 中文分词十年回顾 [J]. 中文信息学报，2007，21（3）：8-19.

[274] 黄文江，李翔，林祥. 基于Chameleon算法的文本聚类技术研究 [J]. 计算机技术与发展，2010，20（6）：1-4.

[275] 姜尚仆，陈群秀. 基于规则和统计的日语分词和词性标注的研究 [J]. 中文信息学报，2010，24（1）：117-122.

[276] 姜赢，张婧，朱玲萱等. 网络谣言文本句式特征分析与监测系统

[J]. 电子设计工程, 2017, 25 (23): 7-10.

[277] 蒋正和. 社会事件型网络虚假信息的特点 [J]. 东南传播, 2015 (7): 93-94.

[278] [法] 卡普费雷. 谣言: 世界最古老的传媒 [M]. 郑若麟, 译. 上海: 上海人民出版社, 1991.

[279] [美] 曼纽尔·卡斯特. 网络社会的崛起 [M]. 夏铸九, 等译. 北京: 社会科学文献出版社, 2006.

[280] [美] 凯斯·桑斯坦 (Cass Sunstein). 网络共和国: 网络社会中的民主问题 [M]. 黄维明, 译. 上海: 上海人民出版社, 2003.

[281] 黎平, 黄洁玲, 张平健. 面向医学专家系统的汉语分词模块设计与实现 [J]. 医学信息, 2009, 22 (12): 2618-2622.

[282] 李静. 基于卷积神经网络的虚假评论的识别 [J]. 软件, 2016, 37 (10): 79-81.

[283] 李良荣. 新闻学概论 [M]. 上海复旦大学出版社, 2009.

[284] 李平, 戴月明, 吴定会. 双通道卷积神经网络在文本情感分析中的应用 [J]. 计算机应用, 2018, 38 (6): 1542-1546.

[285] 李霄, 丁晟春. 垃圾商品评论信息的识别研究 [J]. 现代图书情报技术, 2013 (1): 63-68.

[286] 李亚超, 江静, 加羊吉等. TIP-LAS: 一个开源的藏文分词词性标注系统 [J]. 中文信息学报, 2015, 29 (6): 203-207.

[287] 李雨洁, 廖成林, 于辉. 线上商品评论反"L"型分布的偏差与纠正 [J]. 统计研究, 2013, 30 (4): 46-51.

[288] 李真, 林琛, 李弼程. 基于Hash技术的重复性评论检测 [J]. 计算机应用, 2009, 29 (S2): 263-266.

[289] 梁南元. 书面汉语自动分词系统——CDWS [J]. 中文信息学报, 1987, 1 (2): 46-54.

[290] 刘群, 张华平, 俞鸿魁等. 基于层叠隐马尔可夫模型的汉语词法分析 [J]. 计算机研究与发展, 2004, 41 (8): 1421-1429.

[291] 刘自雄, 王朱莹. 被信任的假新闻——虚假信息的受众接受心理探讨 [J]. 现代传播: 中国传媒大学学报, 2011 (7): 56-59.

[292] [美] 卢格尔. 人工智能: 复杂问题求解的结构和策略 [M]. 北京: 机械工业出版社, 2006.

[293] 卢志茂,刘挺,李生.统计词义消歧的研究进展[J].电子学报,2006,34(2):333-343.

[294] 栾杰,付晓东,冯旭鹏等.基于多元特征的电商低质量商品评论识别[J].计算机应用与软件,2017,34(2):100-105.

[295] 吕琳,周世斌,刘玉树.一种高性能英文词性标注器的设计与实现[J].北京理工大学学报,2005,25(10):876-879.

[296] 马费成,张勤.国内外知识管理研究热点——基于词频的统计分析[J].情报学报,2006,25(2):163-171.

[297] 马凌.风险社会中的谣言风险及对策[J].浙江工商大学学报,2010(1):44-48.

[298] 孟美任,丁晟春.虚假商品评论信息发布者行为动机分析[J].情报科学,2013,31(10):100-104.

[299] 牛力涛.北京网络安全反诈骗联盟发布网络诈骗犯罪数据报告[R/OL].http://www.ce.cn,2015.04.

[300] 帕力旦·吐尔逊,房鼎益.融合形态特征的最大熵维吾尔语词性标注[J].西北大学学报:自然科学版,2015,45(5):721-726.

[301] 彭涛,戴耀康,朱枫彤等.一种基于规则的无监督词性标注方法[J].吉林大学学报:理学版,2015,53(5):956-962.

[302] 皮琪,王文杰,杨飞等.基于深度学习的虚假评论识别[J].网络新媒体技术,2016(6):30-33.

[303] 任韶堂.食物语言学[M].上海:上海文艺出版社,2017.

[304] 任亚峰.基于标注和未标注数据的虚假评论识别研究[D].武汉:武汉大学,2015:4-5.

[305] 佘绍敏.传播学概论[M].厦门:厦门大学出版社,2003.

[306] 史树敏,张海军,黄河燕.一种未登录词的识别方法,华建机器翻译有限公司,北京理工大学:2009102658397[P].2009-12-28,G06F 17/27.

[307] 宋海霞,严馨,余正涛,石林宾,苏斐.基于自适应聚类的虚假评论检测[J].南京大学学报(自然科学),2013,7,49(4):433-438.

[308] 孙吉贵,刘杰,赵连宇.聚类算法研究[J].软件学报,2008,19(1):48-61.

[309] 孙升芸,田萱,何军.基于评论行为的商品垃圾评论的识别研究[J].计算机工程与设计,2012,33(11):4314-4319.

[310] 谭文堂,朱洪,葛斌等.垃圾评论自动过滤方法.国防科技大学学报,2012,34(5):153-157.

[311] 谭咏梅,吴坤.面向英语文章的词性标注算法[J].北京邮电大学学报,2014(6):120-124.

[312] 唐绪军,吴信训,黄楚新等.中国新媒体发展报告 No.4(2013)[M].北京:社会科学文献出版社,2013.

[313] 汪洪桥,孙富春,蔡艳宁等.多核学习方法[J].自动化学报,2010,36(8):1037-1050.

[314] 王彩荣.汉语自动分词专家系统的设计与实现[J].微处理机,2004,25(3):56-57.

[315] 王国龙,杜建强,郝竹林等.中医诊断古文的词性标注与特征重组[J].计算机工程与设计,2015(3):835-840.

[316] 王辉,王晖昱,左万利.观点挖掘综述.计算机应用研究,2009,26(1):25-29.

[317] 王宁,宋嘉莹,杨学成.C2C 电商平台中在线评论偏离真实性的诱因及应对策略[J].软科学,2017,31(4):100-103.

[318] 王千,王成,冯振元等.K-means 聚类算法研究综述[J].电子设计工程,2012,20(7):21-24.

[319] 王涛.文本自动分类研究[J].图书馆学研究,2007(12):40-43.

[320] 王旭阳,姜喜秋.基于上下文信息的中文命名实体消歧方法研究[J].计算机应用研究,2018,35(4):1072-1075.

[321] [美]韦斯.数据结构与算法分析:Java 语言描述[M].冯舜玺,译.北京:机械工业出版社,2007.

[322] 魏董华,屈凌燕.《世界电子商务报告》发布:全球网民人数达 41.57 亿人[N/OL].http://www.xinhuanet.com/2018-04/11/c_1122668272.htm.

[323] 谢柏林,蒋盛益,周咏梅等.基于把关人行为的微博虚假信息及早检测方法[J].计算机学报,2016,39(4):730-744.

[324] 徐辉,何克抗,孙波.书面汉语自动分词专家系统的实现[J].中文信息学报,1991,5(3):38-47.

[325] 薛国林.微博时代:谣言"传染"路线图[J].人民论坛,2011(10):16-17.

[326] 闫琰.基于深度学习的文本表示与分类方法研究[D].北京:北京

科技大学，2016.

[327] 严武，董承勇. 虚假信息影响股价波动分析：来自沪深股市的证据 [J]. 当代财经，2010（4）：42-52.

[328] 杨燕，靳蕃，Mohamed K. 聚类有效性评价综述 [J]. 计算机应用研究，2008，25（6）：1630-1632.

[329] 姚兴山. 基于 Hash 算法的中文分词研究 [J]. 现代图书情报技术，2008（3）：78-81.

[330] 尹锋，林亚平. 神经网络专家系统集成式汉语自动分词技术 [J]. 软件和信息服务，1996（12）：89-93.

[331] 余传明，冯博琳，左宇恒等. 基于个人—群体—商户关系模型的虚假评论识别研究 [J]. 北京大学学报（自然科学版），2017，53（2）：262-272.

[332] 俞士汶，段慧明，朱学锋等. 北京大学现代汉语语料库基本加工规范 [J]. 中文信息学报，2002，16（6）：49-64.

[333] 喻国明. 网络谣言的文本结构与表达特征——基于腾讯大数据筛选鉴定的 6000+谣言文本的分析 [J]. 新闻与写作，2018（2）.

[334] 袁里驰. 几种基于统计的词聚类方法比较 [J]. 中南大学学报（自然科学版），2016，47（9）：3079-3084.

[335] 袁琦. 我国语言工程研究取得丰硕成果——"现代汉语词频统计"工程通过国家级鉴定 [J]. 中文信息学报，1986（1）：81-81.

[336] 张璁. 国家网信办约谈百度公司负责人 [N]. 人民日报，2016-01-17（04 版）.

[337] 张璁. 竞价排名误导网民，存在科室违规合作 [N]. 人民日报，2016-05-10（13 版）.

[338] 张红光. 网络舆情传播的七大特征 [J]. 政策，2018（1）：90-91.

[339] 张宏. 地理信息系统算法基础 [M]. 北京：科学出版社，2006.

[340] 张雷. 论网络政治谣言及其社会控制 [J]. 政治学研究，2007（2）：52-59.

[341] 张梅山，邓知龙，车万翔等. 统计与词典相结合的领域自适应中文分词 [J]. 中文信息学报，2012，26（2）：8-12.

[342] 张鹏，王素格，李德玉等. 一种基于启发式规则的部分监督垃圾评论分类方法 [J]. 山东大学学报（理学版），2017，52（7）：44-51.

[343] 张学亮，陈金勇，陈勇. 基于 Hadoop 云计算平台的海量文本处理研

究[J]. 无线电通信技术, 2014, 40 (1): 54-57.

[344] 赵衍, 张永娟, 陈成材等. 一种提高计算机自动赋词标引准确性的综合方法——基于创新型 CBA 数据库的实证分析[J]. 情报杂志, 2012, 31 (5): 185-191.

[345] 赵衍. 基于"文本—主题"双层次分析的网络虚假评论检测法研究——以电子商务网站为例[J]. 数字图书馆论坛, 2015 (9): 53-60.

[346] 郑春东, 孙为政, 王寒. 虚假网络评论对消费者在线搜索与购买决策的影响[J]. 大连海事大学学报 (社会科学版), 2014 (6): 41-47.

[347] 中国互联网信息中心 (CNNIC). 中国网络购物市场研究报告, www.cnnic.net.cn, 2011.

[348] 中国社会科学院. 中国新媒体发展报告 (2015), 2015-06-24.

[349] 周昭涛, 卜东波, 程学旗. 文本的图表示初探[J]. 中文信息学报, 2005, 19 (2): 36-43.

结 束 语

　　信息技术日益发达，网络虚假信息必将一直伴随着人们的生产和生活。本书虽然提供了一些识别网络虚假信息的技术、方法和思路，但是，很明显，依目前的技术水平，是无法从根本上解决网络虚假信息（泛滥）问题的。

　　虚假信息根源来自人们对经济目标、政治目的和自我实现的不正当追求。在缺乏有效的管理手段和技术防范手段的互联网环境下，这种不当追求的最终表现即为网络虚假新闻、虚假广告、虚假评论、网络谣言等形式的网络虚假信息。

　　相信很多读者都有被网络虚假信息欺骗，甚至遭受过经济损失乃至心理创伤的经历。对网络虚假信息的防范，在本书所介绍的技术方法之外，可能更重要的是当事人自身对虚假信息的警惕和识别能力。毕竟，技术总是滞后于应用和需求的，而且，技术是有局限的，就算是利用"人工智能"的相关技术来解决，在可预见的未来很长一段时间内，也是无法与人的智能相抗衡的。

　　此外，对于网络虚假信息的防范，还需要依靠法律手段。"法律"和"技术"应该是网络虚假信息治理这个"一体"的"两翼"，两者要配合使用。如果仅靠法律和规章制度，执行起来常常无法"落地"；仅靠技术手段，也无法得到制度上的保障。因此，必须将管理手段和技术手段相结合进行虚假信息的综合防范和治理。

　　为了完成此研究，作者搜集、查阅了大量的参考文献，对这些文献中的研究思路、研究方法、研究工具、研究结果进行了详细的分析和梳理。为了更加科学、严谨和准确，作者对部分文献的技术方案还进行了二次检验，力图展示给读者一个严谨、全面的有关网络虚假信息识别的研究成果。

　　当然，由于作者水平、精力所限，本书肯定还存在一些不妥甚至错误之处。读者在阅读时，如发现任何问题，请及时指正，作者将不胜感激。